国家民族事务委员会人文社会科学重点研究基地
西南民族大学中国西部民族经济研究中心

中国西部民族经济调查

（2014）

郑长德　主编

经济科学出版社

图书在版编目（CIP）数据

中国西部民族经济调查 . 2014/郑长德主编 .
—北京：经济科学出版社，2015.11
ISBN 978 - 7 -5141 -6284 -4

Ⅰ. ①中… Ⅱ. ①郑… Ⅲ. ①西部经济 - 民族经济 -
调查报告 - 中国 - 2014 Ⅳ. ①F127

中国版本图书馆 CIP 数据核字（2015）第 277714 号

责任编辑：王 娟 张 力
责任校对：靳玉环
责任印制：李 鹏

中国西部民族经济调查 （2014）
郑长德 主编
经济科学出版社出版、发行 新华书店经销
社址：北京市海淀区阜成路甲 28 号 邮编：100142
总编部电话：010 - 88191217 发行部电话：010 - 88191522
网址：www. esp. com. cn
电子邮件：esp@ esp. com. cn
天猫网店：经济科学出版社旗舰店
网址：http：//jjkxcbs. tmall. com
北京季蜂印刷有限公司印装
710 × 1000 16 开 18.5 印张 320000 字
2015 年 12 月第 1 版 2015 年 12 月第 1 次印刷
ISBN 978 - 7 - 5141 - 6284 - 4 定价：48.00 元
（图书出现印装问题，本社负责调换。电话：010 - 88191502）
（版权所有 侵权必究 举报电话：010 - 88191586
电子邮箱：dbts@ esp. com. cn）

中国西部民族经济调查

编委会

前　　言

中国西部民族经济研究中心成立于 2006 年，是西南民族大学的重点人文社科研究基地。2014 年获批为国家民族事务委员会重点人文社科研究基地（培育）。中心自成立以来，充分体现学校"为少数民族服务，为民族地区服务，为国家发展战略服务"的办学宗旨和"一体两翼"的发展战略，把民族地区的经济社会发展问题作为核心研究领域，以马克思主义和科学发展观为指导，把普通的发展理论和少数民族地区的特殊区情结合起来，从综合、宏观的角度和战略的高度，综合运用多学科的理论与方法，对民族地区的经济社会发展面临的突出问题、矛盾和热点展开研究，已形成西部民族地区经济发展、民族地区金融发展、民族地区旅游经济与文化发展等稳定的研究方向。

中心现有专职研究人员 41 人，19 人有正高职称，14 人有副高职称，85%以上的研究人员具有博士学位，包括享受国务院特殊津贴专家 1 人，四川省学术和技术带头人 3 人，后备人选 7 人，四川省有突出贡献专家 2 人，有 3 人入选教育部"新世纪优秀人才支持计划"，有 2 人入选国家民委"领军人才计划"，2 人入选国家民委"中青年英才计划"，1 人被聘为国家民委决策咨询委员会委员。

2011 年以来，中心研究人员作为首席专家和主持人，承担国家社会科学重大项目 1 项，国家社会科学基金项目 17 项，教育部人文社科项目 11 项，中央其他部委和省社科规划项目 16 项，国际合作研究项目 14 项，各类委托项目近 30 项；出版学术专著 20 余部，发表学术论文 100 余篇，向政府部门提交研究报告近 20 份，为政府决策提供了重要的参考，有多份报告得到中央领导人、国家民委和四川省政府领导人的批示。研究成果获省部级及以上科研奖励 30 多项，在民族地区经济发展，特别是藏区经济、彝族地区经济及羌族地区经济等的研究有重要的学术和社会影响。中心的年度成果《中国少数民族地区经济发展报告》，紧密围绕民族地区经济社会发展重点领域或重大问题开展对策性、前瞻性研究，分主题每年出版一期，已出版三期。

　　《中国西部民族经济调查》是中心组织实施的又一重大项目。新中国成立后，尤其是改革开放和实行西部大开发以来，少数民族和民族地区经济社会发展取得了显著成效，同时少数民族和民族地区发展的外部环境和内部特点发生了深刻的变化，特别是在中国经济发展进入新常态的宏观大背景下，少数民族和民族地区的后发赶超与发展转型面临新的机遇与新的挑战。在新常态下，民族地区要抓住战略性机遇，紧握发展"总钥匙"，实现民族地区的全面小康。为了全面客观地认识新常态下制约民族地区经济社会发展的主要因素，项目计划分地区、分专题对西部少数民族聚居地区的经济发展开展多学科综合调查与研究。该项目将以经济学、人类学的理论与方法为指导，严格遵循调查统计学的基本要求，随机抽样和典型调查相结合，定性分析与计量研究相结合，客观反映西部大开发以来西部民族地区经济社会发展方面取得的成就，及时准确地反映西部民族地区经济社会发展中问题和挑战，为促进西部民族地区的经济社会发展，进行前瞻性的理论探讨，努力彰显中国少数民族经济研究的"西南民族大学特色"。

　　《中国西部民族经济调查》（2014）收录的是 2013 年和 2014 年的调查成果。上篇"四川连片特困地区经济社会发展调查报告"是中心承担的四川省政务调研 2013 年课题的最终成果，下篇"四川民族地区城镇化道路与城乡一体化问题调查报告"是中心承担的四川省政务调研 2014 年课题的最终成果。成果的出版得到国家社会科学基金重大指标项目"新形势下推动民族地区经济社会全面发展的若干重大问题研究"（项目编号 09&ZD011）、四川省教育厅创新团队"民族地区经济发展问题研究"（项目编号：14TD0048）和四川省政务调研课题的资助。

　　"四川连片特困地区经济社会发展综合调查"课题主持人是西南民族大学

经济学院郑长德教授（博士），课题组主要成员包括：涂裕春教授（博士）、钟海燕副教授（博士，博士后）、廖桂蓉副教授（博士，博士后）、蓝红星博士（四川农业大学）、博士研究生马丽（湖南大学）、王艳（西南民族大学）。西南民族大学国防经济、国际贸易和政治经济学专业的部分研究生及"王维舟少数民族创新人才班"（金融学）的 2012 级部分本科生参加了调研。课题组于 2013 年 5 月底向四川省政府研究室报送了课题研究方案，同时在 5 月课题组还赴乌蒙山区的兴文县开展了调研。2013 年 7~8 月，课题组分成四个调研组分赴秦巴山区的广元市和巴中市，大小凉山彝区、高原藏区的甘孜州和阿坝州展开了调研。

"四川民族地区城镇化道路与城乡一体化问题调查研究"课题主持人是西南民族大学经济学院郑长德教授（博士），课题组主要成员包括：钟海燕教授（博士，博士后）、廖桂蓉教授（博士，博士后）、单德朋副教授（博士）。西南民族大学"王维舟少数民族创新人才班"（金融学）2013 级的部分本科生参加了调研。课题组在接到立项通知后随即开始了调查研究，于 2014 年 5 月底向四川省政府研究室报送了课题研究方案。2013 年 6~8 月，课题组赴北川羌族自治县、木里藏族自治县、盐源县、西昌市、会理县、泸定县、红原县开展了调研。

调研完成后，课题组先后召开多次讨论会，对调研取得的资料进行分析讨论，最后形成了收录到本书的调研报告。

非常感谢以下单位对课题调研工作的支持（排名不分先后）：巴中市政府及各部门，广元市政府及各部门，凉山州政府及各部门，甘孜州政府及各部门，阿坝州政府及各部门，北川羌族自治县政府。特别感谢：巴中市移民扶贫局、巴中市统计局、平昌县移民扶贫局；广元市政府研究室、剑阁县政府、朝天区政府；中共四川省凉山彝族自治州委政策研究室、州政府统计局、州民宗委、州扶贫办、西昌市政府、会理县政府、盐源县政府、木里藏族自治县政府；甘孜藏族自治州政府民宗局、统计局、农业局及泸定县政府；阿坝藏族羌族自治州政研室，阿坝藏族羌族自治州移民扶贫局，壤塘县政府，红原县政府。在课题的研究过程中，得到四川省人民政府研究室的精心指导，课题的顺利进行与西南民族大学各位领导、科技处的领导的关心和支持分不开，在此表示最诚挚的感谢。

主要由于课题组知识的局限和时间的约束，课题结题报告中存在的各种问题，全由课题组负责。

课题组

2014 年 12 月

内 容 摘 要

一

本书收录了两篇调查报告，上篇"四川连片特困地区经济社会发展调查报告"是四川省 2013 年政务调研项目成果。

根据《四川省农村扶贫开发纲要（2011～2020 年）》，四川连片特困地区包括秦巴山区、乌蒙山区、大小凉山彝区、高原藏区，涉及 12 个地市州 86 个县，占全省 181 个县的 47.52%；其中，有 60 个县为国家连片特困地区县，26 个县为省级连片贫困县；民族地区县 48 个，占全省 60 个民族县（区）的 80%；革命老区县 57 个，占全省 81 个革命老区县的 70.37%。四川连片特困地区总面积 371896 平方公里，占四川省总面积的 76.68%；2011 年底户籍人口 3517.9 万人，占四川省总人口的 38.84%。四川连片特困地区是四川区域经济社会发展的特殊类型区域，是我国经济、政治、生态、社会、文化建设的重要基础，在维护民族团结、国家稳定、生态安全和促进全国经济社会和谐发展中具有十分重要的地缘战略地位。

（一）四川连片特困地区经济社会发展现状

进入 21 世纪以来，受益于国家西部大开发战略、《中国农村扶贫开发纲要（2001～2010 年）》和《四川省农村扶贫开发规划（2001～2010 年）》的实施，四川连片特困地区的经济社会发展取得显著成效。但与全省比较，特别是与四川的经济核心区比较，连片特困地区经济社会发展发展不足，发展差距大，贫困人口多，特别是教育、医疗卫生及文化等方面的发展严重滞后，教学质量不高、看病难，基础设施建设中的最后"一公里"问题普遍，这些都对区域发展和减贫产生了很大的制约作用。

经济发展成效显著，但仍然十分落后。地区生产总值、人均地区生产总值都有较快增长，但仍远远落后于全省平均水平。2000 年，四川连片特困地区实现地区生产总值845.77 亿元，占四川省地区生产总值的21.09%；2012 年，连片特困地区实现地区生产总值5190.61 亿元，占全省比重为21.62%，增长了6 倍多。2000 年，四川连片特困地区人均地区生产总值2653 元，只相当于四川全省平均的55%；2012 年为17535 元，相当于全省的59%。GDP 持续增长，但三次产业增速平稳性差异大。四川连片特困地区第一、第三产业增加值占比在2000~2011 年占比逐年降低，第二产业增加值占比逐年增加；第二产业年均增长速度都在20% 左右，第三产业年均增长速度在11% 左右上下浮动。2000~2007 年四川连片特困地区全社会固定资产投资总额均稳步增长，2008 年后均显现出减速趋势，但环比增长波动幅度差异较大；社会消费品零售总额逐年增加，且增长平滑。四川连片特困地区2000~2011 年的就业结构变动趋势相同，第一产业从业人员占比逐年下降，第二、第三产业从业人员占比逐年增加，第一产业从业人员缓慢向第二、第三产业转移。四川连片特困地区财政自给率低，政府自我发展能力不足。2012 年秦巴山区、乌蒙山区、大小凉山彝区、高原藏区的财政自给率仅为14.9%、26.1%、20%、11.6%。[①]

城乡居民收入增长较快，但城乡差距仍然较大。纵向看，四川连片特困地区农民收入保持了较快的增长。2001~2012 年，秦巴山区、乌蒙山区、大小凉山彝区、高原藏区农民人均纯收入分别从1613 元、1347 元、1486 元、1013 元增加到6570 元、6730 元、4466 元、5101 元。横向看，四川连片特困地区呈现出"扩大中的差距"。2001 年，秦巴山区、乌蒙山区、大小凉山彝区、高原藏区与四川省同比差距为374 元、640 元、401 元、974 元；2012 年，与四川的同比差距分别为431.4 元、271.4 元、2535.4 元和1900.4 元。四川连片特

① 资料来源：《四川省统计年鉴》（2013）。

困地区是四川省县域中城乡居民收入差距最大的地区。2010年四川省农村居民家庭人均纯收入5140元，城镇居民家庭人均可支配收入15461元，城镇居民收入是农村居民收入的3.01倍，四川连片特困地区平均为3.52倍，其中秦巴山区为2.72倍，乌蒙山区为2.67倍，大小凉山彝区为4.80倍，高原藏区为4.14倍。分县看，在有统计的四川省179个县中，城乡收入比超过3.01的县有62个，其中61个属于四川连片特困地区的县，色达城乡收入比最大，超过了7.0，理塘、石渠、甘孜超过了6.0。四川连片特困地区城镇化水平低，非农产业的发展对劳动力的吸纳能力很低。四川连片特困地区城镇化率2000年为16.25%，与四川省的平均水平27.09%相差10.84个百分点，2010年为28.21%，与四川省的40.22%相差12.01个百分点；如果用非农业户口人口比重测算，2000年为12.60%，与四川省的18.39%相差5.79个百分点，2010年为18.58%，与四川省的26.81%相差8.23个百分点。[①]

社会公共事业发展迅速，但发展水平偏低。教育卫生事业有了较快发展，但仍然满足不了广大人民的根本需求。2000~2010年10年间，四川连片特困地区学龄儿童入学率、生师比指标有所改进，文盲率下降幅度超过了四川的平均下降幅度，平均受教育年限平均提高了近1年，技能劳动力占比有不同程度的提高；但与四川平均水平相比，四川连片特困地区平均受教育年限、文盲率和技能劳动力占比均有较大差距，除了文盲率的差距有所缩小外，平均受教育年限、技能劳动力比例均在扩大，教师流失问题严重。2000年，四川连片特困地区每万人拥有的医院、卫生院床位数为16.02张，每万人拥有的医院、卫生院技术人员18.80人，到2011年分别增加为24.34张、19.95人；但每万人拥有的医生数在减少，医生的流失比较严重的，平均就医半径在扩大。公路交通情况改善较大，但总体上发展滞后。2000年，四川连片特困地区四大片区公路密度：面积密度为0.21公里/平方公里，人口密度为24.3公里/万人，综合密度为0.02，均高于四川省的平均水平；到2011年变化为：0.41公里/平方公里，42.82公里/万人和0.04，面积密度低于四川省平均水平，人口密度高于四川省平均水平，综合密度持平。连片特困地区内基础设施骨干网络基本

---

① 资料来源：《四川省统计年鉴》（2013）。

形成，但路、水、电、气等基础设施末端建设滞后，"毛细血管"不完善，"最后一公里"问题普遍。2011年底，四川连片特困地区86个县尚有饮水困难人口达407.60万人，不通水泥路的村9169个、不通公路的自然村2.65万个，不通电的自然村8729个，即使通到村也很难通到每家每户。四川连片特困地区贫困面广、贫困人口多、贫困程度深。2012年末，四川省共有贫困人口749.77万人，贫困发生率为10.8%，四川连片特困地区共有贫困人口440.66万人，贫困发生率为15.1%，比全省高出近5个百分点，贫困人口占四川贫困总人口的58.77%。①

（二）四川连片特困地区经济社会发展的制约因素

在国家扶贫攻坚战略和西部大开发战略的支持和推动下，四川连片特困地区生存和温饱问题基本解决，但仍然存在发展不足、发展差距过大的问题，严重的贫困问题仍是制约该区域共享发展成果的"瓶颈"。因此，持续减贫并实现贫困人口收入的持续增长依然是四川连片特困地区最紧迫、最重要的任务，但来自外部和内部的约束阻碍了该区域的经济社会发展和贫困人口的脱贫致富。

1. 外部约束

从外部约束看，主要表现在：（1）产权和体制约束。受资源产权和开发体制的约束，连片特困地区共享资源收益能力受限，导致该地区水电矿能等自然资源富集的资源禀赋比较优势丧失，带来了"富饶中的贫困"和环境退化等社会问题。（2）空间的约束与限制。四川连片特困地区密度低、距离远、地区分割较为严重，空间格局不经济成为制约这些地区经济发展的重要因素；四川连片特困地区在生态功能分区上基本属于"限制开发区"和"禁止开发区"，这样的功能定位，对在这些地区布局项目产生了一定的影响。（3）资金的约束与限制。一方面，扶贫资金来源多头，每笔资金都依托于某个项目，而且每笔资金都需要地方政府配套，如果没有地方政府配套，这个项目就无法完全进行；而在现有的扶贫资金分配体制下，无法对来自多头的资金进行整合使

---

① 资料来源：本节数据根据四川省扶贫与移民局调查数据整理。

用。另一方面，现有金融政策不仅不能帮助外部资本输入，相反，易致片区资本"溢出"，因而普遍存在着正规金融对本地中小企业、本地农户贷款需求的信贷约束。(4) 规划与相关政策的落实。四川连片特困地区大多生态脆弱，又是主体功能区中的限制开发区和禁止开发区，生态功能不仅对四川而且对全国乃至亚洲都很重要，有些地区生态服务价值很大，但生态补偿政策一直没到位。

    2. 内部约束

从内部看，面临的约束主要有：(1) 区域自我发展能力不足，配套能力低。四川连片特困地区经济发展水平低，税基薄弱，财政自给能力低，许多片区的财政尚不能满足政府部门的基本支出，更不用说提供本地公共产品和给扶贫资金配套了。(2) 贫困人口自我发展能力有限。由于诸多因素，四大片区公共产品供给不足，质量难以保证，历史欠账较多。贫困人口的教育、住房、交通、信息、发展机会、生计资本等人类贫困问题相对严重，导致贫困人口发展机会的获得能力较差，贫困人口的自我发展能力不高。(3) 公共服务"瓶颈"——教育、医疗卫生、科技公共产品供给不足，质量难以保证。加上相关社会管理配套政策不到位，直接影响了区域经济跨越发展和脱贫致富。(4) 人力资源约束。人力资源是一个地区发展的核心要素，与发达地区相比连片特困地区的地理区位、待遇等条件处于相对劣势境况，导致人才引进难，留住人才更难，人才流失严重。同时，连片特困地区劳动力转移"精英化"，农村留守成年人口"非精英化"现象普遍，致乡村治理陷入困难，从而影响减贫成效。(5) 片区协作约束。连片特困地区涉及12个市州，覆盖86个县市区，要形成合力，协作发展至关重要，但目前缺乏协作机制，导致各个县在产业布局等方面存在重叠或过度竞争，也导致招商引资恶性竞争等问题。同时，每个片区"山同脉、水同源"使片区在自然地理和地域文化方面具有很强的相似性，是一个相对完整的地理和文化区域，但长期以来为不同的行政区划所分割，地方本位主义下的"行政区经济"发展模式导致片区经济"碎片化"，没有形成统一的市场和经济区。这种"地理区域"、"文化区域"和"经济区域"关系的扭曲即是连片特困地区长期贫困的重要成因之一。

（三）促进四川连片特困地区经济社会可持续发展的对策思考

1. 转变发展模式，走绿色包容性发展之路

要实施绿色包容性发展，需要持续扩大经济机会、使经济机会均等分布、提供最低经济福利和确保环境质量的提升，以实现经济、社会和环境可持续间的相辅相成的"三赢"。(1) 经济机会最大化：继续加强基础设施建设、大力发展益贫性强的劳动密集型产业、加大民生工程建设，通过高速、有效以及可持续的经济增长，最大限度地创造就业与发展机会。(2) 确保平等获得经济机会：更加重视连片特困地区教育、卫生健康等基础公共服务和基础公共设施的供给，通过高强度的人力资本投资，提升贫困人口获得经济机会的能力，确保人们能够平等地获得经济机会。(3) 确保最低经济福利：加强连片特困地区社会保障制度建设，提高各类社会保障措施的覆盖面，尤其是要覆盖持久贫困人口和脆弱人群，为极端贫困人口提供稳定的社会安全网。同时要特别把促进就业放在经济社会发展优先位置。(4) 确保环境质量的稳定和提升：把环境资源作为社会经济发展的内在要素，把实现经济、社会和环境的可持续发展作为绿色发展的目标，把经济活动过程和结果的"绿色化"、"生态化"作为绿色发展的主要内容和途径，走绿色发展之路。

2. 建立和完善适合特困地区的考核机制

四川连片特困地区的地方政府的政绩考核，不宜把经济指标，特别是地区生产总值作为唯一甚至最重要的考核指标，要综合考核经济发展、民生改善、生态服务功能的提升等。(1) 从地区生产总值（GDP）到地区国民收入（GNP）。四川连片特困地区，特别是秦巴山区和乌蒙山区，差不多超过 20% 的人口（特别是劳动力人口在区域外从事经济活动）获得收入后，一部分汇回，另一部分则在工作地消费。而现在考核地区经济发展的最重要指标——生产总值（GDP），只计算区域内经济活动的价值，没有包括在区域外工作而户口在这些区域的劳动者创造的收入。另外，四川连片特困地区由于环境、技术和市场的限制，不能大规模发展工业，而选择在区域外的地区建立工业园，如阿坝州在成都建立的"阿坝工业园"，如按地区生产总值核算，是不能算在阿坝州的经济总量中的。因此，建议启用地区国民收入作为这一区域经济总量的核算单

位，这样能够更全面和准确地核算一个地区居民所创造的价值，也可对地方政府产生激励作用。（2）从长期看，从地区生产总值（GDP）到生态系统生产总值（Gross Ecosystem Production，GEP）。连片特困地区生态功能特别重要，在核算中要充分考虑这些地区的生态服务价值。因此从长远考虑，应建立一套与地区生产总值（GDP）相对应的、能够衡量生态良好的统计与核算体系——生态系统生产总值（GEP）。

3. 要突破陈规，不拘一格进行制度创新

目前出台的一些与四川连片特困地区区域发展和扶贫攻坚相关的文件和规划，均提出要在连片特困地区进行制度创新，也提出了一些制度创新方向。根据调查，除了相关文件和规划中所涉及的制度创新外，我们提出一些制度创新建议：（1）建议在连片特困地区明确取消城乡户籍差别，取消与之相关的社会排斥安排。（2）建立贫困县退出机制，设计一种正向激励机制，而不是目前的逆向激励，激励贫困县早日脱贫，而不是争取"贫困"。（3）实施扶贫资金的整合利用。目前扶贫资金来源多头，不同来源的资金其规模、期限等差异显著，而地方政府对资金的整合利用权限有限。（4）建议取消（或降低）地方政府的配套。连片特困地区财政长期依赖于转移支付，而现有的许多项目都需要地方政府配套，如不能配套，或配套不足，项目就无法启动。（5）深化农村产权制度改革。以"还权释能"为核心，在连片特困地区加快推进农村产权制度改革，依法确权颁证，加快建立农村产权资产评估机构，搭建流转交易平台。（6）加强教师队伍建设。建议连片特困地区教师的平均工资水平在全省平均水平上有一个"溢价"，并建立起稳定的增长机制，确保工资的按时发放。要实施面向连片特困地区的教师培训计划，不断提高教师队伍的综合素质。（7）建立流动医院制度。四川连片特困地区居民就医半径大，建议贫困地区的县医院或中心医院，设立流动医院，配备基本医疗设备，定期到乡村巡诊，做到"医生找病人"。另外，农村医疗保险制度要深化，扩大覆盖面和覆盖深度，提高报销比例，并做到病前或病中报销，减轻病人预付医疗费的负担。（8）按照"全域"理念，要统筹城乡规划、深化行政区划改革。建议抓住四川省"多点多极支撑"发展战略机遇，深化行政区划改革，按照"全域"

的理念，构建区域中心城市—县城—镇—中心村和聚居点的城镇体系，符合条件的县城设置市。在大小凉山彝区和高原藏区，符合条件的地区探索设立自治市。同时，在总结省直管县的基础上，扩大省直管县的试点。（9）强化农村基层组织建设。建议在"真真实实把情况摸清楚"的前提下，调整完善农村基层党组织设置，采取村村联建、产村联建、村居联建、村企联建等方式，在符合条件的中心村、农民专合组织或产业园建立党总支或联合党支部。同时加大和完善"大学生村官"制度。

二

下篇"四川民族地区城镇化道路与城乡一体化问题调查报告"是四川省政务调研 2014 年的调查成果。

四川民族地区涉及全省 67 个民族县（市、区），包括甘孜、阿坝和凉山等 3 个自治州的 47 个民族县，峨边、马边、北川和木里等 4 个民族区域自治县和 16 个享受少数民族待遇县①，总面积为 340166 平方公里，占全省总面积的 69.99%、总人口的 9.62%②，地处青藏高原藏文化和四川盆地汉文化的过渡区域，同时又是"藏彝走廊"的核心区，是以藏族和彝族为主的多民族聚居区和全省贫困地区集中分布的地区，自然条件和人文环境复杂多样，生物多样性和文化多样性突出，是我国经济、政治、生态、社会、文化建设的重要基础，在维护民族团结、国家稳定、生态安全和促进全国经济社会和谐发展中具有十分重要的地缘战略地位。

（一）四川民族地区城镇化与城乡一体化发展现状

1. 城镇化增长速度快，但总体水平仍然低下

2000 年，四川省人口城镇化率为 27.09%，2010 年达到 40.22%，增长率

---

① 根据四川省民族事务委员会的界定，16 个享受少数民族待遇县是：攀枝花市仁和区、盐边县、米易县，雅安市石棉县、汉源县、宝兴县、荥经县，宜宾市兴文县、珙县、筠连县、屏山县，绵阳市平武县，乐山市金河口区，泸州市叙永县、古蔺县，达州市宣汉县。

② 根据《四川统计年鉴》（2013）、《中国区域经济统计年鉴》（2013）及相关州县的 2013 年统计年鉴数据整理而得。

为 48.47%；同期，四川民族地区城镇化率则由 2000 年的 15.59% 提高到 2010 年的 26.12%，增长率为 67.54%，快于全省的增长水平。但民族地区 67 个县（市、区）的总体城镇化率只有 26.12%，与全省总体城镇化水平 40.22% 相比，相差 14.1 个百分点。而且区域间的城镇化水平差异显著。阿坝藏族羌族自治州、甘孜藏族自治州和凉山彝族自治州的城镇化率均低于全省平均水平，甘孜州的城镇化率最低仅为 24.41%，其次是凉山州为 29.57%，稍高的阿坝州也只有 33.37%。在民族地区 67 个县市区中，只有西昌市、九寨沟县、马尔康县、仁和区、康定县和珙县等 6 个县的城镇化水平达到或超过全省的平均水平，其余 61 个县的城镇化率都在 40% 以下，绝大多数县的城镇化率低于 20%，尤其是壤塘县、昭觉县、石渠县、德格县、白玉县、新龙县、美姑县等 7 个县的城镇化率甚至不足 10%①。如果考虑到一部分常住人口并未享受到与具有城镇户口的居民同等的社会福利，实际的城镇化水平应该还要更低。

2. 建制镇面积大，但总体规模小、集聚能力低

2011 年，全省有 1859 个建制镇，平均每个建制镇占地 7372.67 公顷，人口 30639.67 人，其中每个建制镇拥有镇区人口为 7877.96 人。同年，民族地区有 266 个建制镇，平均每个建制镇占地 17456.22 公顷，人口 21867.13 人，其中每个建制镇镇区人口为 6908.41 人。民族地区的人口规模不仅小，而且在各建制镇之间的差异很大。在民族地区 266 个建制镇中，人口规模最大的是宣汉县东乡镇，超过 11 万人；最少的是黑水县芦花镇，只有 300 人；镇区人口在 5000 以下的建制镇最多②。四川民族地区大多数建制镇规模小，布局比较分散，经济集聚功能差，对民族地区经济的支撑、带动作用有限，难以带动城乡发展一体化。

3. 城乡一体化发展水平低，且县域间差距明显

2012 年，四川民族地区 67 个县（市、区）中，城乡发展一体化水平最高的是攀枝花市的仁和区，为 1.3633；最低的是石渠县，为 0.2699③。总体而

① 根据《四川省 2010 年人口普查资料》、《中国 2010 年人口普查分县资料》相关数据计算整理而得。
② 根据《中国建制镇统计年鉴（2012）》相关数据计算整理而得。
③ 课题组根据相关理论和相关数据构建模型计算整理而得。

言，在全省民族地区中，享受民族政策待遇县的城乡发展一体化程度高，民族区域自治地方城乡发展一体化程度低；少数民族比例高的县（市、区）城乡发展一体化程度低，少数民族比例低的县（市、区）城乡发展一体化程度高；安宁河流域地区的城乡发展一体化程度高，高原藏区、大小凉山彝区城乡发展一体化程度低；距四川省经济核心区成都市越近的县市区，城乡发展一体化程度高，相反距离越远的地区，城乡发展一体化程度低；海拔低的县市区城乡发展一体化程度高，海拔高的地区城乡发展一体化程度低。

（二）四川民族地区城镇化与城乡一体化发展的制约因素

1. 空间格局不经济

从空间结构看，四川民族地区密度低、距离远、地区分割较为严重，空间格局不经济已成为制约城乡发展一体化和经济发展的重要因素。（1）经济密度低、集聚力弱，形成分散力，抑制了民族地区经济的增长。（2）远离大市场，远离省内经济核心区，更远离全国经济核心区，对外部市场的获得难度大，市场规模难以扩大。（3）市场规模小，市场获得不足，加上分割和集聚力低的影响，制造业发展的比较优势不足，限制了民族地区的工业化。（4）运输成本高，抑制了区内经济一体化的形成。

2. 人口和经济的聚落规模小

四川民族地区内部地理结构的非经济性，导致人口和经济活动的空间高度分散。（1）任何连接民族地区边缘地带与中心城市的基础设施建设所需要的投资都十分巨大，如果没有中央政府和其他地区政府的支持和援助，这些基础设施是难以完成的；（2）民族地区内部的教育、卫生和能源等设施难以形成规模经济，更无法实现生产部门和工业企业的规模报酬递增效应；（3）民族地区区内距离大，社会经济活动的交易成本（主要是运输成本）高，抑制了产品竞争力的提升；（4）民族地区的边缘、分散和贫穷，造成生产要素的边际生产率低，而区外的生产要素受利润最大化驱动，难以流入，反而区内已有生产要素（包括资本、劳动等）还不断流出。人口和经济的聚落规模小，无法实现内部规模经济和外在规模经济，从而对城镇化和城乡发展一体化起着限制作用。

3. 均等化公共服务供给短缺

四川民族地区集中分布的川西北高原，海拔 4000～5000 米，90%以上是山地和高原，使得四川民族地区的"区域开发成本"很高。比如，在山区修公路，每公里的成本是平原地区的 5～10 倍①。(1) 从四川民族地区乡镇的通达性看，绝大多数乡镇没有火车站、没有码头、没有二级公路通过，离一级公路或高速公路出入口的距离大于 50 公里，有许多乡镇到达县政府的时间在 1 小时以上，有的乡镇甚至达 2 小时。村组的基础设施供给严重不足，特别是行政村和自然村的基础设施建设普遍存在"最后一公里"问题。(2) 四川民族地区人口平均受教育程度依然较低，文盲率依然较高，受教育程度的男女差别较大，一个普遍的趋势是男性人口受教育年限比女性人口长，而文盲率则女性人口比男性人口大。(3) 四川民族地区医疗卫生条件是比较差的，且县际差异相当显著，特别是高原藏区和贫困山区，医疗卫生严重滞后，普遍存在"无医、无药、无设施、无保障"问题，求医看病难突出，人口身体素质普遍较低、因病死亡率较高、平均寿命较短。

(三) 推进民族地区城镇化和城乡一体化发展的政策建议

四川民族地区城镇化推进比较滞后，城乡发展一体化水平偏低，在未来一个相当长时期内，四川民族地区将处于城镇化的快速发展阶段，城乡发展一体化进程也将快速推进。在四川民族地区城镇化和城乡发展一体化的实现过程中，应该更加注重以人为本，走包容性绿色城镇化和城乡一体化发展之路，更加注重城镇化效率的提升，更加注重基本公共服务的均等供给，让全体人民共享发展成果。

1. 提高城镇的聚集效应和生产率

城镇化的集聚效应，能够产生传统农村经济难以比拟的高生产率。(1) 要加快土地、户籍、财税等制度改革，让人和地两个基本要素更好地流动起来，

---

① 研究表明，陆地海拔每升高 1000 米，人体劳动能力就因缺氧而下降 10%左右，正常人在海拔 4000 米以上地区工作时的劳动能力比在近海平原处工作时下降 39.7%；海拔每升高 1000 米，内燃机功率就下降 8%～13%，油耗增加 6%。

促进资源优化配置，使城镇的集聚效应充分发挥出来；（2）在产业支撑方面，应注意发挥劳动力吸纳能力强的产业的发展，通过产业园（区），实现工业的集聚；（3）按照统一规划、协调推进、集约紧凑、疏密有致、环境优先的原则，统筹中心城区改造和新城新区建设，提高城市空间利用效率，改善城市人居环境；（4）在城镇化推进过程中，要注意城镇化的内生演进，充分发挥市场机制的作用，与政府的引导相结合，谨防政府的强力推进与被城镇化。

2. 推进"四位一体"的城乡发展一体化

从空间、经济、社会和环境四方面，推进"四位一体"的城乡发展一体化。（1）按照"集中均衡开发模式"，优化空间结构，推进城乡空间一体化。通过生态移民和扶贫开发移民逐步实现人口的相对集中，大力推进农村人口向城镇转移；引导人口和经济活动向重点开发区域及区域性中心城镇集聚，而基本公共服务产品的供给大幅度向边远地区和贫困地区倾斜，让各族人民共享经济社会发展成果。（2）夯实底部基础，发展壮大县域经济，推动城乡经济一体化。要根据要素比较优势，以优势资源和特色产业为突破，打造富有民族特色的支柱产业和优势产业（生态产业、旅游产业、民族文化产业等）；要充分发挥工业园区和工业集中区产业集群、要素集聚、资源集约的"洼地"效应，推进工业园区和工业集中区的建设。（3）统筹城乡公共服务，推进城乡社会一体化。要优先发展各类教育，巩固提高"两基"成果，发挥教育事业对城镇化和城乡发展一体化的基础性和战略性作用。要建立流动医院，以缩小城乡医疗卫生水平的差距。要坚持广覆盖、保基本、多层次、可持续的社会保障建设方针，完善城乡社会保障体系，实现城乡保障一体化。（4）加大生态建设与保护力度，推进城乡环境一体化。要大力发展绿色生态经济，建立和完善生态与资源补偿政策，实现增长—减贫—生态的"三赢"，推进城乡环境一体化。

3. 建立和完善城乡发展一体化的体制机制

要促进城乡发展一体化的实现，必须要着力在城乡规划、基础设施、公共服务等方面推进一体化。（1）树立全域规划理念，统筹城乡规划，深化行政区划改革，制定城镇化和城乡发展一体化的总体规划。建议深化四川民族地区行政区划改革，按照"全域"的理念，构建区域中心城市—县城—镇—中心村和聚居点的城镇体系，符合条件的县城设置市。在大小凉山彝区和高原藏区，符合条件的地区探索设立自治市。同时，在总结省直管县的基础上，扩大省直管县的试点。（2）深化户籍制度改革。2014年7月30日国务院印发了《国务院关于进一步推进户籍制度改革的意见》，对于进一步推进户籍制度改革和新型城镇化确立了原则和相关的政策。四川民族地区应以此为契机，出台相关具体配套政策措施，加快户籍制度改革，并加快取消与过去城乡隔离户籍制度相关的各种社会排斥安排。（3）深化农村产权制度改革，完善农村产权制度。农村土地集体所有制是双向城乡一体化的体制障碍，应该尽快消除这种体制障碍，赋予农村居民财产权，发放房屋产权证，将承包土地和宅基地的所有权与使用权分离。"土地承包经营权和宅基地使用权是法律赋予农户的用益物权，集体收益分配权是农民作为集体经济组织成员应当享有的合法财产权利"。加快推进农村在四川民族地区加快推进农（牧）区土地确权、登记、颁证，依法保障农牧民的土地承包经营权、宅基地使用权。加快建立农村产权资产评估机构，建立农村产权流转交易市场，推动农村产权流转交易公开、公正、规范运行。坚持依法、自愿、有偿的原则，引导农业转移人口有序流转土地承包经营权。（4）强化农村基层组织建设。城乡发展一体化在现阶段的难点问题依然是"三农"问题。调研表明，农村基层组织对于农村的发展有重要的影响。因此，必须进一步加强农村基层组织的建设，大力加强农村服务型党组织建设。建议在"真真实实把情况摸清楚"的前提下，调整完善农村基层党组织设置，采取村村联建、产村联建、村居联建、村企联建等方式，在符合条件的中心村、农民专合组织或产业园建立党总支或联合党支部。同时加大和完善"大学生村官"制度。继续充分利用在川高校的干部培训职能，丰富培训内容，改革培训模式，扩大培训范围，使对四川民族地区各级干部的培训更接地气。

目　　录

上篇　四川连片特困地区经济社会综合调查

下篇　四川民族地区城镇化道路与
城乡一体化问题调查研究

上篇
四川连片特困地区经济社会综合调查

第一部分 四川连片特困地区经济社会发展综合调查报告[*]

1. 引言

我国的扶贫正处在一个重要战略调整期。习近平总书记在河北阜平县考察扶贫开发工作时指出："到 2020 年全面建成小康社会，自然要包括农村的全面小康，也必须包括革命老区、贫困地区的全面小康。"中共十八大报告要求在 2020 年前基本消灭绝对贫困现象，并且强调要"加大对革命老区、民族地区、边疆地区、贫困地区扶持力度，坚定走共同富裕的道路"。《中国农村扶贫开发纲要（2011～2020）》把 14 片"连片特困地区"作为扶贫攻坚主战场。在这 14 片"连片特困地区"中，秦巴山区、乌蒙山区、四省藏区覆盖了四川省的大多数贫困地区，《四川省农村扶贫开发纲要（2011～2020 年）》提出，"加大对革命老区、民族地区、边远山区等贫困地区扶持力度，省上重点支持秦巴山区、乌蒙山区、大小凉山彝区、高原藏区四大连片特困地区（以下简称'四大片区'）"，把稳定解决扶贫对象温饱、尽快实现脱贫致富作为首先要任务。中共四川省委十届三次全会指出，"民族地区、革命老区、盆周山区贫困问题突出，与全国同步全面建成小康社会任务尤为艰巨繁重"。要求"扶持特殊贫困县跨越发展"，"实施四大片区扶贫攻坚行动"，"改善发展条件，增强造血功能，整体推进脱贫致富进程"。

四川连片特困地区是四川区域经济发展的特殊类型区，这些地区地理位置重要，大多地处四川省的边境地区、大江大河的上游地区，同时也是少数民族

---

* 本部分执笔：郑长德，西南民族大学经济学院；蓝红星，四川农业大学。

集中居住的地区，自然条件和人文环境复杂多样，生物多样性和文化多样性突出，是我国经济、政治、生态、社会、文化建设的重要基础，在维护民族团结、国家稳定、生态安全和促进全国经济社会和谐发展中具有十分重要的地缘战略地位，在四川省经济社会发展乃至全国经济社会发展中具有十分重要的地位。

新中国成立后、改革开放以来，特别是国家实施西部大开发战略以来，四川连片特困地区经济社会发展取得显著成就，但仍存在诸多制约因素和突出问题。2010～2020 年是民族地区、革命老区和贫困地区加快发展的关键时期，迫切需要抢抓发展机遇，积极应对各种困难和挑战，促进经济加快发展和社会全面进步。

根据《四川省人民政府办公厅关于印发四川省 2013 年度政务调研要点的通知》，"四川连片特困地区经济社会发展综合调查"调研组，于 2013 年 7～8 月，对四大片区的巴中、凉山、甘孜、阿坝及宜宾的兴文县进行了深入调研，形成了本研究报告。

2. 四川连片特困地区的范围

根据《四川省农村扶贫开发纲要（2011～2020 年)》，四川连片特困地区包括秦巴山区、乌蒙山区、大小凉山彝区、高原藏区，涉及 12 个地市州 86 个县，占全省 181 个县的 47.52%；其中，有 60 个县进入国家连片特困地区县，26 个县为省级连片贫困县；新时期四川省 36 个国家扶贫开发工作重点县全部在这四大片区中；有民族地区县 48 个（含享受民族区域自治待遇县（区)），占全省 60 个民族县（区）的 80%；革命老区县 57 个，占全省 81 个革命老区县的 70.37%；其中 23 个既是少数民族县又是革命老区县（见表 1.2.1）。四大片区的空间分布如图 1.2.1 所示。

据统计，四大片区总面积 371896 平方公里，占四川省总面积的 76.68%，2011 年底户籍人口 3517.9 万人，占四川省总人口的 38.84%。各片区面积和人口见表 1.2.2。各片区县的结构见表 1.2.3。

表 1.2.1　　　　　　　　**四川省"四大片区"县及重点县名单**

片区	涉及市（州）	覆盖县数	国家连片特困地区县		"四大片区"内未进入国家连片特困地区县	
			重点县	省定	重点县	省定
秦巴山区	绵阳市 广元市 南充市 广安市 达州市 巴中市	32	（9个）：朝天区、苍溪县、旺苍县、仪陇县、宣汉县、万源市、通江县、平昌县、南江县	（6个）：北川县、平武县、剑阁县、青川县、元坝区、巴州区	（4个）：阆中市、南部县、嘉陵区、广安区	（13个）：利州区、营山县、蓬安县、高坪区、岳池县、武胜县、邻水县、华蓥市、通川区、达县、开江县、大竹县、渠县。
乌蒙山区	泸州市 乐山市 宜宾市	9	（3个）：古蔺县、叙永县、屏山县	（1个）：沐川县		（5个）：合江县、兴文县、筠连县、高县、珙县。
大小凉山彝区	乐山市 凉山州	13	（9个）：马边县、美姑县、布拖县、昭觉县、金阳县、喜德县、越西县、雷波县、普格县		（2个）：甘洛县、盐源县	（2个）：峨边县、金口河区
高原藏区	阿坝州 甘孜州 凉山州	32	（9个）：壤塘县、黑水县、小金县、色达县、石渠县、理塘县、德格县、甘孜县、木里县	（23个）：金川县、若尔盖县、阿坝县、理县、茂县、松潘县、红原县、马尔康县、汶川县、九寨沟县，新龙县、炉霍县、德荣县、雅江县、道孚县、巴塘县、白玉县、乡城县、稻城县、泸定县、丹巴县、九龙县、康定县		
合计	12	86	30	30	6	20

资料来源：根据《四川省农村扶贫开发纲要（2011～2020年）》整理。

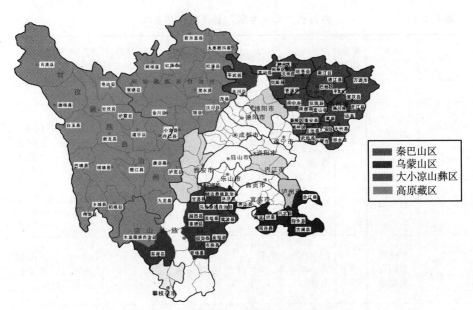

图 1.2.1 四川省连片特困地区的空间分布

资料来源：本报告作者绘制。

表 1.2.2   **四川省连片特困地区面积与人口**

片区	涉及市（州）数	覆盖县数	区域面积			区域人口		
			平方公里	占全省（%）	占片区（%）	万人	占全省（%）	占片区（%）
秦巴山区	6	32	71432	14.73	19.21	2528.0	27.91	71.86
乌蒙山区	3	9	16577	3.42	4.46	488.7	5.39	13.89
大小凉山彝区	2	13	33763	6.96	9.08	288.0	3.18	8.19
高原藏区	3	32	250124	51.57	67.26	213.2	2.35	6.06
合计	12	86	371896	76.68	100	3517.9	38.84	100

资料来源：面积数引自《中国区域经济统计年鉴》（2011）（表 4 - 1），年末户籍人口数引自《四川统计年鉴》（2012）（表 12 - 1）。

表 1.2.3   **四川省"四大片区县"的结构**

片区	国家扶贫开发工作重点县			民族地区			革命老区		
	县数（个）	面积（平方公里）	人口（万人）	县数（个）	面积（平方公里）	人口（万人）	县数（个）	面积（平方公里）	人口（万人）
秦巴山区	13	33588	1113.7	2	9058	42.6	30	69450	2398.4
乌蒙山区	3	7661	187.5	1	1380	46.9	7	13672	432.1

片区	国家扶贫开发工作重点县			民族地区			革命老区		
	县数（个）	面积（平方公里）	人口（万人）	县数（个）	面积（平方公里）	人口（万人）	县数（个）	面积（平方公里）	人口（万人）
大小凉山彝区	11	30770	267.8	13	33763	288	0	0	0
高原藏区	9	95195	69.1	32	250124	213.2	20	130076	138.3
合计	36	167214	1638.1	48	294325	590.7	57	213198	570.4

资料来源：①国务院扶贫开发领导小组办公室，"国家扶贫开发工作重点县名单"，发布时间 2012 - 03 - 19，http：//www. cpad. gov. cn/publicfiles/business/htmlfiles/FPB/fpyw/201203/175445. html；②四川省民族事务委员会，"四川省少数民族县、自治县和享受少数民族待遇县"，民族网（http：//www. sc-mw. gov. cn/Scmz_Info. aspx？id = 67），发布时间：2011 - 06 - 03；③四川省人民政府关于认定邛崃等县（市、区）为革命老区县（市、区）的通知，中央政府门户网，http：//www. sc. gov. cn/zwgk/zcwj/zfwj/cfh/201009/t20100907_1021659. shtml；④面积数引自《中国区域经济统计年鉴》（2011）（表 4 - 1），年末户籍人口数引自《四川统计年鉴》（2012）（表 12 - 1）。

3. 禀赋结构与区域发展

从经济发展的角度讲，一个地区的禀赋结构定义为这个地区的自然资源、劳动力、人力资本和物质资本的相对丰裕度。由地质和自然地理因素所决定的一个地区的自然资源和自然区位，是这个地区禀赋结构的第一天性（first nature）；一个地区发展的历史基础，包括已经形成的物质资本（特别是软硬基础设施）、人力资本等，构成了该地区禀赋结构中的第二天性（second nature）。本部分从地理区位、自然资源与自然条件、人口与民族等方面分析四川连片特困地区的禀赋特征与发展条件。

3.1　禀赋结构

3.1.1　地理区位

四川连片特困地区在地理区位上的典型特点是边远性和过渡性。从自然地理角度看，四川连片特困地区地处川西、川西北、川西南山地及高原地区、川东、川南的盆周山地，盆周山地与四川盆地的过渡地带，以及地势第一级阶梯与第二级阶梯、第二级阶梯与第三级阶梯的过渡地带，气候、地形、水文等都具有过渡性特点。

在政治地理上，首先，从国际地缘政治关系看，四川连片特困地区独特的空间区位和地形地势，为中国中、东部地区提供了重要的战略屏障和战略依托。特别需要指出的是四川藏区是我国反对民族分裂斗争的重要前沿。其次，这些地区处于四川省的边缘地带，北邻青海省、甘肃省和陕西省，西向西藏自治区，南临云南省和贵州省，东接湖北，东南与重庆相接，距四川省的经济核心区和政治中心较远。四川的革命老区大都处于几省的结合部。例如，川滇黔边区革命根据地地处云贵川三省八县结合部，系云贵高原向四川盆地过渡边沿。革命老区为中华民族独立和解放事业做出了巨大贡献。但由于多方面原因，革命老区经济发展滞后。老区建设对全国经济建设、社会事业、国防建设都具有重要的意义。最后，四川连片特困地区是维护稳定和构建和谐社会的关键区域和难点区域。由于各民族历史上极为复杂的族际关系，再加上各民族之间经济社会发展的现实差距，各民族间也存在或极易引发诸多的民族矛盾和问题。国家和谐系于区域和谐，区域和谐系于民族和谐，多民族分布格局使得各民族之间极易产生现实的和潜在的矛盾和冲突，而民族间矛盾和冲突的存在与发生在影响民族关系的同时进而会影响到整个国家的稳定。因此，多民族"大杂居，小聚居"的民族分布格局既是中国和谐社会建设的关键区域，也是中国和谐社会建设的难点区域。

在人文地理上，高原藏区和大小凉山彝区地处青藏高原藏文化和四川盆地汉文化的过渡区域，同时又是"藏彝走廊"的南端，处于多种文化交汇的地区，在地缘文化上是中国文化多样性的传承与创新区，是原生态民族文化发源地和传承地，其民族文化的保护和发展对于中国民族文化的多样性有着极为重要的战略意义。在千百年的历史发展中，各个民族都形成了属于自己的特有文化形态和文化个性，如藏族地区的藏文化、彝族的虎文化以及羌文化等民族地域文化，是中国多元文化瑰宝的重要组成部分，这种特有的文化形态和文化个性已经成为民族亲和力和凝聚力的重要源泉，它既是一个民族的历史遗产，又是其前进发展的动力。

3.1.2 自然资源

四川连片特困地区位于四川省内川北、川东平行岭谷、川西高原山地和川南山地，自然资源和动植物资源富集，世界文化自然遗产和自然保护区比较集中，旅游资源丰富，水能、有色金属和非金属矿等资源蕴藏丰富，是中国重要的战略资源储备与保障区。据统计，四川省已探明的地下矿藏132种，集中分布在川西南（攀西）、川南、川西北三个区，这三个区正好是乌蒙山区、大小凉山彝区和高原藏区的分布所在。川南地区以煤、硫、磷、岩盐、天然气为主的非金属矿产种类多，蕴藏量大，是我国化工工业基地之一；川西北地区稀贵金属（锤、铰、金、银）和能源矿产特色明显，是潜在的尖端技术产品的原料供应地；川西南的黑色、有色金属和稀土资源优势突出，仅攀西地区就蕴藏有全国 13.3% 的铁、93% 的钛、69% 的钒和 83% 的钴，其他矿产也很丰富，并组合配套好，是我国的冶金基地之一。

四川的水能资源蕴藏量占全国的 1/4，可开发量 1.1 亿千瓦，是中国最大的水电开发和西电东送基地，而在省内的分布集中于大小凉山彝区和高原藏区。除了常规资源外，四川连片特困地区还蕴藏着极为丰富的太阳能、风能、小水电等新（低碳）能源资源。

3.1.3 自然环境与生态条件

从生态区位角度分析，四川连片特困地区具有重要的生态功能，是中国最重要的生态平衡与保障区之一。一方面，它们地处一、二级阶梯和二、三级阶梯地形的交汇地带，位于盆周山区与四川盆地的生态过渡地带，长江、黄河等河流以及湄公河、伊洛瓦底江等东南亚等国际性河流均发源于此，从这个角度来说，这些地区不仅是中国重要的生态平衡和生态保障区，也事关亚洲部分地区的生态平衡与生态保障。另一方面，四川连片特困地区大多地处"生态环境脆弱带"，如四川藏族、彝族和羌族等少数民族集中分布的川西高原，是地势台阶的交汇区，是两种或两种以上的物质体系、能量体系、结构体系、功能体系之间所形成的"界面"，以及围绕该界面向外延伸的"过渡带"，具有生态上的脆弱性，稳定性差，抗干扰的能力弱，可以恢复原状的机会小。

从主体功能区角度看，根据《全国主体功能区规划》和《四川省主体功能区规划》，四川的限制开发区域和禁止开发区大都分布于连片特困地区（见表 1.3.1、表 1.3.2）。例如，四川省国家层面的重点生态功能区有 4 个，若尔盖高原湿地生态功能区、川滇森林及生物多样性生态功能区、秦巴生物多样性生态功能区和大小凉山水土保持和生物多样性生态功能区，均在连片特困地区。四川省有国家级自然保护区 23 个，其中有 20 个分布于连片特困地区。这类地区生态脆弱、经济发展的资源环境承载能力不强，同时又有大量贫困人口集中分布。因此，根据这些地区的生态功能定位，要坚持保护优先、适度开发、点状发展，因地制宜发展资源环境可承载的特色产业，加强生态修复和环境保护，引导超载人口逐步有序转移，使之逐步成为全国或区域性的重要生态功能区。

表 1.3.1　　　　　　　　四川的限制开发区（重点生态功能区）

区域	级别	范围	面积（平方公里）	人口（万人）
若尔盖草原湿地生态功能区	国家	阿坝县、若尔盖县、红原县	29270	19.6
川滇森林及生物多样性生态功能区	国家	天全县、宝兴县、小金县、康定县、泸定县、丹巴县、雅江县、道孚县、稻城县、得荣县、盐源县、木里藏族自治县、汶川县、北川县、茂县、理县、平武县、九龙县、炉霍县、甘孜县、新龙县、德格县、白玉县、石渠县、色达县、理塘县、巴塘县、乡城县、马尔康县、壤塘县、金川县、黑水县、松潘县、九寨沟县	243690	295.6
秦巴生物多样性生态功能区	国家	旺苍县、青川县、通江县、南江县、万源市	17765	275.7
大小凉山水土保持和生物多样性生态功能区	国家	屏山县、峨边县、马边县、布拖县、金阳县、昭觉县、美姑县	14846	156.7
大小凉山水土保持和生物多样性生态功能	省级	沐川县、石棉县、宁南县、普格县、喜德县、越西县、甘洛县、雷波县	17201	175.5

注：黑体标注的县（市、区）为连片特困地区县。
资料来源：作者根据《全国主体功能区规划》和《四川省主体功能区规划及实施政策研究》整理。

表 1.3.2　　　　　　　　　四川省的禁止开发区

		全省		四川连片特困地区	
		个数	平方公里	个数	平方公里
自然保护区	国家	23	28047.86	20	27422.78
	省级	67	30003.52	59	28455.63
世界文化自然遗产		5	11015.79	3	10665
国家级风景名胜区		14	20902.88	11	18681
森林公园	国家森林公园	30	6347.78	24	5265.12
	国家地质公园	12	4835.7	9	4307

资料来源：本报告作者根据《全国主体功能区规划》和《四川省主体功能区规划及实施政策研究》整理。

此外，这些地区还和西藏的藏东南高原边缘森林生态功能区、青海三江源草原草甸湿地生态功能区、甘南黄河重要水源补给生态功能区等在地域和功能上存在密切关系。

可见，包括限制开发区域和禁止开发区域在内，四川连片特困地区保护脆弱生态环境，使之成为全国或区域重要生态功能区的任务十分艰巨。

3.1.4　人口与民族

表1.3.3是根据2010年人口普查数据计算得到的，反映了四川连片特困地区人口禀赋结构。可以看出，四川连片特困地区在人口禀赋方面有如下特征：

第一，秦巴山区、乌蒙山区和大小凉山彝区均属于常住人口小于户籍人口，特别是秦巴山区和乌蒙山区，常住人口只占户籍人口的78.92%和80.89%，说明有20%的人口主要经济活动不在这些地区。

第二，从性别年龄结构看，性别结构总体上基本平衡，而年龄结构反映秦巴山区和乌蒙山区属于老年型人口，大小凉山彝区属于成年型人口，高原藏区属于成年型向老年型过渡。

第三，大小凉山彝区和高原藏区是少数民族集中分布地区。2010年第六次人口普查表明，四川省总人口为80417528人，其中少数民族人口4907804人，占全省总人口的6.10%。四川连片特困地区中的大小凉山彝区和高原藏区是少数民族人口集中分布地区。凉山彝族自治州有少数民族人口2377438人，占凉山州总人口的52.45%，占全省少数民族人口的48.44%，其中彝族占全省的84.22%；阿坝藏族羌族自治州有少数民族人口678029人，占全州人口的75.44%，占全省少数民族人口的13.82%，其中藏族占全省的32.73%，羌族占全省的53.20%（另有39.72%分布于绵阳的北川和平武）；甘孜藏族自治州有少数民族892674人，占全州人口的81.76%，占全省少数民族人口的18.19%，其中藏族占全省的57.12%。

第四，四大片区城镇化水平均偏低，尤其是大小凉山彝区城镇化率只有15.97%，低于四川省24.25个百分点。

第五，从受教育程度看，四大片区6岁及以上人口平均受教育年限都低于四川省总水平，特别是大小凉山彝区只有5.41年；技能劳动力占比（大学专科与大学本科及以上人口占6岁及以上人口比例），四大片区也都低于四川省总水平，乌蒙山区和大小凉山彝区的技能劳动力占比都不到3%；15岁及以上人口文盲率，大小凉山彝区和高原藏区都很高。

表 1.3.3　　　　四川连片特困地区人口禀赋结构（2010 年）

项目		四川省	秦巴山区	乌蒙山区	大小凉山彝区	高原藏区
总人口	常住人口（万人）	80417528	19871851	3970486	2524213	2122306
	户籍人口（万人）	89980794	25178847	4908280	2825030	2092608
	常住人口/户籍人口（%）	89.37	78.92	80.89	89.35	101.42
性别比（女=100）		103.13	103.14	106.92	106.69	107.80
年龄结构（%）	0~14 岁	16.97	19.43	23.55	31.57	21.83
	15~64 岁	72.08	69.14	65.9	62.62	71.37
	65 岁及以上	10.95	11.44	10.55	5.81	6.8
少数民族人口占比（%）		6.1	0.93	3.83	74.24	79.82
城镇化率（%）		40.22	30.97	24.49	15.97	23.99
受教育程度	平均受教育年限	8.13	7.78	7.25	5.41	6.36
	15 岁及以上人口文盲率（%）	6.55	6.98	6.61	27.08	22.90
	技能劳动力占比（%）	7.13	3.61	2.36	2.88	6.98

资料来源：根据《中国 2010 年人口普查分县资料》相关数据计算得到。

3.2　禀赋与发展：密度—距离—分割

3.2.1　密度—距离—分割

　　考察一个地区的禀赋结构与区域发展的关系有多个视角，本节利用世界银行《2009 年世界发展报告》提出的密度—距离—分割框架，分析四川连片特困地区的禀赋结构与区域发展的关系。《2009 年世界发展报告》的主题是"重塑世界经济地理"，根据发展在空间上的非均衡性，提出经济发展在空间上可以以密度（Density）、距离（Distance）和分割（Division）这三个特征来界定[①]。密度指的是单位陆地面积经济活动的强度，反映了经济的集中程度；距离是指商品、服务、劳务、资本、信息和观念穿越空间的难易程度，它虽与物

---

①　世界银行：《2009 年世界发展报告：重塑世界经济地理》，清华大学出版社 2009 年版，第 6~7 页。

理距离有关，但主要指的是与发达地区、经济核心区和市场的距离，包括时间距离、交易成本等；分割指地区之间商品、资本、人员和知识流动的限制因素，也就是阻碍经济一体化有形和无形的障碍，虽与边界相关，但不是全部，区域经济一体化过程中的各种障碍（或经济壁垒）是造成分割的主要因素。密度—距离—分割为分析一个地区的空间结构提供了一个分析框架。下面利用这一框架分析民族地区的空间结构。

1. 密度

密度反映了单位土地面积上经济活动的强度，可以用单位面积上的地区生产总值、单位面积上的人口与就业等来刻画。2000 年和 2011 年四川连片特困地区的相关密度见表 1.3.4。可以看出，随着经济发展和人口增长，四川连片特困地区密度从 2000 年到 2011 年增长较大，不过四大片区的经济密度和就业密度除秦巴山区外，均低于四川省的平均水平，更低于四川省的经济核心区（成都市、德阳市和绵阳市）。把 2011 年四川省各县级行政单位的经济密度、就业密度和人均地区生产总值相拟合（见图 1.3.1），三者间具有显著的正向拟合关系。同时与四川相对发达地区比较，连片特困地区经济活动的集聚程度明显偏低。

表 1.3.4　　　　四川连片特困地区密度的变化（1999 ~ 2011 年）

		2000 年				2011 年			
		人口密度（人/平方公里）	人均地区生产总值（元/人）	经济密度（万元/平方公里）	就业密度（人/平方公里）	人口密度（人/平方公里）	人均地区生产总值（元/人）	经济密度（万元/平方公里）	就业密度（人/平方公里）
四川省		173.35	4805	82.69	96.05	197.78	26133	433.54	98.67
连片特困地区	秦巴山区	326.90	2665.77	87.14	181.37	353.90	12808.75	453.31	177.14
	乌蒙山区	270.39	2466.10	66.68	157.76	294.81	13208.87	389.41	167.85
	大小凉山彝区	67.11	2290.19	15.37	38.32	85.30	11973.70	102.14	46.86
	高原藏区	7.37	3383.89	2.50	4.15	8.52	15905.26	13.56	5.10
四大片区合计		85.88	2652.57	22.78	48.13	94.59	12983.63	122.82	49.19

资料来源：《四川统计年鉴》（2001，2012）。

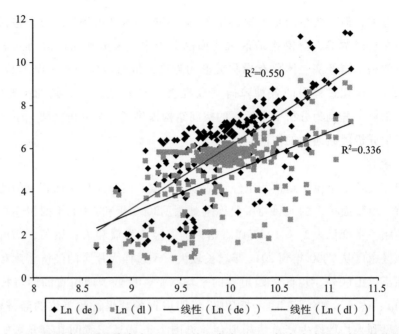

图 1.3.1　四川省县域经济密度（de）、就业密度（dl）与人均地区生产总值的拟合

注：图中纵横坐标均为对数值，横坐标为人均地区生产总值的自然对数，纵坐标为密度的自然对数。

资料来源：作者根据《四川统计年鉴》（2012）计算绘制。

2. 距离

距离实际上反映的是一个地区与另一个地区在空间上的区位关系，包括位置关系、地缘政治关系、地缘经济关系以及交通、信息关系等等。相应地就有物理距离、政治距离、经济距离、信息距离等。这里重点考察的是民族地区与发达地区和大市场的经济距离。

从经济距离看一个地区与另一个地区间的区位关系，重点在于这个地区与发达地区和经济中心的距离关系。如果一个地区远离经济中心，意味着交通落后，信息闭塞，远离大市场，市场潜力小。相反，如果一个地区接近经济中心和大市场，交通方便，运输成本低，市场潜力大。四川连片特困地区绝大多数地区离四川省的经济核心区（成都—德阳—绵阳经济带）较远，处于四川经济的核心—边缘结构中的边缘区。例如，甘孜州得荣县城距成都的公路里程1306公里，是四川省距成都最远的县域。简单地把各县城（区）首府距成都的距离与其经济发展水平指标（人均地区生产总值）进行拟合，如图 1.3.2所示，看来距离政治经济核心区的距离，确实能在一定程度上解释一个地区的发展水平，距离核心区近，能够及时获得来自核心区的发展溢出（development Spillover），促进本地区的发展。四川连片特困地区远离政治经济核心区，得自这些地区的正的溢出效应弱，也是其经济不发达的一个原因。

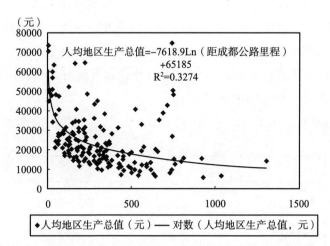

图1.3.2　四川省各县域距成都的公路里程与经济发展间的拟合关系

资料来源：本报告作者绘制。

距离的另一个重要方面是毗邻效应。如果与一个地区毗邻的均是发达地区，那么该地区得到发达地区的正溢出效应强，对于自己的发展是有利的。若毗邻的均是不发达地区，该地区获得的溢出效应弱，呈现出"贫困的空间聚集"。与四川连片特困地区相毗邻的地区大多是经济发展水平偏低的地区。从区域内看，区内的贫困地区呈现出集中连片的空间集聚特点。

3. 分割

四川连片特困地区的分割首先来自其自然地理环境的复杂和破碎。例如，高原藏区集中分布的川西北高原，海拔4000～5000米，90%以上是山地和高原。秦巴山区和乌蒙山区位于盆地边缘地区，以海拔1500～3000米的中低山地为主。这样的地表结构，使得四川连片特困地区的"区域开发成本"很高。例如，在山区修公路，每公里的成本是平原地区的5～10倍①。

---

①　此外，研究表明，陆地海拔每升高1000米，人体劳动能力就因缺氧而下降10%左右，正常人在海拔4000米以上地区工作时的劳动能力比在近海平原处工作时下降39.7%；海拔每升高1000米，内燃机功率就下降8%～13%，油耗增加6%。

　　分割的另一个表现是各地区区内平均距离，区内平均距离越大，分割越严重。区内平均距离的计算公式是：

$$d_{ii} = 0.75 \cdot \sqrt{A_i}$$

式中，A_i 是区域 i 的面积。计算结果表明，由于地域辽阔，四川连片特困地区区内平均距离大，例如石渠县区内距离达 118 公里，远大于四川省平均县域内的距离（34 公里）。简单地把四川各县域内部距离与经济发展水平指标（人均GDP）进行回归（见图 1.3.3），它们之间具有显著的对数负相关关系，随着内部距离的扩大，人均 GDP 逐渐变小。

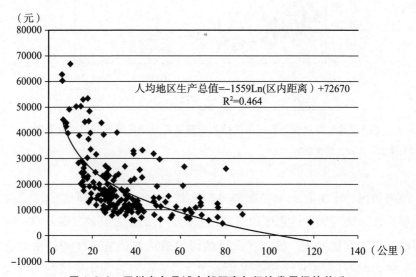

图 1.3.3　四川省各县域内部距离与经济发展间的关系

资料来源：本报告作者绘制。

　　此种地理上的分割带来经济上的分割。据全国第二次农业普查资料，四川省有乡镇 4400 个（乡 2588 个，镇 1812 个），其中民族乡镇 232 个，丘陵乡镇2067 个，山区乡镇 2061 个，扶贫重点县的乡镇 1229 个。只有 5.5% 的乡镇有火车站，10.2% 的乡镇有码头，27.3% 的乡镇有二级及以上公路通过，乡政府所在地距县城在 1 小时车程内的乡镇占 60.6%。位于四川连片特困地区的乡镇大多位于山区、丘陵和扶贫重点县，从这些地区乡镇的通达性看，绝大多数乡镇没有火车站、没有码头、没有二级公路通过，离一级公路或高速公路出入口的距离大于 50 公里，有许多乡镇，特别是民族地区的乡镇，到达县政府的时间大多在 1 小时以上，有的乡镇甚至达 2 个小时。

从四川连片特困地区的城镇化水平和城镇体系结构看，目前，四川连片特困地区城镇化水平低，经济活动和人口的集聚程度不高。2011 年，四川全省的城镇化率为 41.83%，而连片特困地区的广元市、宜宾市、广安市、达州市、巴中市、阿坝藏族羌族自治州、甘孜藏族自治州和凉山彝族自治州等市州的城镇化率均低于全省平均水平，最低的甘孜州自治州城镇化率仅 22.39%，其次是凉山州，为 28.16%。同时，四川连片特困地区绝大多数聚落人口规模小、密度低。据统计，2011 年四川连片特困地区 86 个县（市、区）中，有县级市 3 个（阆中市、华蓥市和万源市），8 个区，75 个县。聚落规模小、密度低，从两个方面制约着发展，一是聚落规模越小，对外交易机会越少、交易成本越高，从而限制了发展；二是聚落规模小，无法实现内部规模经济和外在规模经济，从而规模报酬递增程度低，而报酬递增是发展的重要引擎。

除了上述的分割外，四川连片特困地区还面临行政区边界的分割和文化上的分割。行政区边界的分割表现明显的主要在行政区间的边缘地带。

3.2.2 空间结构对经济发展的约束

从空间结构看，四川连片特困地区密度低、距离远、分割较为严重，空间格局不经济，成为制约这些地区经济发展的重要因素。

首先，密度低，集聚力弱，抑制了经济增长。《2009 年世界银行发展报告》指出："发展活动并非给所有地区都带来经济繁荣；市场青睐于某些地区，而忽视另一些地区。然而，使生产活动分散化并不一定促进繁荣。"[1] 理论研究也表明，经济活动的空间聚集和经济增长的过程总是相伴相生的，增长促进的聚集，聚集加速了增长[2]。四川连片特困地区密度低，城镇化水平低，城镇体系不完善，缺乏大城市，结果本地市场效应小，集聚力弱，而远离大市场，区内距离大，地理分割导致经济分割，形成分散力，这对于这些地区的发展是不利的。

其次，远离大市场，对外部市场的获得难度大。根据亚当·斯密在《国富

---

[1] 世界银行：《2009 年世界发展报告》，清华大学出版社 2009 年版，前言。

[2] Baldwin, Richard E., Martin, Philippe, 2004. Agglomeration and regional growth. In: Henderson, Vernon J., Thisse, Jacques – Francois (Eds.), Handbook of Regional and Urban Economics, Vol. 4: Cities and Geography. Elsevier, North – Holland.

论》中论述的经济发展第一定律，"劳动生产力上最大的增进，以及运用劳动时所表现的更大的熟练、技巧和判断力，似乎都是分工的结果"，而"分工受市场范围的限制"①。而一个地区的市场范围受运输成本和市场需求容量的影响。研究表明，市场范围和运输成本呈现负向关系，而且运输成本对市场范围的负效应在边际上是递增的。运输成本是和距离及分割密切相关的。四川连片特困地区由于远离省内经济核心区，更远离全国经济核心区，区际运输成本高，市场获得小，市场规模难以扩大。

再其次，市场规模小，限制了四川连片特困地区的工业化。工业化是区域经济发展的必经之道，这对于经济不发达的四川连片特困地区也是如此。但是这些地区由于自然地理空间结构（地理第一性）上处于不利状态，市场获得不足，市场规模小，虽然具有发展资源型工业的比较优势，但制造业发展的比较优势不足，而且运输成本高，加上分割和集聚力低的影响，西部大开发以来制造业比重不仅没有上升，反而呈现出下降的"去制造业"态势。

最后，区内运输成本高，抑制了区内经济一体化的形成。由于四川连片特困地区内部地理结构的非经济性，人口和经济活动的空间高度分散，一方面任何连接边缘地带与中心城市的基础设施建设所需要的投资都十分巨大，如果没有中央政府和其他地区政府的支持和援助，这些基础设施是难以完成的；另一方面使地区内部的教育、卫生和能源等设施难以形成规模经济，更无法实现生产部门和工业企业的规模报酬递增效应；再者这些地区区内距离大，社会经济活动的交易成本（主要是运输成本）高，抑制了产品竞争力的提升；另外，由于这些地区的边缘、分散和贫穷，造成生产要素的边际生产率低，从而区外的生产要素受利润最大化驱动，难以流入，而区内已有生产要素（包括资本、劳动等）还不断流出。所有这些，都极大地抑制了四川连片特困地区区内的经济一体化。

总之，密度低、距离远和地区分割共同作用，阻挠了四川连片特困地区的发展，特别是制造业的发展。

---

① ［英］亚当·斯密著，郭大力、王亚南译：《国民财富的性质和原因的研究》（上卷），商务印书馆 1994 年版，第 5、16 页。

4. 四川连片特困地区的区域发展

进入 21 世纪以来，受益于国家西部大开发战略、《中国农村扶贫开发纲要 (2001～2010 年)》和《四川省农村扶贫开发规划 (2001～2010 年)》的实施，四川连片特困地区的经济社会发展取得显著成效。

4.1 经济发展

第一，从经济总量和人均量看，据统计，2000 年，四大片区实现地区生产总值 845.77 亿元，占四川省地区生产总值的 21.09%，到 2012 年四大片区实现地区生产总值 5190.61 亿元，占全省比重为 21.62%，名义值增长了 6 倍多。2000～2011 年，地区生产总值年均增长速度秦巴山区为 11.57%，乌蒙山区为 12.77%，大小凉山彝区为 11.93%，高原藏区为 10.61%。同期四川省地区生产总值年均增长率为 12.66% (见表 1.4.1)。

表 1.4.1　　　　　　　　　　　四大片区的经济总量

片区	地区生产总值（万元）				占四川省地区生产总值比例（%）			
	2000 年	2005 年	2010 年	2012 年	2000 年	2005 年	2010 年	2012 年
秦巴山区	6213921	11248969	26170786	36850928	15.49	15.23	15.23	15.35
乌蒙山区	1101853	1901284	5016626	7341411	2.75	2.57	2.92	3.06
大小凉山彝区	518956	1055485	2717532	3794624	1.29	1.43	1.58	1.58
高原藏区	622974	1302180	2708776	3919140	1.55	1.76	1.58	1.63
四大片区合计	8457704	14452433	33896188	51906103	21.09	20.99	21.31	21.62
四川	40103000	73851100	171854800	240017412	100	100	100	100

资料来源：《四川省统计年鉴》。

从人均地区生产总值看，2000 年四大片区平均人均地区生产总值 2653 元，只相当于四川全省平均的 55%，到 2012 年为 17535 元，相当于全省的 59%。各片区情况见表 1.4.2 和图 1.4.1。从 2000 年到 2012 年，秦巴山区人均 GDP 从 2619 元增长到 18434 元，增加了 15815 元；乌蒙山区人均 GDP 从 2466 元增长到 18436 元，增加了 15970 元；大小凉山彝区人均 GDP 从 2290 元增长到 15084 元，增加了 12794 元；高原藏区人均 GDP 从 3384 元增长到

18187 元，增加了 14803 元。

表 1.4.2　　　　　　　　四大片区人均地区生产总值

片区	人均地区生产总值（元）				相对人均地区生产总值			
	2000 年	2005 年	2010 年	2012 年	2000 年	2005 年	2010 年	2012 年
秦巴山区	2619	5650	13056	18434	0.59	0.62	0.62	0.62
乌蒙山区	2466	4869	13080	18436	0.53	0.54	0.62	0.62
大小凉山彝区	2290	4973	12405	15084	0.54	0.55	0.59	0.51
高原藏区	3384	5988	12151	18187	0.65	0.66	0.57	0.61
四大片区合计	2653	5370	12673	17535	0.55	0.59	0.60	0.59
四川	4805	9060	21182	29579	1	1	1	1

资料来源：《四川省统计年鉴》。

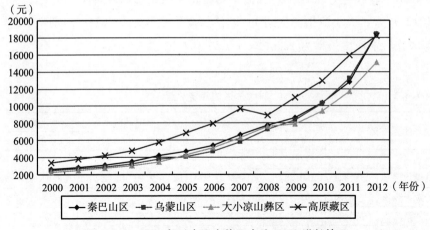

图 1.4.1　2000 年以来四大片区人均 GDP 增长情况

　　虽然从 2000 年到 2012 年，四大片区经济增长较快，但毕竟基础薄弱，相较于四川省的平均发展水平，四大片区经济依然很落后，如 2012 年，秦巴山区、乌蒙山区、大小凉山彝区、高原藏区人均地区生产总值分别为 18434 元、18436 元、15084 元、18187 元，分别相当于四川省人均地区生产总值（29579 元）的 62%、62%、51%、61%，相当于全国人均地区生产总值（37195 元）的 49.5%、49.5%、40.5%、48.9%（见图 1.4.2），发展差距是显然的。

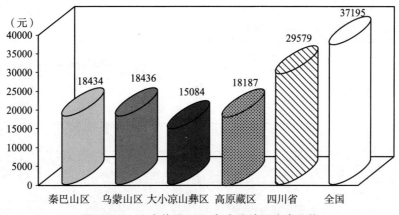

图1.4.2　四大片区2012年人均地区生产总值

第二，GDP持续增长，但三次产业增速平稳性差异大。四大片区第二产业年均增长速度都在20%左右，第三产业年均增长速度在11%左右上下浮动。四大片区第二产业发展迅速，可以推进产业结构的转变，但也表明四大片区仍处于工业化的中期阶段，第三产业已成为拉动经济增长的潜在动力。据统计，2000～2011年，秦巴山区第一、第二、第三产业增加值的年均增长速度分别为3.99%，20.91%，11.06%；乌蒙山区第一、第二、第三产业增加值的年均增长率分别为4.57%，20.17%，11.07%；大小凉山彝区第一产业年均增速为5%，第二产业年均增速为26.90%，第三产业年均增速为9.56%；高原藏区第一产业年均增速为3.52%，第二产业年均增速为19.76%，第三产业年均增速为10.93%（见图1.4.3）。

从增长趋势来看，四大片区中的大小凉山彝区和高原藏区三次产业的增加值增速波动都比较大，秦巴山区和乌蒙山区的增速平稳，2000～2011年的大多数年份增速均高于四川和全国的水平。

第三，全社会固定资产投资总额稳步增长，但呈减速态势。2000～2010年四大片区全社会固定资产投资总额均稳步增长，2008年后均显现出减速趋势，但环比增长波动幅度差异较大。固定资产投资速度放缓，就业和居民收入增长会进一步受到抑制，经济发展可能放缓（见图1.4.4）。

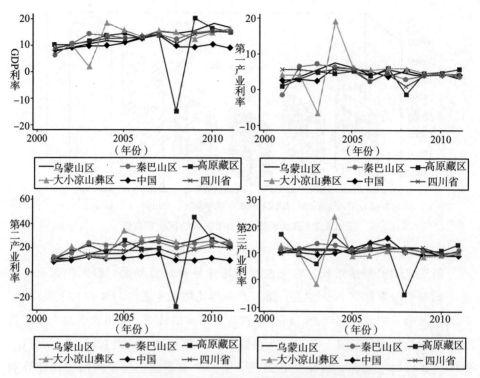

图 1.4.3　四大片区 GDP 及三次产业增加值增速比较

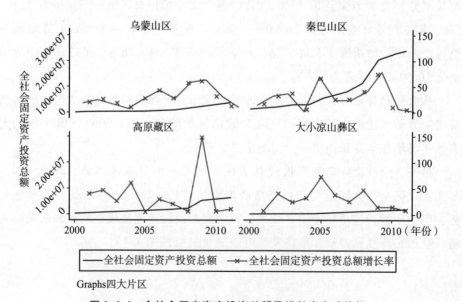

Graphs四大片区

图 1.4.4　全社会固定资产投资总额及增长率变动趋势

　　乌蒙山区全社会固定资产投资增长相对平缓，2008 年之前有加速的趋势，但 2008 年之后开始减速。秦巴山区的全社会固定资产投资曲线较乌蒙山区更为陡峭，年均增长变动幅度比乌蒙山区大。高原藏区和大小凉山彝区的全社会固定资产投资增长较乌蒙山区和秦巴山区更为平缓，曲线也更为平滑。高原藏区 2009 年发生跳跃性增长，但环比增长呈现逐年减速趋势。大小凉山彝区的环比增长在 2005 年之前呈现逐年加速趋势，但 2005 年后呈现逐年减速趋势。

　　第四，社会消费品零售总额逐年增加，且增长平滑（见图 1.4.5）。社会消费品零售总额逐年增加，但秦巴山区的增长更加明显，秦巴山区的社会消费品零售总额曲线在 2007 年之前表现得较为平滑，但此后加速上扬。从环比增长速度来看，该片区的年增速在 15% 上下浮动，没有表现出增速还是减速的趋势。其他三个片区增长较为平滑。这意味着消费需求显现疲软态势，对经济增长有明显的拖累作用。乌蒙山区在 2008 年之前，社会消费品零售总额尽管有浮动，但总体上呈现环比增长加速趋势，但 2008 年以后呈现增长减速苗头，但变动较为平缓。大小凉山彝区和高原藏区的社会消费品零售总额逐年增长，但是呈现平缓状态，但环比增速波动很大。这两个片区在 2008 年后的环比增长均呈现减速趋势。

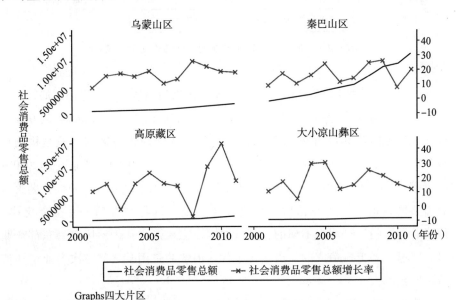

Graphs四大片区

图 1.4.5　四大片区社会消费品零售总额及增长率变动趋势

第五，从产业结构变动看，在产值结构方面，第二产业增加值占比连续增加，其他产业占比下降（见图 1.4.6）。四大片区第一、第三产业增加值占比在 2000～2011 年占比逐年降低，第二产业增加值占比逐年增加，片区内部的贫困县之间三次产业增加值的结构差异更大。第三产业所占比重呈现萎缩趋势，这会进一步阻碍工业化的继续向前推进，也不利于产业结构的优化。

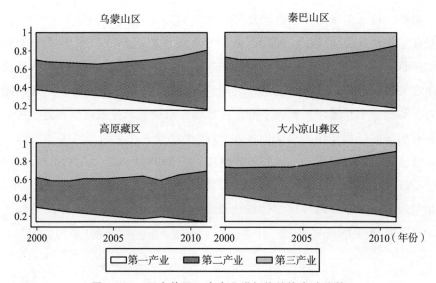

图 1.4.6　四大片区三次产业增加值结构变动趋势

秦巴山区产值结构变动在图形上和乌蒙山区极为相似，但秦巴山区的第二产业产值占比变动要小一些。乌蒙山区三次产业增加值占比从 2000 年的 0.37∶0.31∶0.32 变化为 2011 年的 0.16∶0.63∶0.21。大小凉山彝区的产值结构则从 2000 年的 0.43∶0.30∶0.27 变化为 2011 年的 0.20∶0.71∶0.09，高原藏区 2000～2011 年产值结构从 0.30∶0.31∶0.0.39 变化为 0.15∶0.54∶0.31，四大片区第三产业增加值在地区生产总值中的比例逐年萎缩，这与"配第一克拉克定律"所预测的发展趋势是明显不同的，究其原因，主要是由贫困地区接受东部产业转移、加速发展工业造成的。当然每个片区内部的贫困县之间三次产业增加值的结构差异更大。

在就业方面，第一产业从业人员缓慢向第二、第三产业转移（见图 1.4.7）。四大片区 2000～2011 年的就业结构变动趋势相同，第一产业从业人员占比逐年下降，第二、第三产业从业人员占比逐年增加。秦巴山区和乌蒙山区第二、第三产业从业人员比例变动速度更快。大小凉山彝区和高原藏区第一产业从业人员比例尽管也在逐年下降，但是向第二、第三产业转换速度较慢。每个片区内贫困县就业结构差距更大，这主要与各县主导产业和自然禀赋有关。劳动力跨产业转移的速度减慢意味着劳动力配置效应对经济增长的拉动作用正在减弱。

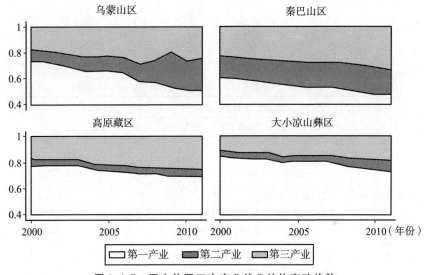

图1.4.7　四大片区三次产业就业结构变动趋势

第六，人均财政收入—支出少且自给率很低，政府自我发展能力不足。从人均地方公共财政收入来看，2012年，秦巴山区人均财政收入627元，乌蒙山区1073元，大小凉山彝区1173元，高原藏区1457元，分别为四川省人均财政收入（3020元）的20.7%、35.5%、38.8%、48.2%，分别为全国人均财政收入（4511元）的13.9%、23.8%、26%、32.3%。

从人均地方公共财政支出来看，2012年，秦巴山区人均财政支出4200元，乌蒙山区4116元，大小凉山彝区5866元，分别为四川省人均财政支出（6798元）的61.8%、60.5%、86.3%，分别为全国人均财政支出（7898元）的53.2%、52.1%、74.3%。

高原藏区人均财政支出12585元，一方面藏区维护民族团结、国家稳定等相关事业资金需求大；另一方面中央近年来加大对藏区的转移支付力度，加上其人口基数少，导致人均财政支出高于全国平均水平。

　　四大片区财政自给率低，2012 年秦巴山区、乌蒙山区、大小凉山彝区、高原藏区的财政自给率仅为 14.9%、26.1%、20%、11.6%（见图 1.4.8）。

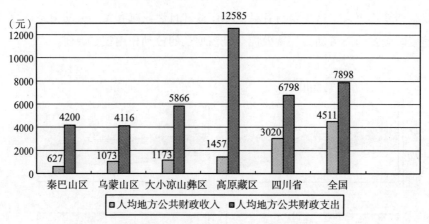

图 1.4.8　四大片区 2012 年人均地方公共财政收入与支出

4.2　居民收入与城乡差距

　　据统计（见表 1.4.3），从 2001 年到 2012 年，秦巴山区、乌蒙山区、大小凉山彝区、高原藏区农民人均纯收入分别从 1613 元、1347 元、1486 元、1013 元增加到 6570 元、6730 元、4466 元、5101 元，分别增加了 4957 元、5383 元、2980 元和 4088 元。

表 1.4.3　　　　　　　　四川省四大片区农民人均纯收入差距　　　　　　单位：元

		秦巴山区	乌蒙山区	大小凉山彝区	高原藏区
2001 年	农民人均收入	1613	1347	1486	1013
	与四川差距	374	640	401	974
	与全国差距	753	1019	780	1353
2010 年	农民人均收入	3923	3502	2835	3176
	与四川差距	1164	1585	2252	1911
	与全国差距	1996	2417	3086	2743
2012 年	农民人均收入	6570	6730	4466	5101
	与四川差距	431.4	271.4	2535.4	1900.4
	与全国差距	1346.6	1186.6	3450.6	2815.6

　　纵向看，四大片区农民收入保持了较快的增长。横向看，四大片区呈

现出"扩大中的差距"。2001 年，秦巴山区、乌蒙山区、大小凉山彝区、高原藏区与四川省同比差距为 374 元、640 元、401 元、974 元；2012 年，同年四川省农民人均纯收入为 7001.4 元，全国为 7916.6 元，四大片区与四川的同比差距分别为 431.4 元、271.4 元、2535.4 元和 1900.4 元；与全国农村居民人均纯收入的差距扩大为 1346.6 元、1186.6 元、3450.6 元和 2815.6 元。

四川连片特困地区是四川省县域中城乡居民收入差距最大的地区（见表 1.4.4）。2010 年四川省农村居民家庭人均纯收入 5140 元，城镇居民家庭人均可支配收入 15461 元，城镇居民收入是农村居民收入的 3.01 倍，四川连片特困地区县平均为 3.52 倍，其中秦巴山区为 2.72 倍，乌蒙山区为 2.67 倍，大小凉山彝区为 4.80 倍，高原藏区为 4.14 倍。分县看，在有统计的四川省 179 个县中，城乡收入比超过 3.01 倍的县有 62 个，其中 61 个属于四川连片特困地区的县，色达城乡收入比最大，超过了 7.0，理塘、石渠、甘孜超过了 6.0。

表 1.4.4　　　　　四川连片特困地区的城乡差距（2010 年）

片区	农村居民家庭人均纯收入	城镇居民家庭人均可支配收入	城乡收入比
秦巴山区	4644	12614	2.72
乌蒙山区	4882	13051	2.67
大小凉山彝区	3140	15075	4.80
高原藏区	3310	13694	4.14
四大片区合计	3908	13739	3.52
四川省	5140	15461	3.01

简单地把四川省 179 个县（市区）人均地区生产总值、农村居民人均纯收入与城乡收入比进行拟合，如图 1.4.9 所示，发现农村居民人均纯收入与城乡收入比间的拟合关系很好，呈现出非常强的负向关系，说明切实增加农民收入是缩小城乡差距的根本之策。

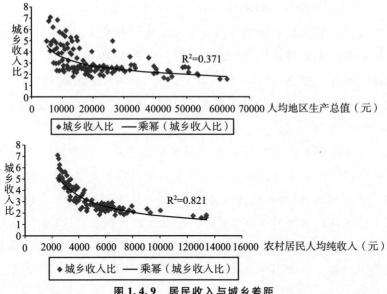

图 1.4.9 居民收入与城乡差距

4.3 城镇化

根据中国人口普查分县资料测算，四川连片特困地区城镇化率（等于城镇人口/总人口×100%）2000 年为 16.25%，与四川省的平均水平 27.09% 相差 10.84 个百分点，2010 年为 28.21%，与四川省的 40.22% 相差 12.01 个百分点；如果用非农业户口人口比重测算，2000 年为 12.60%，与四川省的 18.39% 相差 5.79 个百分点，2010 年为 18.58%，与四川省的 26.81% 相差 8.23 个百分点。各片区城镇化进程情况如表 1.4.5 所示。这些信息反映了特困地区城镇化的一些特点。

表 1.4.5 四川省连片特困地区城镇化的进程

片区	2000 年		2010 年		增长率（2000～2010 年，%）	
	非农业户口人口比重（%）	城镇化率（%）	非农业户口人口比重（%）	城镇化率（%）	非农业户口人口比重（%）	城镇化率（%）
秦巴山区	13.01	16.81	21.16	30.97	62.64	84.24
乌蒙山区	9.62	16.26	13.58	24.49	41.16	50.62
大小凉山彝区	14.77	15.98	16.35	23.99	10.70	50.13
高原藏区	8.34	10.84	7.96	15.97	−4.56	47.32
四大片区合计	12.60	16.25	18.58	28.21	47.46	73.60
四川省	18.39	27.09	26.81	40.22	45.79	48.47

第一，四川连片特困地区城镇化水平低，非农产业的发展对劳动力的吸纳能力很低。2010 年四川连片特困地区劳动力就业结构与地区生产总值的产值结构的比较即可看出这点（见表 1.4.6）。

表 1.4.6　　　　　　2010 年四大片区就业结构与产值结构

片区	就业结构			产值结构		
	第一产业	第二产业	第三产业	第一产业	第二产业	第三产业
秦巴山区	66.78	15.19	18.02	24.72	46.17	29.12
乌蒙山区	77.73	9.85	12.41	21.60	52.59	25.81
大小凉山彝区	87.73	4.21	8.06	25.14	48.94	25.91
高原藏区	75.27	5.48	19.25	21.11	41.53	37.36
合计	60.23	16.91	22.86	24.05	46.91	29.04

第二，比较城镇化率与非农户口人口比重，前者大于后者，说明四川连片特困地区城镇化的推进不是靠发展非农产业进行的，而是通过行政区划调整，比如乡改镇，县改市，这种城镇化实际上是一种名义上的城镇化，而非实际的城镇化。

第三，在许多地区，通过建开发区等方式，把土地从农民手里征收过来，实现了所谓建成区的扩大和土地的城市化，而失去土地的农民，被拆迁、被安置、被城镇化，但其户口和从事的职业没有变化。

4.4　基本公共服务

国务院印发《国家基本公共服务体系"十二五"规划》对基本公共服务的界定指出，所谓"基本公共服务，指建立在一定社会共识基础上，由政府主导提供的，与经济社会发展水平和阶段相适应，旨在保障全体公民生存和发展基本需求的公共服务"。"基本公共服务范围，一般包括保障基本民生需求的教育、就业、社会保障、医疗卫生、计划生育、住房保障、文化体育等领域的公共服务，广义上还包括与人民生活环境紧密关联的交通、通信、公用设施、环境保护等领域的公共服务，以及保障安全需要的公共安全、消费安全和国防安全等领域的公共服务"。按此分类，本节重点考察四川连片特困地区的教育、医疗卫生和交通基础设施的发展。

4.4.1 基础教育

从基础教育的发展结果看，表1.4.7是根据2000年和2010年人口普查数据计算得到的，其中平均受教育年限是指6岁及以上人口的平均受教育年限，文盲率是15岁及以上人口的文盲率，技能劳动力是6岁及以上人口中接受大专及以上教育的人口的比例。表1.4.7中的内容一方面说明了2000~2010年10年四川连片特困地区教育发展所取得的成绩，平均受教育年限平均提高了近1年，文盲率下降幅度超过了四川的平均水平，技能劳动力占比都有不同程度的提高；另一方面，也说明了目前四川连片特困地区教育发展的问题所在。与四川省平均状况比较，四大片区的平均受教育年限、文盲率和技能劳动力占比均有较大差距，除了文盲率的差距有所缩小外，平均受教育年限、技能劳动力比例均在扩大。

表1.4.7 　　　　　　　　　　四川连片特困地区人口受教育程度的变化

片区	平均受教育年限			文盲率			技能劳动力比例		
	2000 年	2010 年	变化	2000 年	2010 年	变化	2000 年	2010 年	变化
秦巴山区	6.81	7.78	0.97	10.77	6.98	-3.79	1.3	3.61	2.31
乌蒙山区	6.51	7.25	0.74	9.66	6.61	-3.05	0.91	2.36	1.45
大小凉山彝区	4.31	5.41	1.1	35.86	27.08	-8.78	1.04	2.88	1.84
高原藏区	4.79	6.36	1.57	35.75	22.9	-12.85	1.82	6.98	5.16
四大片区合计	6.47	7.4	0.93	13.83	9.66	-4.17	1.26	3.63	2.37
四川省	7.07	8.13	1.06	9.87	6.55	-3.32	2.68	7.13	4.45

四大片区教育发展的另一个方面是教育的供给，表1.4.8从学龄儿童入学率、平均就学半径、学校密度等方面给出了四大片区2002年和2011年的变化。一方面，学龄儿童入学率、生师比指标有所改进；但另一方面，无论小学、中学，学生平均就学半径扩大了，学校密度减少了，这是基于规模效益的学校布局调整的直接后果，这样的调整，虽然每个学校的规模扩大了，可能在一定程度上实现了规模效应，但学生就学半径扩大后，就学的风险大幅度上升，有效学习时间缩短了，学习效率下降。虽然国家减免了义务教育阶段的学费，在这个意义上实现了"义务教育"，但就学半径扩大后，出现的所谓"代管费"、"住宿费"上升，抵消了学费减免的效果。

表 1.4.8 四川连片特困地区基础教育的变化

片区	学龄儿童入学率	平均就学半径		生师比		密度					
						小学			普通中学		
		小学	普通中学	小学	普通中学	个/100平方公里	个/万人	综合	个/100平方公里	个/万人	综合
2000 年											
秦巴山区	99.51	1.57	6.67	26.02	20.07	22.76	6.96	125.88	1.26	0.39	7.00
乌蒙山区	99.12	2.50	6.36	28.88	19.15	8.99	3.33	54.69	1.39	0.51	8.46
大小凉山彝区	89.90	2.87	13.45	19.59	10.94	6.83	10.18	83.37	0.31	0.46	3.80
高原藏区	87.25	7.08	36.40	15.34	10.04	1.12	15.22	41.33	0.04	0.58	1.56
四大片区合计	93.46	3.02	12.47	24.81	18.96	6.15	7.16	66.33	0.36	0.42	3.90
四川省		2.51	7.95	24.21	18.06	8.93	5.15	67.85	0.89	0.51	6.77
2011 年											
秦巴山区	99.7	4.11	5.18	22.53	17.05	3.33	0.94	17.68	2.10	0.59	11.16
乌蒙山区	99.9	3.34	5.94	22.72	18.68	5.03	1.71	29.30	1.59	0.54	9.28
大小凉山彝区	96.4	4.33	12.53	25.26	17.07	2.99	3.51	32.42	0.36	0.42	3.88
高原藏区	99.6	12.33	34.38	20.67	14.84	0.37	4.34	12.67	0.05	0.56	1.63
四大片区合计	99.2	6.38	10.22	22.67	17.11	1.38	1.46	14.23	0.54	0.57	5.54
四川省		5.55	7.62	18.98	16.72	1.82	0.98	13.35	0.97	0.52	7.10

教育供给的另一方面是教师的流失。由于四大片区地处边远山区,工作条件艰苦,而目前的教师工资制度没有工作条件的"溢价",教师的实际收入实际上是大城市高于中等城市,中等城市高于小城市,小城市高于城镇,城镇高于农村,这是一种逆向激励,其结果是边远山区,尤其农村教师的流失严重,有的到了政府部门,有的到了城市,而且流失的教师平均能力较强,能力强的教师流走后,这些地区教师的平均能力下降,教育质量也随之下降。例如,巴中市近年来外流高中阶段管理人员 22 名、优秀教师 150 余名。由于生活条件和工资待遇等因素,贫困地区农村学校尤其是村小教师难引进、难留住。而另一方面,对贫困地区农村教育做出重大贡献的代课教师的问题化解却很困难。最近几年,来自农村大学生的比例下降,应该不是偶然的。秦巴山区某贫困县的高级中学,在最近几年的高考中,上线比例很低,好几年属于空白①。

---

① 中央电视台"感动中国人物评选"以来,与四川省相关的人物都与基础教育有关,这些本该由政府供给的基础教育,却靠志愿者完成。他们感动了中国,却没有感动……

4.4.2　医疗卫生

2000 年四川连片特困地区每万人拥有的医院、卫生院床位数为 16.02 张，每万人拥有的医院、卫生院技术人员 18.80 人，到 2011 年分别增加为 24.34 张、19.95 人，应该说发展是比较快的（见表 1.4.9）。

表 1.4.9　　　　　　　　　　**四川连片特困地区医疗服务的变化**

片区	2000 年				2011 年			
	床位/万人	技术人员/万人	医生/万人	平均就医半径	床位/万人	技术人员/万人	医生/万人	平均就医半径
秦巴山区	15.70	18.45	8.89	4.30	24.77	20.00	8.77	4.98
乌蒙山区	10.85	15.66	7.53	4.40	22.84	16.80	6.29	6.37
大小凉山彝区	17.32	18.52	10.17	6.00	18.44	15.07	7.42	6.64
高原藏区	31.06	31.18	18.02	14.69	30.59	33.18	16.47	14.67
四大片区合计	16.02	18.80	9.32	7.39	24.34	19.95	8.79	8.44
四川省	20.32	30.13	15.51	5.97	39.11	43.92	19.13	6.74

但是，一方面，四川连片特困地区医疗卫生的差距与四川省平均水平比较，还存在很大的差距，各族居民享受的基本公共医疗服务水平低，看病难、看病贵、看病时间长、有病不能及时得到医治的问题还未得到根本解决，因病致贫现象还比较典型；另一方面，每万人拥有的医生数在减少，平均就医半径在扩大，特别是边远山区，比较普遍的情况是：遇到重病和大病，要把病人送到医院要走几十里路。每万人拥有的医生数在下降，说明这些地区医生的流失是比较严重的，有能力的医生流失到了大城市，致使留在四大片区的医生的平均水平下降。这样不仅大病要到成都这样的大城市，而且有条件的家庭，即使是小病，也要到大城市，增加了大城市医院的拥挤程度。

4.4.3　交通基础设施：公路

交通基础设施范围比较广，这里重点分析四川连片特困地区公路的发展（见表 1.4.10）。2000 年以来，通过较大规模的道路基础设施建设，四川连片特困地区的公路交通情况改善较大。2000 年四川连片特困地区四大片区公路密度：面积密度为 0.21 公里/平方公里，人口密度为 24.3 公里/万人，综合密度为 0.02，均高于四川省的平均水平；到 2011 年变化为：0.41 公里/平方公里，42.82 公里/万人和 0.04，面积密度低于四川省平均水平，人口密度高于四川省平均水平，综合密度持平。在路网长度增加的同时，路网质量也有所提高，比如等级公路比重从 2000 年的 32.30% 增加到 2011 年的 75.53%。

另一方面，应该看到的是，首先，四大片区由于基础设施建设历史欠账多，发展总体上滞后的；而且，已有的许多重要基础设施建设，往往都是连接"欠发达地区—发达地区"，以降低四大片区和发达地区间的交易成本为主。比如修建连接成都与四大片区的高速公路网和高速铁路，极大地降低了两个地区间联系的时间成本，使得企业有激励选择位于发达地区的区位，因为那里有规模报酬的利益，而由于区域间交易成本下降，企业在四大片区销售其产品的成本会下降。因而此类政策扩大了发达地区企业的市场范围，加速了产业向发达地区的集聚。在四大片区建设的高速公路，在很多地方，没有出口，结果，高速公路的建设不仅没有改善当地的交通，而且使当地老百姓出行更加不方便。

其次，目前四大片区内部交通通讯依然很落后，阻碍了区内的联系，这不利于市场扩大，而目前发达地区基础设施建设投资强调的大项目、大工程，这些工程和项目对提高地方生产总值帮助较大，对城市发展促进大，但农村贫困群众受益较少。

最后，四大片区普遍存在着"基础设施开端建设易而末端完善难"的突出问题。目前四大片区内基础设施骨干网络基本形成，但路、水、电、气等基础设施末端建设滞后，"毛细血管"不完善，"最后一公里"问题普遍（见表1.4.10）。2011 年年底，四大片区 86 个县尚有饮水困难人口达 407.60 万人，不通水泥路的村 9169 个、不通公路的自然村 2.65 万个，不通电的自然村 8729个，即使通到村也很难通到每家每户。此外，基础设施建设容易，维护成本高，维护资金来源困难，也困扰着片区内的地方政府。

表 1.4.10　　　　　　　　　　四川连片特困地区公路的变化

片区	2000 年				2011 年			
	等级公路比重（%）	密度（公里/平方公里）	密度（公里/万人）	综合公路网密度	等级公路比重（%）	密度（公里/平方公里）	密度（公里/万人）	综合公路网密度
秦巴山区	32.13	0.61	18.59	0.03	72.11	1.14	32.09	0.06
乌蒙山区	52.87	0.57	21.00	0.03	73.95	0.93	31.70	0.05
大小凉山彝区	23.62	0.26	38.72	0.03	77.00	0.42	49.07	0.05
高原藏区	25.42	0.06	86.81	0.02	82.56	0.16	187.06	0.05
四大片区合计	32.30	0.21	24.30	0.02	75.53	0.41	42.82	0.04
四川省	76.74	0.19	10.81	0.01	78.00	0.58	31.27	0.04

5. 四川连片特困地区的贫困与扶贫开发

改革开放以来，特别是实施《中国农村扶贫开发纲要（2001～2010年）》和《四川省农村扶贫开发规划（2001～2010年）》以来，四川省的扶贫开发工作取得了巨大成就。2000年年底至2010年年底，全省贫困居民占农村居民总数比重从15.22%下降到5.48%（按照2300元扶贫标准，全省2010年底有农村贫困人口1356.76万，贫困发生率为20.41%）；贫困地区农民年人均纯收入从1262元增加到4209元，年均增长12.8%，高于全省、全国同期平均增长水平。同时，贫困地区基础设施和生产生活条件明显改善，社会事业和公共服务不断进步，最低生活保障制度全面建立，农村贫困居民生存和温饱问题基本解决。

另外，四川省农村贫困问题"面大、人多、程度深、区域性集中"特点突出，因灾因病致贫、返贫现象突出，贫困代际传递问题突出，集中连片特殊困难地区（以下简称连片特困地区）发展相对滞后，"插花"贫困现象依然存在，扶贫开发任务仍然十分艰巨。

5.1 四川连片特困地区农村贫困的基本特点

5.1.1 面大、人多、程度深

四川连片特困地区农村贫困问题的突出特点是"面大、人多、程度深"。2012年末，四川省共有贫困人口749.77万人，贫困发生率为10.8%，四大片区（86个县）共有贫困人口440.66万人，贫困发生率为15.1%，比全省高出近5个百分点，贫困人口占四川省58.77%。各片区2012年贫困状况见表1.5.1。从贫困人口数量看，秦巴山区贫困人口数量占四大片区贫困人口总数的66.4%，占四川省贫困人口总数的39%，从贫困发生率看，大小凉山彝区、高原藏区贫困程度最重，贫困发生率分布高出全省14.2个和12.3个百分点。

表1.5.1　　　　　2012年四大片区贫困发生率及比较

片区	贫困人口（万人）	贫困发生率（%）	贫困人口占全省比例（%）
秦巴山区	292.72	14.1	39.04
乌蒙山区	57.94	13.8	7.73
大小凉山彝区	54.63	21.9	7.29

片区	贫困人口（万人）	贫困发生率（%）	贫困人口占全省比例（%）
高原藏区	35.37	20	4.72
四大片区合计	440.66	15.1	58.77
片区外县	309.11	7.7	41.23
四川省	749.77	10.8	100.00

把贫困地区的农村居民人均纯收入与四川全省的农村居民人均纯收入进行比较，可以看出四川贫困地区的贫困程度。纵向看，四大片区农民收入保持较快发展。2001 年，秦巴山区、乌蒙山区、大小凉山彝区、高原藏区农民人均纯收入分别为 1613 元、1347 元、1486 元、1013 元；2010 年，秦巴山区、乌蒙山区、大小凉山彝区、高原藏区农民人均纯收入分别为 3923 元、3502 元、2835 元、3176 元。横向看，四大片区呈现出发展中"扩大的差距"。2001 年，秦巴山区、乌蒙山区、大小凉山彝区、高原藏区与四川省同比差距为 374 元、640 元、401 元、974 元；但 2010 年，同比差距扩大为 1164 元、1585 元、2252 元、1911 元。与全国同比差距扩大更明显（见图 1.5.1）。

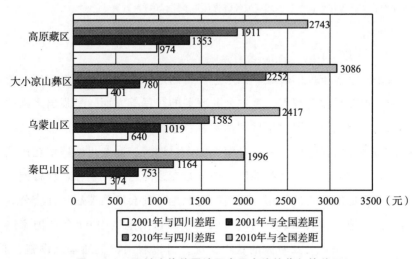

图 1.5.1　四川连片特困地区农民人均纯收入的差距

从 36 个扶贫开发重点县看，图 1.5.2 绘出了 2010 年各县农村居民人均纯收入及与当年四川省农村居民人均纯收入的差，四川连片特困地区农村贫困程度由此可见一斑。

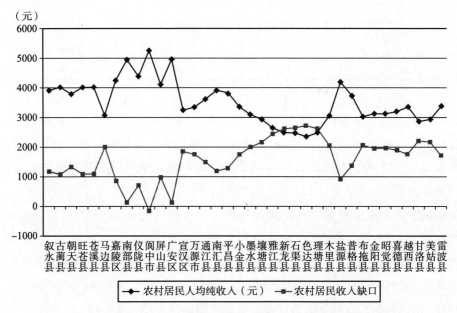

图 1.5.2 四川省扶贫工作重点县农村居民收入及与全省的缺口（2010 年）

资料来源：本报告作者根据《中国区域经济统计年鉴》（2011）计算。

5.1.2 多维贫困

贫困是一个多维度的现象。四川连片特困地区的贫困，不仅表现在收入贫困上，更表现在受教育程度、基本公共服务的获得等方面，呈现出多维贫困的特点。在基本的医疗、卫生条件和基础教育方面，尽管这些地区已经取得了很大进步，但许多农村地区，尤其是偏远的农村地区，迄今仍然停留在比较落后的水平上。一方面，由于这些地区主要分布在边际区位，生存环境较差，公共产品供给具有更加重要的作用。现实的情况是，社会发展滞后，社会公共服务水平落后其他地区。表 1.5.2 列出了四川连片特困地区中 60 个"国家连片特困地区县"分区基本公共服务的获得情况，可以看出，交通基础设施、通电、医疗卫生、基础教育、文化等方面，四川连片特困地区的形势依然非常严峻，特别在自然村层面，基本公共服务供给严重短缺，极大地制约了各类人口，特别是贫困人口对经济机会的获得和利用，从而严重影响了贫困人口的脱贫，更不用说收入的持续增加了。

表 1.5.2A　　　四川省"国家连片特困地区县"的多维贫困（1）

片区	县数	水泥/沥青公路覆盖率（%）		通电的比率（%）		广播电视覆盖率（%）		宽带网络覆盖率（%）	
		行政村	自然村	行政村	自然村	行政村	自然村	行政村	自然村
秦巴山区	15	42.93	20.20	99.50	96.22	91.04	78.05	41.94	17.43
乌蒙山区	4	44.46	26.97	99.16	97.76	94.87	69.39	56.49	44.89
大小凉山彝区	9	16.07	9.23	73.85	51.20	73.85	46.60	15.22	3.38
高原藏区	32	32.40	16.77	78.59	66.13	77.83	65.08	18.65	8.14
合计	60	36.08	18.98	89.62	86.37	84.95	71.29	32.21	17.11

表 1.5.2B　　　四川省"国家连片特困地区县"的多维贫困（2）

片区	有幼儿园或学前班的行政村（%）	学前三年教育毛入园率（%）	高中阶段教育毛入学率（%）	有卫生室的行政村（%）	有文化/体育活动广场的行政村（%）
秦巴山区	37.29	76.56	74.54	79.13	12.42
乌蒙山区	15.38	55.2	57.55	74.37	7.32
大小凉山彝区	5.98	25.09	23.47	37.62	3.86
高原藏区	6.82	47.86	48.81	56.75	22.75
合计	22.31	52.11	52.02	66.25	13.91

另一方面，四川连片特困地区由于所处地理环境地质灾害频仍，地方病颁发，因灾因病致贫、返贫现象突出。四川省 2000 年的返贫人口为 54.8 万人，是当年脱贫人口的 109.5%；2004 年，四川秦巴山区发生洪灾，致使返贫人口超过了当年的脱贫人口；2005 年四川省返贫人口在 20% 以上；2006 年这些地区又发生特大旱灾，返贫的人口大大增加；2008 年，受汶川大地震的影响，四川省各个贫困村因灾返贫人口大量增加，贫困发生率由灾前的 20% 上升到 60% 以上。通江县是新时期国家扶贫开发工作重点县，按 2300 元扶贫新标准，还有贫困人口 30.6 万，贫困发生率 44.3%，有 27 万人生活在条件十分恶劣的边远高寒山区，旱、涝、凝冻、冰雹、泥石流、山体滑坡等自然灾害频发，因灾、因病致贫返贫现象突出。

5.1.3　贫困的代际传递和慢性贫困

贫困的代际传递是扶贫工作中的一个老大难问题，我们认为也应该是当前扶贫工作的重点之一。四川连片特困地区的贫困具有贫困的代际传递突出的特点。研究贫困问题的学者发现，贫困的持续性往往与家庭是否贫困有着密切的联系。以凉山彝族自治州为例，全州集中连片的贫困地区达 4.16 万平方公里，占总面积的 68.9%，还有 11 个国家扶贫开发工作重点县、占全省的 30.6%，3743 个行政村中还有贫困村 2561 个，尚有 9 个乡、740 个建制村不通公路，777 个自然村不通广播电视，按照国家扶贫新标准 2300 元测算，全州贫困人口达 107.67 万人，贫困发生率达 25%，比全国贫困发生率高 11 个百分点，比全省贫困发生率高 5 个百分点。凉山州的贫困人口有大部分长期处于贫困状态，难以摆脱贫困或者摆脱贫困后不久又再次陷入贫困，带有慢性贫困的特征。

贫困的代际传递在宏观上可以从贫困县的演变反映出来。我国的贫困县制度是 1986 年开始的。1986 年国务院贫困地区开发领导小组会议规定的贫困县标准是：1985 年全县人均年纯收入 150 元以下的县；1985 年全县人均年纯收入 150~200 元的革命老区县和民族区域自治县；井冈山、赣南、闽西南、武陵山、大巴山、大别山、太行山和沂蒙山等对革命贡献大、影响大的革命老根据地当中一部分 1985 年全县人均年纯收入 200~300 元的县，以及内蒙古、青海、新疆等少数民族困难县。按此标准，国家重点扶持的贫困县全国有 331 个，四川有 10 个。1988 年又把 1984~1986 年 3 年的人均纯收入 300 元以下的纯牧区县（旗）和 200 元以下的半牧区县（旗）列入重点扶持对象，全国共有 27 个牧区和半牧区县，四川有 5 个。这样，20 世纪 80 年代四川就有 15 个国家重点扶持的贫困县（国家级贫困县），到 2012 年国家扶贫开发工作重点县调整时，这 15 个中有 13 个（86.67%）依然是国家扶贫开发工作重点县；1994 年《国家八七扶贫攻坚计划》确定的有国家重点扶持的贫困县，四川有 31 个，这个数据和具体县到 2006 年《中国农村扶贫开发纲要》没有变化，到 2012 年这 31 个中有 25 个（80.65%）依然属于国家扶贫开发工作重点县。同时，2012 年四川省的国家扶贫开发工作重点县增加为 36 个。这些数据说明，一开始就是国家级贫困县的，2012 年依然是国家级贫困县的概率在 80% 以上（见表 1.5.3）。

表 1.5.3A　　四川省"国家级贫困县"的转移矩阵（1986~2012 年）

2012 年 1986~1988 年	国家级贫困县	非国家级贫困县
国家级贫困县	0.8667	0.1333
非国家级贫困县	0.1386	0.8614

表 1.5.3B　　　　四川省"国家级贫困县"的转移矩阵（1994～2012 年）

1994 年 ＼ 2012 年	国家级贫困县	非国家级贫困县
国家级贫困县	0.8065	0.1935
非国家级贫困县	0.0733	0.9267

资料来源：本报告作者计算。

我国的扶贫开发已经持续了 30 多年，贫困县制度也近 30 年了。虽然贫困县的标准随时代变化有所调整，但贫困县的名录总体上维持不变，这一方面说明扶贫开发、消除绝对贫困的任务确实很艰巨，同时也说明了贫困在空间上存在持续性，当然这也和我们的扶贫开发非某些制度设计有关。

为了研究慢性贫困状况，我们以大小凉山彝区为例，选取大小凉山彝区的 6 个国家级贫困县和 1 个省级贫困县的 21 个乡镇 50 个行政村的 1000 余住户进行了调查①，这些县的基本情况如表 1.5.4 所示。调查表明，大小凉山彝区贫困有如下几个特点：

第一，贫困持续经历的时间长，具有典型的慢性贫困特征；

第二，处于父辈贫困家庭的子女非常容易陷入贫困状态，贫困的代际传递现象非常严重；

第三，大小凉山彝区贫困面广、贫困程度深，房屋、家电、农用机械等资产状况不良。

第四，自然条件差，大多数村为丘陵（半山区）、山区地形，平原（坝区）面积狭小，处于边际地理区位，基础设施建设欠账严重。

第五，社会发展严重滞后，教育、医疗卫生等社会公共和基础事业发展缓慢，未得到较大和根本性改变。

表 1.5.4　　　　　　　　大小凉山彝区 6 县的基本情况

样本县	总人口（万人）	农民人均纯收入（元）	贫困人口（人）	贫困发生率（%）	感染艾滋病毒人数（人）	不通公路村（个）	不通电村（个）	不通广播村（个）	不通电话村（个）
布拖	15.4	2693	36903	25.77	5565	65	52	32	120
昭觉	26.0	2397	59805	26.00	5318	120	139	139	—

① 蓝红星：《新时期民族地区反贫困问题研究》，西南民族大学博士论文，2012 年。

样本县	总人口（万人）	农民人均纯收入（元）	贫困人口（人）	贫困发生率（%）	感染艾滋病毒人数（人）	不通公路村（个）	不通电村（个）	不通广播村（个）	不通电话村（个）
美姑	22.0	2606	24271	11.26	1389	104	142	82	197
越西	30.0	2937	51615	18.84	1390	171	37	37	49
甘洛	20.7	2530	35005	20.05	395	50	16	89	105
喜德	17.8	2783	40729	25.14	317	47	28	48	23

注："—"表示数据暂缺，样本乐山市马边县数据暂缺。

5.1.4 贫困的空间集聚与空间差异

四川的农村贫困在空间分布上是非均衡的，一方面，36个"国家扶贫开发工作重点县"集中于四大片连片特困地区，表现为"贫困的空间集聚"（见表1.5.5）。另一方面，"插花"贫困现象依然存在。

表1.5.5　　　　贫困的空间集聚：国家扶贫开发工作重点县

片区	县数	国家扶贫开发工作重点县	面积（KM²）	年末户籍人口（2011，万人）	贫困发生率（2012，%）
秦巴山区	13	朝天区、旺苍县、苍溪县、嘉陵区、南部县、仪陇县、阆中市、广安区、宣汉县、万源市、通江县、南江县、平昌县	33588	1113.7	15.8
乌蒙山区	3	叙永县、古蔺县、屏山县	7661	187.5	16.3
大小凉山彝区	11	马边县、盐源县、普格县、布拖县、金阳县、昭觉县、喜德县、越西县、甘洛县、美姑县、雷波县	30770	267.8	21.8
高原藏区①	9	木里县、小金县、黑水县、壤塘县、甘孜县、德格县、石渠县、色达县、理塘县	96095	69.1	22.9
合计	36		168114	1638.1	17.2

资料来源：作者计算。

2012年，86个县（市、区）的贫困发生率平均为17.53%，其中最高的是色达县，为27.3%，其次是喜德县，25.9%，最低的是通川区，为8.4%。

根据平均贫困发生率，可以把这 86 个县划分为如下几种类型（见表 1.5.6），可以看出：重度贫困县主要分布于高原藏区和大小凉山彝区。

表 1.5.6 　　　　　　　　　四川连片特困地区贫困县的类型

片区	Ⅰ类县市区（18个）：贫困发生率≥21.91%	Ⅱ类县市区（17个）：贫困发生率在17.53%~21.91%之间	Ⅲ类县市区（33个）：贫困发生率在13.15%~17.53%之间	Ⅳ县市区（18个）：贫困发生率<13.15%
秦巴山区		3 个：宣汉县、万源市、朝天区	16 个：青川县、通江县、嘉陵区、剑阁县、平昌县、南江县、苍溪县、元坝区、巴州区、平武县、旺苍县、仪陇县、高坪区、北川县、营山县、阆中市	13 个：利州区、渠县、邻水县、开江县、蓬安县、南部县、广安区、岳池县、武胜县、大竹县、达县、华蓥市、通川区
乌蒙山区			4 个：叙永县、古蔺县、屏山县、沐川县	5 个：兴文县、合江县、珙县、筠连县、高县
大小凉山彝区	7 个：喜德县、峨边县、甘孜县、美姑县、甘洛县、昭觉县、越西县	5 个：布拖县、马边县、金阳县、普格县、雷波县	1 个：金口河区	
高原藏区	11 个：色达县、乡城县、炉霍县、德格县、道孚县、木里县、白玉县、理塘县、巴塘县、石渠县、新龙县	9 个：雅江县、稻城县、得荣县、壤塘县、泸定县、黑水县、康定县、丹巴县、小金县	12 个：理县、盐源县、金川县、若尔盖县、九龙县、阿坝县、汶川县、松潘县、茂县、九寨沟县、红原县、马尔康县	

资料来源：本报告作者计算。

5.1.5 老年贫困和儿童贫困

四川连片特困地区人口的老年化进程是比较快的。例如，秦巴山区 65 岁及以上人口占比，2000 年时不到 7%，2010 年达到 11.44%；乌蒙山区也从 7.78% 上升到 10.55%，已属于老年型人口（见表 1.5.7）。

表 1.5.7　　　　　　　四川连片特困地区人口年龄结构

区域	2000 年			2010 年		
	0 ~ 14 岁	15 ~ 64 岁	65 岁及以上	0 ~ 14 岁	15 ~ 64 岁	65 岁及以上
秦巴山区	25.75	67.39	6.87	19.43	69.14	11.44
乌蒙山区	25.23	66.99	7.78	23.55	65.90	10.55
大小凉山彝区	32.60	63.27	4.13	31.57	62.62	5.81
高原藏区	26.81	67.82	5.37	21.83	71.37	6.80
四川省	22.59	69.85	7.56	16.97	72.08	10.95

从家庭情况看，2010 年有 65 岁及以上老年人口的户数的比例：秦巴山区为 26.93%；乌蒙山区为 28.18%；大小凉山彝区为 18.11%，高原藏区为 22.38%；全省为 26.01%，平均来说四川连片特困地区 1/4 以上的家庭有 65 岁及以上的老年人口。从有老年人口户数的结构看，与 2000 年比较，有 2 个、3 个及以上老年人口的户数比例快速提高，例如，秦巴山区 2000 年有 65 岁及以上老年人口的家庭中，2 个、3 个及以上老人的比例为 23.36%，2010 年该比例达到 30.49%；乌蒙山区该比例从 21.58% 增加到 25.97%；大小凉山彝区从 18.37% 增加到 24.22%，高原藏区从 22.77% 增加到 28.88%。这些数据的变化说明，四川连片特困地区老年人口的抚养问题是比较严重的。

再从老年人口健康状况看，如表 1.5.8 所反映的，老年总人口中，60 岁及以上老年人口中不健康但生活能自理及生活不能自理的老年人口占比较高，大大超过了四川省的平均水平。四川连片特困地区农村医疗条件差，有些地区是极差，"看病难，看病贵"的问题很严重，结合这些老年人口的健康状况，可以想象老年人的医疗贫困问题有多严重。

表 1.5.8　四川连片特困地区相关市州乡村 60 岁及以上老年人口健康状况　　单位：%

片区	地级市（州）	健康	基本健康	不健康，但生活能自理	生活不能自理
秦巴山区	广元市	32.18	43.32	18.37	6.12
	巴中市	31.98	40.45	20.10	7.47
	达州市	33.78	41.85	20.10	4.28
	广安市	32.94	42.80	20.59	3.66
	南充市	27.91	40.79	25.10	6.20
	绵阳市	36.92	41.95	17.59	3.54

续表

片区	地级市（州）	健康	基本健康	不健康，但生活能自理	生活不能自理
乌蒙山区	泸州市	35.81	44.35	17.01	2.83
	宜宾市	33.57	44.02	19.29	3.11
大小凉山彝区	乐山市	34.12	45.93	17.08	2.86
	凉山彝族自治州	41.86	39.59	14.25	4.29
高原藏区	阿坝藏族羌族自治州	39.14	40.61	15.92	4.34
	甘孜藏族自治州	26.13	46.17	21.45	6.26
	四川	35.02	42.62	18.49	3.87

从 60 岁以上老年人口的生活来源结构看，劳动收入和家庭供养是老年人口生活来源的主体，平均要占 90% 以上，此外是离退休养老金和最低生活保障。结合连片特困地区农村人均收入低，青壮年劳动力外出打工时间超过了半年以上，尤其是秦巴山区和乌蒙山区，农村绝大多数青壮年劳动力一年平均在外打工时间在 10 个月以上，留守老年人口比重大。据我们对巴中市巴州区水宁寺镇凉风村的调查，该村总人口 420 户，1624 人，在家劳动力不足 200 人，全村有特困户 119 户，569 人，有留守老人 272 人。据了解，秦巴山区许多山区和半山区乃至接近城镇的村，基本情况类似。特别需要指出的是，四川连片特困地区的老年人口贫困问题还会更加严重。

与老年贫困一样，连片特困地区的儿童贫困也比较严重。据调查，巴中市义务教育阶段留守学生 22.3 万人，占义务教育学生总数的 52%，其中农村 20.4 万，约占留守学生总数的 92%。巴州区凉风村全村共有中小学生 152 人，其中留守学生 86 人，占 56.58%。广元市总人口 300 多万，有 65 万人长期在外打工，留守儿童数量很大。特别是在大小凉山彝区，由于父母吸毒等因素引起的"失依儿童"，实际上已经成为一个严重的社会问题①。

5.1.6　贫困的空间传递：乡—城转移

改革开放以来有几亿农民工进城务工，给国家、给城市创造了巨额的财富，这是中国最大的发展红利。从 1978 年算起，时间已经过去了 30 多年，第一代农民工已近老年，体力不济，文化水平低，由于户籍制度的锁定，他们不能完全分享由其创造的发展红利，这部分农民工有部分留在了城市，而大量的

---

①　据初步统计，凉山失依儿童（包括孤儿）人数大约有 25000 人。失依儿童数量占彝族人口（2226755 人）的 1.1%。

要返回农村，有相当部分变成了农村穷人。第二代农民工随着父母进程，可他们的子女还在农村，成为留守儿童，有些随父母随迁到城里，这些儿童的早期发展环境恶劣，家庭亲情缺失、监护不力、营养缺乏、学前教育缺位①。这部分人口成为城市贫困人口的"接班人"的概率很大。

5.1.7 少数民族的贫困

大小凉山彝区和高原藏区是四川省少数民族集聚区，这些地区进入连片特困地区的县有 45 个，少数民族人口占比在 13.47%（金口河区）~98.36%（美姑县），这些区域中的农村贫困人口主要是少数民族。把四大片区 86 个县少数民族人口比重与 2012 年贫困发生率进行简单拟合，如图 1.5.3 所示，两者间具有很强的正相关关系，线性拟合的 $R^2 = 0.547$。这说明了少数民族人口贫困的严重性。

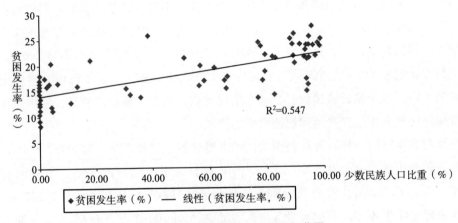

图 1.5.3　少数民族人口比重与贫困

5.2　四川连片特困地区"农村贫困"的致贫因素分析

贫困问题往往是多种因素相互作用的结果。从致贫原因的角度考察，可以区分出三种基本的类型：地理第一性引起的贫困、地理第二性引起的贫困及第一性和第二性综合作用引起的贫困。所谓地理第一性（first nature），由一个地

---

① 从全国看，随着中国工业化、城镇化进程加快，进入城市务工超过半年以上的农民工已经达到1.53 亿人。农民工随迁子女和留守儿童的数量也呈不断增加的趋势。据全国妇联调研显示，我国农村留守儿童中，0~5 岁的婴幼儿占到 40.19%。四川、安徽、河南、湖南、江西、贵州、广东等 7 省留守婴幼儿则均超过 100 万。

区所处的自然区位所决定的自然条件相对恶劣、区位偏僻等产生的贫困，包括区位屏蔽型贫困、自然灾害和生态环境恶劣造成的贫困和地方病造成的贫困；所谓第二性（second nature），是有一个地区发展的历史基础，包括已经形成的物质资本（特别是软硬基础设施）、人力资本等构成。如果基础设施供给不足、教育发展滞后，限制了居民对经济机会的利用和收入的增长，就会产生贫困，包括：经济活动模式转轨型贫困、社会发育滞后型贫困、特殊因素诱发型贫困。其实四川连片特困地区的贫困大多是由多元要素共生产生的（见表1.5.9）。

表1.5.9　　　　　　　　　四川连片特困地区致贫因素分析

	地理第一性			地理第二性			多元要素共生型贫困
	区位屏蔽型贫困	自然灾害和生态环境恶化型贫困	地方病型贫困	经济活动模式转轨型贫困	社会发育滞后型贫困	特殊因素诱发型贫困	
秦巴山区	√	√				√	√
乌蒙山区	√	√				√	√
大小凉山彝区	√	√	√	√	√	√	√
高原藏区	√	√	√	√	√	√	√

5.2.1　区位与贫困

四川连片特困地区86个县，距四川省经济政治核心区——成都，最近的有170公里（公路里程），最远的超过1300公里。远离经济核心区，受到核心区"发展红利"的溢出和"思想溢出"少，是贫困的重要因素。图1.5.4绘

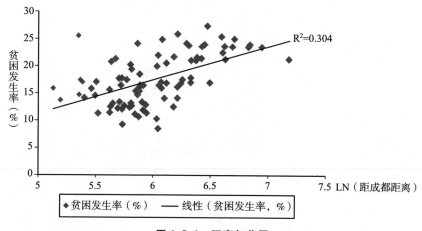

图1.5.4　距离与贫困

出了 2012 年 86 个县的农村贫困发生率与距成都距离间的拟合关系，线性拟合系数为 0.304，具有显著的解释力。

从各县看，行政村的贫困状况与县域内中心城市（县城）和城镇的距离呈现出显著的负向关系，离县城（或镇）近的村，联系方便，容易受到扶贫部门的重视，各项扶贫措施和扶贫政策叠加，农民收入增加快，有的村实际上早已脱贫，基本实现了小康；而远离县城（镇）的村，特别是高原藏区和大小凉山彝区的高山和半高山地区的村，由于居住区位偏远，基础设施落后，信息封闭，与外界交流困难，阻碍了这些地区的发展，贫困程度最深。

5.2.2　自然灾害和环境恶化与贫困

四川连片特困地区地跨青藏高原、横断山脉和盆周山区，地质条件复杂，是全国自然灾害高发区之一。据研究，地震、泥石流、滑坡、洪涝和干旱是这些地区基本的自然灾害类型。从自然灾害的危害性看，四大片区主要是高危险区和次高危险区①。严重的自然灾害和生态环境恶化是造成贫困和返贫的基本原因之一。

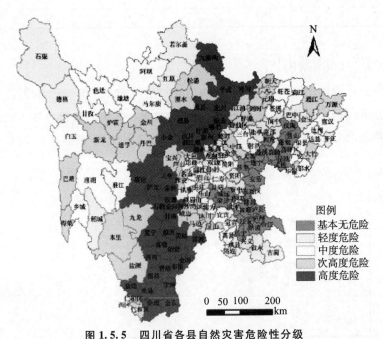

图 1.5.5　四川省各县自然灾害危险性分级

---

①　于欢、孔博、陶和平、李璇琼：《四川省自然灾害危险度综合评价与区划》，载《地球与环境》2012 年第 3 期。

5.2.3　地方病与贫困

四川连片特困地区地方病病种全、范围广、病人多、病情重，曾是全国地方病流行较为严重的区域之一，各地区不同程度地存在地方病危害，主要有碘缺乏病、地方性氟中毒（包括燃煤污染型、饮水型和饮茶型）、地方性砷中毒、大骨节病、克山病和耙子病。从四川全省看，21 个市（州）都曾不同程度地流行碘缺乏病，受威胁人口 8900 余万。地方性氟中毒病区分布于 14 个市（州）61 个县（市、区），受威胁人口约 1734 万人；其中燃煤污染型地方性氟中毒病区分布于 10 个市（州）22 个县（市、区）1794 个村，病区户数 55.57 万户；饮水型地方性氟中毒病区分布于 6 个市（州）12 个县（市、区）99 个村；饮茶型地方性氟中毒病区分布于 3 个州 30 个 400 个乡。在 2 个州 8 个县 8 个乡 10 个村发现生活饮用水砷含量超标，受威胁人口约 0.64 万。大骨节病病区分布于 8 个市（州）32 个县（市、区）144 个乡 579 个村，病区县人口约 700 万人。克山病病区分布于 13 个市（州）53 个县（市、区）776 个乡，病区乡人口 1153.8 万。耙子病病区分布于 5 个市 9 个县（市、区）56 个村，病区村人口 19.69 万人①。这其中，大小凉山彝区和高原藏区，地方病成为农民因病致贫的一大根源。

阿坝州的大骨节病和甘孜州的包虫病致贫作用显著。尤其是甘孜州的包虫病，被称为"第二癌症"，在甘孜州"十二五"发展规划区内确诊人数高达 7688 人，受感染人群在 6.23 万人以上。因病导致的劳动力减少和就医带来的家庭成本攀升直接降低了当地的生活水平，致贫返贫影响突出。

5.2.4　人口结构与贫困

人口的增长与结构是影响经济发展和贫困的重要因素。人口增长快，被扶养人口比重高，制约着发展和导致贫困。把 86 个县的人口指标与贫困发生率进行相关分析（见图 1.5.6），发现人口出生率、自然增长率、0~14 岁人口占比及 15~49 岁育龄妇女比例与贫困发生率间呈现出正相关关系，而 65 岁及以上老年人口比例、15~64 岁成年人口比例与贫困发生率间是负相关关系，这些相关关系说明，人口增长因素依然是四川连片特困地区贫困的重要致因，特别是 0~14 岁人口占比与贫困发生率间显著的正相关关系，说明儿童贫困是贫困的重要人群，有大量的留守儿童、失依儿童的存在。

---

① 四川省地方病防治"十二五"规划。

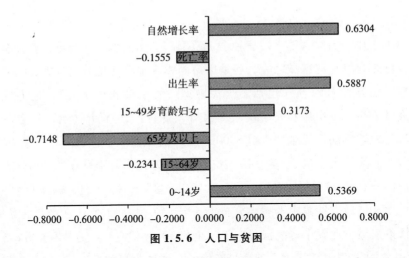

图 1.5.6　人口与贫困

从人口的城镇化与贫困关系看，如图1.5.7所示，说明两者存在显著的负相关关系。这一关系说明，城镇化水平高的县，贫困发生率相对较低。推进这些地区的城镇化，是实现减贫的重要方面。

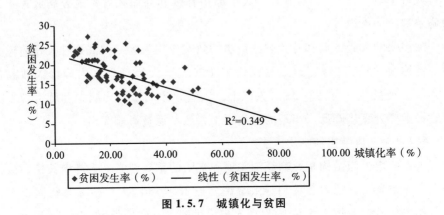

图 1.5.7　城镇化与贫困

5.2.5　经济增长、收入分配与贫困

区域经济增长是减贫的必要条件。改革开放以来，我国在减贫方面取得的成绩是与高速经济增长密切相关的。但是，经济增长的减贫效果要决定于经济增长实现的方式。如果增长主要是靠资本密集型的投资取得的，其益贫效果就比较弱；另外，经济增长的益贫性还和收入分配联系紧密。把86个县的人均地区生产总值与贫困发生率进行拟合分析（见图1.5.8），确实两者间存在

着明显的正相关关系，但拟合的结果表明，经济增长的减贫效果在边际上是递减。

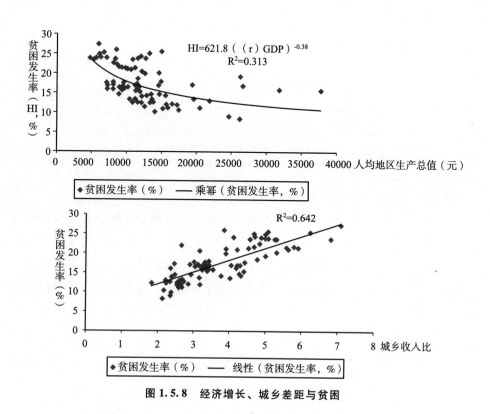

图 1.5.8　经济增长、城乡差距与贫困

图 1.5.8 还绘出了 86 个县城乡居民收入比（反映城乡差距的指标）与贫困发生率间的关系，显然这两者间呈现出的正相关关系，城乡差距大的县，贫困发生率可能越高。

图 1.5.9 反映的是经济发展方式与贫困的关系，这里经济发展方式指标选择的第二产业增加值占地区生产总值比例与第二产业就业占总就业的比例的比值（称为技术选择系数，TCI），该比值越大，说明经济发展方式的资本密集程度越高，对就业的吸纳作用越小，因此减贫作用越弱。四川连片特困地区的技术选择系数都大于 1，有的县甚至超过了 24，这种严重依赖资本密集型项目投资的增长方式弱化了经济增长的减贫效果。

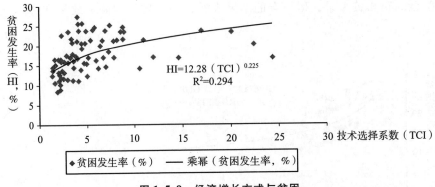

图 1.5.9　经济增长方式与贫困

5.2.6　基础设施与贫困

贫困人口能否低成本、快速利用基础设施，是其能否识别、利用经济机会的重要决定因素。四川连片特困地区基础设施滞后，是贫困的重要致因。图 1.5.10 揭示出 86 个县域内公路网密度与贫困发生率的关系，这两者存在显著的负相关关系，线性拟合关系的可决系数为 0.428，公路网密度高的地区，贫困发生率低。

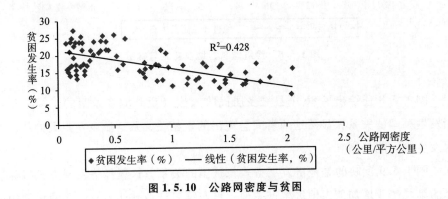

图 1.5.10　公路网密度与贫困

5.2.7　教育、卫生与贫困

教育、卫生事业的发展不足，既是贫困的结果，又是贫困的致因。对四川连片特困地区 86 个县人口受教育程度与贫困发生率进行拟合分析（见图 1.5.11），发现贫困发生率与 6 岁及以上人口平均受教育年限呈现出强的负相关关系，与 15 岁及以上人口的文盲率呈现出显著的正相关关系，这说明，教育不足是致贫的重要因素。

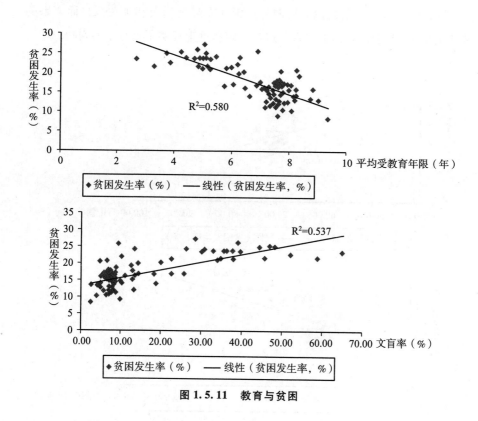

图 1.5.11　教育与贫困

5.2.8　特殊因素诱发的贫困

这是一种因家庭破损、身体残疾、精神依赖等社会、生理或心理原因而产生的贫困问题。特殊因素诱发型贫困在四川连片特困地区中都有不同程度的存在，如有些家庭因离婚、丧偶而失去支撑家庭经济活动和操持家务的中心或纽带，同时给家庭成员带来精神创伤，导致家庭凝聚力弱化，家境衰落。斯坦利·贝克尔（Gary Stanley Becker）认为：在经济活动中，有男女双方的完整家庭比只有男女一方的破损家庭效率更高，因为完整家庭更容易利用性别分工协作的优势，并从比较优势的性别差异中获益①。而家庭一旦破损，这种性别分工与互补的优势就会丧失，最终导致家庭经济的衰落和每一位家庭成员尤其是子女生活质量的下降。利用人口普查数据，对四川连片特困地区 86 个县 15 岁

---

① 斯坦利·贝克尔：《家庭论》，商务印书馆 1998 年版，第 40～41 页。

及以上人口的婚姻结构与贫困发生率进行统计分析，发现婚姻确实与贫困有相关性，图1.5.12显示，有配偶的比例与贫困间有显著的负相关关系，而未婚的比例与贫困间有显著的正相关关系。这在一定程度上证实了贝克尔的判断。

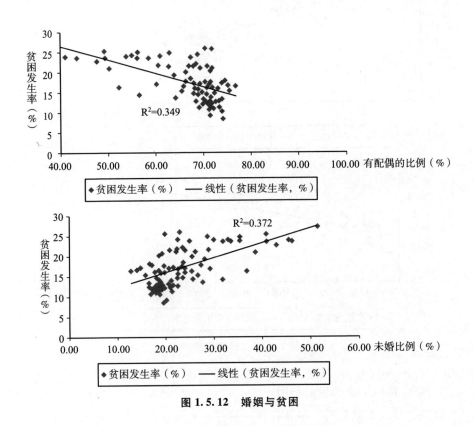

图 1.5.12　婚姻与贫困

此外，调查证实，农村社会确实存在着一定数量"等靠要"式的家庭或个体成员，他们通常把自己生活的希望寄托在以政府救济、社会扶助等外部因素方面（称为精神依赖型贫困）。这类家庭和个体在心理上意志消沉、缺乏自尊自立意识和进取精神；在生产方面懒于劳作，不愿接受新的经验和技术，经营管理粗放；在生活方式方面缺乏计划，政府救济多少吃多少，今朝有酒今朝醉。高原藏区，宗教信仰、思想观念影响经济观念、市场观念和生活方式，是其重要原因。大小凉山彝区，从奴隶社会"一步跨千年"进入社会主义社会，社会发育不足、生活方式落后、自力更生意识和能力不强，是其重要原因，特殊因素诱发型贫困在贫困群体中所占比重不大，但具有绝对贫困的特性。

5.2.9　多元要素共生型贫困

上面所论及各类贫困是就产生贫困的主导因素而言的，只要打破这个"瓶颈"就会推动发展。事实上，更一般的情况是，在某些区域，包括县域、乡域或村落社区内同时存在多种不利条件，如资源贫乏、交通不便、生态环境恶劣、产业结构不合理、价值观念滞后、人力资源短缺以及不可预期的自然灾害等。这就是说贫困问题往往不是某种单一因素所造成的，而是多种要素共同作用的结果。四川连片特困地区，同时是生态环境脆弱地区、自然灾害频发地区、地方病流行地区，其区位又偏僻，这些因素在空间上的叠加，加大了这些地区扶贫的难度。例如四川凉山彝族自治州的贫困地区，尤其是贫困乡、村大多地处偏僻，远离城市和交通沿线，生存和发展环境恶劣，基础条件差。截至2012年年底，全州尚有9个乡、740个建制村不通公路，777个自然村不通广播电视，还有26.13万人居住在不宜人居的高寒山区、严重干旱缺水地区、滑坡泥石流等自然灾害严重地区，1096个村不通电。[①]

5.3　四川连片特困地区扶贫开发的成绩与经验

2008年以来，四川省以连片特困地区为扶贫开发的主战场，坚持以区域发展带动扶贫开发，加强连片特困地区重大基础设施建设、支柱产业发展，不仅实现了连片特困地区经济社会的快速发展，扶贫开发取得了明显成效。

5.3.1　各级政府高度重视，突出规划引领

中共四川省委十届三次全会勾画了"2020年与全国同步实现建成小康社会"的美好蓝图。2011～2020年，是四川省全面建成小康社会的攻坚时期。四川省的全面小康，难点在贫困地区。四川省及连片特困地区各级政府高度重视扶贫开发，把扶贫开发摆在了更加突出的位置。2011年，四川省委、省政府颁布了《四川省农村扶贫开发纲要（2011～2020年）》，明确把秦巴山区、乌蒙山区、大小凉山彝区和高原藏区作为全省扶贫攻坚的主战场。这之前及之后，相继编制了一系列与四大片区扶贫攻坚相关的规划，这些规划绘制四川连片特困地区的区域发展和扶贫攻坚的蓝图，为扶贫攻坚工作的有序、高效推进提供了指导。

1. 秦巴山区

2009年四川省政府印发了《关于加快巴中革命老区发展的意见》；2011年，

---

① 本报告作者的调查。

四川省政府印发实施《秦巴山区（四川部分）扶贫开发规划纲要（2011～2015）》；2011 年四川省人民政府办公厅印发了《四川省"十二五"革命老区发展规划》；2012 年国家关于秦巴山区区域发展与扶贫攻坚启动，出台了《秦巴山区区域发展与扶贫攻坚规划（2011～2020）》；2013 年四川省编制了《秦巴山区（四川部分）区域发展与扶贫攻坚实施规划（2011～2015）》。

2. 乌蒙山区

2012 年国家关于乌蒙山区域发展与扶贫攻坚启动，编制了《乌蒙山区与发展与扶贫攻坚规划（2011～2020）》，规划涉及四川省的部分包括了川南乌蒙山片区和大小凉山彝区，由于大小凉山彝区情况极其特殊，四川省将国家乌蒙山片区（四川部分）划分为川南乌蒙山区和大小凉山彝区。2013 年四川省编制了《乌蒙山片区（四川部分）区域发展与扶贫攻坚实施规划（2011～2015）》，规划跨大小凉山彝区和川南乌蒙山区，涉及凉山、宜宾、乐山和泸州 4 市（州）的 13 县。

3. 大小凉山彝区

大小凉山彝区是四川连片特困地区中贫困程度最深的区域之一，为了加快凉山州的扶贫开发，2010 年四川省出台了《关于加快推进彝区跨越式发展的意见》、《安宁河谷地区跨越式发展规划》、《大小凉山综合扶贫开发规划》，即"一个意见两个规划"。2012 年国家关于乌蒙山区域发展与扶贫攻坚启动，编制了《乌蒙山区与发展与扶贫攻坚规划（2011～2020）》，规划涉及四川部分的川南乌蒙山片区和大小凉山彝区。2013 年，四川省编制了《乌蒙山片区（四川部分）区域发展与扶贫攻坚实施规划（2011～2015）》，规划跨大小凉山彝区和川南乌蒙山区，涉及凉山、宜宾、乐山和泸州 4 市（州）的 13 县。

4. 高原藏区

2010 年中央第五次西藏工作座谈会，标志着西藏及四省藏区进入了跨越式发展的新阶段。为了贯彻中央第五次西藏工作座谈会精神，推进四川藏区的跨越式发展和长治久安，2010 年 2 月，四川省召开了"四川藏区工作座谈会"，会议提出四川藏区要按照"一条主线、三个加强"的总体工作思路，"以经济建设为中心，以民族团结为保障，以改善民生为出发点和落脚点，紧紧抓住发展、稳定、民生三件大事，确保藏区经济社会跨越式发展，确保藏区长治久安，确保藏区各族人民物质文化生活水平不断提高，确保藏区生态环境良好，努力建设团结、民主、富裕、文明、和谐的社会主义新藏区。"2008 年编制了《川西北生态经济区区域规划》（2007～2015 年），2012 年编制出台了《藏区"十二五"规划》，2013 年编制了《四川省藏区区域发展与扶贫攻坚实施规划（2011～2015 年）》。

5.3.2　连片特困地区扶贫开发取得显著成效

在这些规划和纲要的引领和指导下，四川省把川西北高原藏区、川东北秦巴山区、川南乌蒙山区和大小凉山彝区"四大片区"作为全省扶贫攻坚的主战场，强力推进川东北秦巴山区和革命老区扶贫帮困工作，深入实施四川藏区"三大民生工程"，扎实抓好阿坝州扶贫开发和综合防治大骨节病试点，认真实施大小凉山彝区"三房改造"和"彝家新寨"建设，大力推进大小凉山综合扶贫开发，连片特困地区扶贫开发取得重大突破。

1. 连片特困地区农民收入快速增长

据统计，2012 年，四川连片特困地区 86 个县（市、区）人均地区生产总值 18218 元，比 2007 年 5424.90 元增加了 2.36 倍；农民人均纯收入 6376 元，比 2007 年 3096.92 元增加了 105.88%。36 个重点县农民年人均纯收入从 2008 年的 2994 元增加到 2011 年的 5072 元。

2. 住房改造与移民扶贫工程有序推进，群众安居问题逐步得到解决

2008 年以来，全省共投入各类扶贫资金 550 多亿元，建设扶贫新村 3302 个，扶持 866 万农村贫困人口（2008～2010 年 1274 元扶贫标准 260 万，2011～2012 年 2300 元扶贫标准 606 万）改善生产生活条件、提高发展能力。

（1）大小凉山彝区：综合扶贫累计完成投资 180 多亿元，其中建成彝家新寨 761 个，惠及 6.08 万户 30 余万人。凉山州 2000～2010 年累计完成新村扶贫工程 1188 个，实施移民扶贫 1.3 万户，5.85 万人，"三房"改造 14.1 万户，受益群众达 63.63 万人；2010 年完成彝家新寨建设 47 个，实施地质灾害危险区避险搬迁安置 3157 户，1.3 万人。2012 年实施住房改造 19656 户，已完成 17946 户，并发放 2012 年彝家新寨"四件套"19656 套。

（2）高原藏区：以藏区"三大民生工程"及阿坝州扶贫开发和综合防治大骨节病试点为重点，推进藏区全面扶贫攻坚。实施牧民定居行动计划暨帐篷新生活行动，规划 2009 年到 2012 年解决 10 万户、50 万牧民定居问题，目前已较好完成。2008 年 5 月，启动实施阿坝州扶贫开发和综合防治大骨节病试点。累计完成中央、省级投入 26.86 亿元。病区 2.64 万名儿童异地入学，实

施 293 个村 7 万人异地搬迁工程，病区 14.46 万人膳食结构优化，604 个贫病村生产生活条件大幅改善，4.12 万名患病群众纳入农村社会保障。壤塘、阿坝县等 8 个重病区农牧民人均纯收入从 2007 年 2406 元提高到 2011 年 4622 元，高出全州平均水平 132 元。

（3）革命老区：2012 年 2 月和 5 月，国家分别在云南昭通和四川广元召开乌蒙山、秦巴山区区域发展与扶贫攻坚启动会，四川省革命老区扶贫迎来重大机遇。组织编制乌蒙山、秦巴山区扶贫攻坚实施规划，在两个片区 41 个县（市、区）每县启动了 2 个连片扶贫开发试点项目，每片投入中央和省级财政扶贫资金 1000 万元；投入财政扶贫资金 6.35 亿元，实施整村推进扶贫新村 635 个，"巴山新居"等扶贫新村正实现由贫困村、受灾村向新农村、小康村的转变。

3. 社会事业全面进步，社会帮扶氛围增强

（1）大小凉山彝区：在社会事业方面，2010 年适龄儿童入学率达到 98.05%，青壮年劳动力平均受教育年限达到 9 年；乡乡有卫生院，新型农村合作医疗参合率达到 90.93%；电视综合人口覆盖率达 99.35%，光纤电视通村率达 73.6%。

扶贫工作不仅是政府部门的工作，更是社会的一种责任，而且单纯依靠政府很难真正做到带领群众脱贫致富，而是应该坚持政府主导、群众主体、社会主推，积极构建"大扶贫"的格局，要深挖社会资源，拓宽帮扶渠道，积极凝聚社会力量广泛参与支持扶贫济困事业。在 2000~2010 年这 10 年间，中央、国家、省级机关及国有大型企业积极参与凉山州的定点帮扶工作，共投入资金和物资折合 1.9 亿元，引进资金 6.19 亿元。全州 175 个州级单位定点实施"百乡教育扶贫"，11520 名干部职工参与"一帮一"帮扶活动，累计为贫困群众捐款 253.7 万元，帮扶贫困学生 10271 人，慈善助学捐款 598.67 万元，帮扶贫困学生 2353 人。落实了州级领导"五个一"联系帮扶活动，启动州内县市对口帮扶，开展了浙江省、广东省珠海市对口帮扶凉山东西扶贫协作工作的对接协调工作。

（2）高原藏区：实施"9+3"免费教育计划，累计招生近 2 万人，受益学生 85% 来自农牧民家庭。实施民族地区卫生事业发展 10 年行动计划，完善医疗卫生服务体系，普及新型农村合作医疗，启动"万名医师支援藏区农村卫生工程"和"城市中高级人员服务藏区基层工程"，群众健康水平得到显

著提升。

4. 基础设施明显改善，发展后劲不断增强

以凉山州为例，2000～2010 年累计建成乡道 5348 公里，村道 5855 公里；建成微型水窖 42.8 万口，农村沼气池 24.3 万口；建设水利工程 1.3 万处，新增有效灌面 188.2 万亩，累计解决 280 万人的饮水困难；改造中低产田 294.9 万亩，建成标准农田 178.1 万亩；城乡电力实现同网同价；有线广播电视用户达 25.3 万户，电视、广播人口覆盖率分别达 90% 和 81%；行政村通讯网络覆盖率达 100%。城镇化率提高了 12.9 个百分点，达到 27.5%。随着雅（安）西（昌）高速等项目竣工投入使用，大小凉山彝区的区位劣势得到明显改变，为扶贫工作创造了有利条件。

5.4　四川连片特困地区扶贫开发中存在的问题探讨

虽然四川连片特困地区进入 21 世纪以来，区域经济发展取得显著成效，扶贫开发也有一些成效。但贫困问题依然很突出。按照 2300 元扶贫标准，2012 年底四川全省还有 749.77 万农村贫困人口，贫困发生率为 10.8%。在扶贫开发中也暴露出一些值得探讨的问题。

5.4.1　区域经济增长还是贫困减缓：增长的益贫性

经济增长是减贫的必要条件，而非充分条件。区域经济增长对贫困减缓的效力取决于增长的实现方式和区域收入分配状况。到目前为止，编制出台的与区域发展和扶贫攻坚相关的各个层次的规划，所列出的在贫困地区实施的大多数发展项目，实际上是以经济增长为导向的。虽然区域发展内涵十分丰富，但在实际操作中，各级政府和部门均把实现地区生产总值的增长放在了最优先地位，"区域发展 = 地区生产总值的增长"，而相对忽略了区域发展在发展方式和收入分配方面的意义，在这一认识指导下的扶贫攻坚，带来的是：

第一，扶贫对象的瞄准性问题。基于区域经济增长导向的扶贫开发，在扶贫的瞄准性上的一个自然选择就是脱贫比较容易，项目容易实施，且见效比较快的地方。比如重点村的选择，调查中发现列入整村推进的重点村，一般都位于离县城或乡镇近、交通通讯方便，居民受教育程度较高，或者是"利益相关村"，有的村实际上早已脱贫，按规划会在 2015～2016 年步入小康，但依然是重点村，而真正贫困的村，由于路途遥远，又没有相关关系，长期处于扶贫开发的边缘地带，结果是村与村之间的差距越来越大。对"大小凉山彝区"的普格县的调查发现，扶贫开发工作选点不尽合理，最贫困的村民并没有获得扶贫，失去了扶贫的本来目的。由于少数民族贫困地区真正最为贫困的人群大多居住在交通极为不变、气候极其恶劣的高（二半）山地带，扶贫开发工作难度相当大。在扶贫资金匮乏的情况下，出于扶贫成绩的考量，各地政府及扶贫主管部门一般把连片开发扶贫点选在交通条件较好，甚至是经济条件相对较好的村寨。普格县五道箐乡的沙河莫村和螺髻山镇的马昌坪村的两个连片开发扶贫开发选点位于通县和通乡油路的路旁，交通条件好，而生活在高（二半）山区最贫困的村民没有得到扶贫。另外，对贫困县重点村的确立，不完全是根据贫困程度，如图 1.5.13 所示，把国家"十二五"整村推进贫困村占行政村的比例与贫困发生率进行拟合，发现这两者间不存在关系。

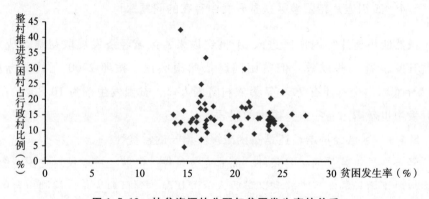

图 1.5.13　扶贫资源的分配与贫困发生率的关系

　　第二，优先受益者或者获得项目投资的人，往往是贫困地区的非贫困人口，或是贫困程度较轻的穷人。因此，率先脱贫的人，并非是最贫困的人。在极端贫困群体当中，即使是具有劳动能力的人，也难获得扶贫计划中的项目投资。据全国的一个调查，2009 年在有劳动能力的贫困户当中，获得扶贫资金的还不到 3%。我们对四川连片特困的四大片区的调查，也反映了这点。究其原因，一方面存在社会排斥。在扶贫资金和项目的分配过程中，非贫困群体比贫困群体有更大的发言权；另一方面，出于扶贫部门，特别是政府扶贫机构对项目成功的预期。贫困程度深重的群体由于在居住区位、信息获得、观念开放、健康状况、受教育程度、劳动技巧和经营能力等方面处于不利地位，即便获得市场取向的生产投资项目，失败的风险也远远高于其他群体。可以说，极端贫困群体较少处于扶贫项目的现象，是这一群体边缘化处境的一个反映。

第三，四大片区地方政府面临着有限的资金投入约束下的发展产业经济（效率优先）与减贫（公平优先）的两难选择，部分扶贫项目需要地方政府和贫困群众配套投入。由于真正贫困的群众缺钱无力投入，一些扶贫项目难以让真正贫困群众受益，出现"扶强易扶弱难"现象。再加上现有的扶贫策略中并没有专门考虑气候变化风险，小额信贷增强了农户的适应能力，但不足以应对突发灾害；产业扶贫资金通过产业结构调整增强抗风险能力，但会忽视生计脆弱性高的农户；最易受到气候变化影响的农户不能受益于整村推进扶贫的项目；自愿移民扶贫中贫困人口受到资金限制。

第四，各地在追求跨越式发展中，把实现地区生产总值的跨越，放在了最最重要的位置。这表现在：偏好资本密集型的大投资、大项目。在招商引资上，有的地方为了获得"外资"（包括区外的资金），不惜一切代价，给以各种优惠条件，而对于具有重要减贫效应的本地企业，尤其是中小微企业，设置各种障碍。

总之，"以区域发展"为目标，以开发资源为重点的效率导向型的扶贫政策体系不断筛选出脱贫速度较快的部分贫困家庭作为政府扶贫的对象，而绝对贫困家庭和人口逐渐游离出扶贫投资的视野，扶贫政策的执行效果随着时间推移呈现出递减趋势，不利于贫困人口数量减少和贫困程度的缓解。

5.4.2 扶贫：争取"脱贫"还是争取"贫困"

我国的扶贫工作已经进行了几十年来，目前贫困地区基本解决了温饱问题。但是，为什么国家级贫困县越扶越多，如四川省在 20 世纪 80 年代确定的国家级贫困县只有 15 个，到 1994 年增加为 31 个，2012 年增加为 36 个。从全国看，有的县为了争取国家级贫困县，不惜花费巨额的资源，有的县早已是全国百强县了，还戴着国家扶贫开发工作重点县的帽子。有的县实际上已经脱贫，并准备提前实现全面小康，可还在努力争取成为贫困县。这与目前的贫困县制度设计密切相关的。如果"国家级贫困县"是一种"资源"，而非"耻辱"，就会扭曲地方政府的行为，努力争取"贫困"而不是"脱贫"，"我贫困，我光荣"，在这种制度安排下，自然在扶贫资源的配置上，会"锦上添花"而非"雪中送炭"，即那些远离中心城镇的乡村，自然不会得到扶贫项目。把四川省"国家连片特困地区县"列入《扶贫开发整村推进"十二五"规划》的贫困村占县行政村的比率与各县 2012 年的贫困发生率进行分析，发现这两者间基本上不存在相关关系，列入扶贫开发整村推进的贫困村可以作为扶贫资源的代理变量，它与贫困发生率间既然不存在相关关系，说明扶贫资源的分配实际上不是按照贫困程度来分配的（见附表 1 ~ 附表 2）。因此，应设计一个机制，激励地方政府努力"脱贫"，退出"贫困县"，摘掉"贫困县"的帽子。

5.4.3 扶贫资源的配置与扶贫效率问题

首先，目前的扶贫战略侧重于增加扶贫资源的供给，而在扶贫资源配置中没有引入有效的市场机制，扶贫资源利用率较低，扶贫效果出现短期化。由于片面强调扶贫资源的大量投入以改善贫困状况，政府主导型扶贫制度造成扶贫资源配置不尽合理、浪费现象严重。而"造血式"的扶贫战略又往往忽略了对该地区需求的刺激，在缺乏区域内部需求的拉动支持下，扶贫资源供给也很难持续性地发挥应有的作用。由于扶贫资金有限，地方财力薄弱，公共投入满足不了多数贫困地区扶贫开发的需要，社会事业建设不配套，不可能巩固扶贫开发成果。

其次，扶贫资金运作主要依靠行政手段，几个部门多头管理，资金分散，投资效益较差，扶贫资金投入效率面临严重的"边际收益递减"现象。同时，贫困人口的离散布局加大了扶贫资金运作的监督成本，财政扶贫体制在资金管理方面的人为操作空间，给扶贫的公平和公正留下了隐患，国家各项扶贫政策往往受到冲击与扭曲。扶贫资金的实际运作中还引发了一系列问题，比如，扶县不扶产、扶富不扶贫、贫富一起扶的偏差现象始终没有得到彻底改变；扶贫项目选择不当，扶贫资金渗漏和损失严重，使用效益不高；扶贫资源传递系统不畅，资源在运行中被大量截留和转移；资金回收机制缺位，还贷率低；扶贫开发部门（扶贫办）与资金管理单位（银行）协调困难，影响了扶贫贷款的有序运作和扶贫资金的有效管理。

再其次，在扶贫开发工作中忽视贫困户的个体差异。扶贫开发战略没有对贫困人口的脱贫观念和自我发展能力产生良性刺激，没有立足于激发贫困人口的潜能，帮助其转变安于贫困现状的生活态度，树立起改变自身生产生活条件、改变家乡贫困面貌的信心和勇气，以达到减少内生型贫困的目的。另外，教育扶贫形式单一，扶贫成本偏高，教育资源利用率低，没有发挥其在提高人力资本方面的应有作用。此外，某些扶贫方式在改变贫困人口生活方式的同时也带来了新的生活困难，致使贫困人口产生悲观失落心理，缺乏继续脱贫的动机和能力。

最后，"施与式"的扶贫组织方式助长了扶贫对象的惰性，忽视了贫困人口的知情权和参与权。在自上而下的扶贫战略中，贫困人口作为受扶的最终主体在扶贫运作过程中只能被动地接受结果而没有获得平等参与的权利，很难参与扶贫资源的使用决策，在一定程度上抑制了贫困人口的主动性和创造性，弱化了对特定贫困人口的扶持力度。同时，以生存为根本的扶贫制度漠视了扶贫对象的精神贫困和思想贫困，贫困群体在文化教育、卫生医疗、社会保障等基本公共服务需求无法得到有效满足。

附表1　　　　　　　　　　四川省"国家级贫困县"名录

片区	1986～1988 年	1994 年	2001 年	2006 年	2012 年
县数	15	31	31	31	36
秦巴山区	10 个：仪陇、阆中、南部、广安、旺苍、苍溪、南江、通江、渠县、宣汉	12 个：仪陇、阆中、渠县、苍溪、南部、广安、旺苍、通江、南江、宣汉、朝天区、嘉陵区	12 个：仪陇、阆中、渠县、苍溪、南部、广安、旺苍、通江、南江、宣汉、朝天区、嘉陵区	12 个：朝天区、旺苍、苍溪、嘉陵区、南部、仪陇、阆中、渠县、广安、通江、南江、宣汉	13 个：朝天区、旺苍、苍溪、嘉陵区、南部、仪陇、阆中市、广安区、宣汉、万源市、通江、南江、平昌
乌蒙山区		3 个：古蔺、叙永、兴文	3 个：叙永、古蔺、兴文	3 个：古蔺、叙永、兴文	3 个：叙永、古蔺、屏山
大小凉山彝区	4 个：布拖、金阳、昭觉、美姑	9 个：雷波、普格、喜德、盐源、越西、布拖、金阳、昭觉、美姑	9 个：雷波、普格、喜德、盐源、越西、布拖、金阳、昭觉、美姑	9 个：雷波、普格、喜德、盐源、布拖、金阳、昭觉、美姑、越西	11 个：马边、盐源、普格、布拖、金阳、昭觉、喜德、越西、甘洛、美姑、雷波
高原藏区	1 个：白玉	7 个：木里、黑水、得荣、壤塘、巴塘、乡城、白玉	7 个：木里、黑水、得荣、壤塘、巴塘、乡城、白玉	7 个：黑水、木里、得荣、壤塘、巴塘、乡城、白玉	9 个：小金、黑水、壤塘、甘孜、德格、石渠、色达、理塘、木里

资料来源：四川省农村扶贫志编纂委员会：《四川省农村扶贫志》；《四川省统计年鉴》（2013）。

附表2　　　　　四川省"国家连片特困地区县"扶贫开发

整村推进"十二五"规划贫困村

片区	县（区、市）	乡（镇）个数（个）	行政村个数（个）	整村推进"十二五"规划村		贫困发生率（％）
				数量	占行政村比例（％）	
秦巴山区	北川	23	319	40	12.54	13.7
	平武县	25	248	34	13.71	15.6
	元坝区	29	212	36	16.98	16.4
	朝天区	25	214	38	17.76	17.7
	旺苍县	35	352	45	12.78	15.3
	青川县	36	268	38	14.18	17.5
	剑阁县	57	544	50	9.19	17.1
	苍溪县	39	718	50	6.96	16.5
	仪陇县	56	870	40	4.60	14.7
	宣汉县	54	493	58	11.76	20.5
	万源市	52	371	50	13.48	17.9
	巴州区	48	803	80	9.96	15.9
	通江县	49	524	75	14.31	17.4
	南江县	48	522	60	11.49	16.9
	平昌县	43	528	70	13.26	17
	合计	619	6986	764	10.94	16.9
乌蒙山区	叙永县	25	231	57	24.68	16.4
	古蔺县	26	269	57	21.19	16.4
	沐川县	19	195	32	16.41	14.6
	屏山县	16	261	37	14.18	16
	合计	86	956	183	19.14	16.1
大小凉山彝区	马边县	20	203	36	17.73	21.4
	普格县	34	153	26	16.99	21.1
	布拖县	30	190	34	17.89	21.6
	金阳县	34	177	34	19.21	21.4
	昭觉县	47	268	34	12.69	24.1
	喜德县	24	170	26	15.29	25.9
	越西县	40	289	26	9.00	22
	美姑县	36	292	34	11.64	24.9
	雷波县	49	281	31	11.03	19.9
	合计	314	2023	281	13.89	22.4

续表

片区	县（区、市）	乡（镇）个数（个）	行政村个数（个）	整村推进"十二五"规划村		贫困发生率（%）
				数量	占行政村比例（%）	
高原藏区	汶川县	13	117	15	12.82	15.9
	理县	13	81	15	18.52	17
	茂县	21	149	15	10.07	14.7
	松潘县	25	143	15	10.49	15.4
	九寨沟县	17	120	15	12.50	14.3
	金川县	23	109	18	16.51	16.9
	小金县	21	134	18	13.43	17.7
	黑水县	17	124	18	14.52	20.2
	马尔康县	14	105	16	15.24	13.5
	壤塘县	12	60	18	30.00	21
	阿坝县	19	83	16	19.28	16.2
	若尔盖县	17	96	16	16.67	16.9
	红原县	11	33	14	42.42	14.2
	康定县	21	235	20	8.51	19.3
	泸定县	12	145	25	17.24	20.8
	丹巴县	15	181	22	12.15	18.5
	九龙县	18	63	21	33.33	16.9
	雅江县	17	113	20	17.70	21.6
	道孚县	22	158	23	14.56	23.8
	炉霍县	16	171	23	13.45	24
	甘孜县	22	219	22	10.05	25.3
	新龙县	19	149	21	14.09	22.6
	德格县	26	171	21	12.28	23.9
	白玉县	17	156	21	13.46	23.6
	石渠县	22	156	18	11.54	23.5
	色达县	17	134	20	14.93	27.3
	理塘县	24	214	22	10.28	23.6
	巴塘县	19	122	19	15.57	23.6
	乡城县	12	89	20	22.47	24.9
	稻城县	14	124	22	17.74	21.4
	得荣县	12	127	18	14.17	21.3
	木里县	29	113	23	20.35	23.7
	合计	577	4194	610	14.54	20

注：黑体为国家扶贫开发重点县。

资料来源：四川省扶贫与移民局。

6. 四川连片特困地区经济社会发展的制约因素分析

中共四川省委十届三次全会确立了"与全国同步全面建成小康社会"的奋斗目标，要求四川省经济发展更加注重统筹区域、城乡发展，强调使经济发展惠及包括低收入人群在内的所有人。而发展成果惠及所有人的途径大体有两条：一是通过创造让所有人平等参与经济社会活动的机会，使人们在初次分配中共享发展成果；二是通过再分配，以税收、转移支付、补偿支付等方式由政府相关部门出面进行干预和调节。虽然在国家扶贫攻坚战略和西部大开发战略的支持和推动下，四川连片特困地区生存和温饱问题基本解决，但发展不足、发展差距大，贫困问题严重仍是制约其持续减贫和共享发展成果的"瓶颈"，持续减贫并实现贫困人口收入的持续增长依然是四川连片特困地区最紧迫、最重要的任务。但在四川连片特困地区发展过程中，面临着来自外部和内部的约束，这些约束阻碍了地区的发展和贫困人口的脱贫致富。

6.1 外部约束

从外部约束看，主要表现在以下几个方面。

6.1.1 资源产权和开发体制的约束，贫困地区共享资源收益能力受限

四川连片特困地区能矿资源富集，开发条件也较好。但国家对于以矿产、天然气、水电等为代表的自然资源拥有垄断的控制权和开发权，地方政府拥有一定但也非常有限的分享资源开发收益议价权；而片区贫困人口几乎没有太多的利益诉求机会，那些代表国家开发资源的国有垄断性资源企业，往往以"国家"名义，要求资源所在地政府和居民无条件地支持资源的开发，这种资源产权和开发体制的结果有以下几个方面。

1. 连片特困地区资源禀赋比较优势丧失

例如，广元市天然气资源开发，作为西气东输的重要组成部分，在调研中发现作为天然气输出地的广元市，居然在要求增加"用气指标"，经济发展中的有限用气指标已开始制约广元地区经济持续快速发展。

2. "富饶的贫困"

在资源富集的连片特困地区，一方面有丰富的天然气、水能资源和矿产资源；另一方面，当地居民无法足额分享到资源开发的利益，而且资源所在地居

民用气难、用电难，持续增收受到限制，结果是"富饶的贫困"。而且，在资源开发过程中，集聚着大量外来民工，其庞大的需求带来当地的物价上升，本地居民的实际购买力进一步下降，这是典型的"资源诅咒"。

3. 环境退化

大型资源型项目带来的巨额投资，由于能够增加地区生产总值和地方财政收入，地方政府有激励与资源型垄断企业合谋，弱化环境影响，结果项目上马后带来一系列严重的环境问题，由此产生的负的外部性则由当地居民承担。

4. 社会问题

一方面由于资源所在地居民对资源型项目的参与度低，而且参与的居民有限，那些远离资源型项目地的居民，尤其是贫困人口，根本无法参与到项目中去，这导致片区贫富差距拉大；项目在征地拆迁过程中，补偿低、补偿不到位，也引起了一系列社会问题。另一方面，四川连片特困地区的大小凉山彝区和高原藏区，是民族地区，而在这里开发资源的企业，对民族政策基本不了解，或了解甚少，结果引起一些民族矛盾。

6.1.2　空间限制

四川连片特困地区在生态功能分区上基本属于"限制开发区"和"禁止开发区"，这样的功能定位，对在这些地区布局项目产生了一定的影响。

6.1.3　资金的约束与限制

大规模扶贫开发以来，中央、各部委及四川省等对连片特困地区投入了大量的资金，也产生了一定的效益。但在调研中发现，连片特困地区在区域发展和扶贫开发方面依然面临较大的资金约束。一方面，扶贫资金来源多头，每笔资金都依托某个项目，而且每笔资金都需要地方政府配套，如果没有地方政府配套，要么就无法获得这笔资金，要么这个项目就无法完全进行。在现有的扶贫资金分配体制下，无法对来自多头的资金进行整合使用。另一方面，现有金融政策不仅不能帮助外部资本输入，相反，易致片区资本"溢出"。普遍存在正规金融对本地中小企业、本地农户贷款需求的信贷约束。

6.1.4　规划的落地与相关政策的落实

近年来，为了支持连片特困地区的区域发展和扶贫开发，相继出台了国家层面和四川省层面的多个相关规划，规划中也列出了许多项目，但调研中，普遍反映的是，各个规划都好，但如何"落地"，到现在为止，基本上依然是"规划规划，纸上画画，墙上挂挂"，规划的实施很成问题。

四川连片特困地区大多生态脆弱，又是主体功能区中的限制开发区和禁止开发区，生态功能不仅对四川，而且对全国乃至亚洲都很重要，有些地区生态服务价值很大，但生态补偿政策一直没到位。

国家"十二五"规划将主体功能区正式上升为国家战略。四大片区大部分地方被划入限制开发区和禁止开发区。根据要求，限制开发区和禁止开发区不能更多地发展产业经济，而应更多地承担环境和生态维持功能。尽管中央政府也清楚限制开发区和禁止开发区面临的实际情况，也出台了包括生态补偿、地方政府的考核标准等在内的一系列配套政策，但是这些配套政策目前主要集中在分析和论述阶段，真正实施还面临着巨大的困难。如果没有配套措施和支撑条件，"好战略"不会导致好的结果，导致国家主体功能区战略短时期内不会缩小我国的区域发展差距。相反，如果地方政府特别是被划入限制开发区和禁止开发区的地方政府"严格遵从"国家及省级主体功能区规划，那么在国家和省份相关配套政策又不到位情况下，主体功能区建设非但不能缩小差距反而会扩大发展差距。

同时，尽管有关部门在财税优惠、产业倾斜、扶贫开发、对外开放、对口支援等方面，制定和实施了不少扶持连片特困地区发展的政策措施，但这些政策既有落实得不够，导致"政策休眠"，又有政策之间的相互衔接不够，没有形成一个完整的连片特困地区扶持政策体系，在一定程度上影响了政策的实施效果。

同时，现有政策支持更多体现在带有"输血"性质的帮扶政策上，而对能形成"造血"功能的刺激或者激励政策明显不足，忽视了连片地区地方政府和企业的主观能动性。这是导致四大片区自我发展能力低下的重要原因之一。所以中央扶持集中连片地区发展政策应更加强调对经济的"刺激"，对群众、企业及地方政府的"激励"，充分调动地方政府、企业和民间的积极性，立足于在连片特困地区建立自我发展机制，增强自我发展能力。

6.2 内部约束

从四川连片特困地区内部看，面临的约束主要有以下几个方面。

6.2.1　区域自我发展能力不足，配套能力低

四川连片特困地区经济发展水平低，税基薄弱，财政自给能力低，许多片区的财政尚不能满足政府部门的基本支出，更不用说提供本地公共产品和给扶贫资金配套了。

6.2.2　贫困人口自我发展能力有限

由于诸多因素，四大片区公共产品供给不足，质量难以保证，历史欠账较多。贫困人口的教育、住房、交通、信息、发展机会、生计资本等人类贫困问题相对严重，导致贫困人口发展机会的获得能力较差，贫困人口的自我发展能力不高。

1. 基础设施——"毛细血管"不完善，"最后一公里"问题普遍

经过多年的建设，目前四大片区内基础设施骨干网络基本形成，但路、水、电、气等基础设施末端建设滞后。2011年年底，四大片区86个县尚有饮水困难人口达407.60万人，不通水泥路的村9169个、不通公路的自然村2.65万个，不通电的自然村8729个，即使通到村也很难通到每家每户。此外，基础设施建设容易，维护成本高，维护资金来源困难，也困扰着片区内的地方政府。

2. 公共服务"瓶颈"——教育、医疗卫生、科技公共产品供给不足，质量难以保证

加上相关社会管理配套政策不到位，直接影响了区域经济跨越发展和脱贫致富。具体表现为：教育资源配置配备不齐，教师队伍整体水平不高、师资力量不足，义务教育执行力度不够，学校、家庭教育配合不紧密，人均受教育年限低。医疗卫生环境差，基层医疗设备落后，基层卫生人员专业素养有待提高，使片区基础卫生服务能力不足，艾滋病、地方病等防治能力弱。科技队伍人员数量少，科技宣传、普及、推广等工作显得力不从心，科技管理机构不健全，科技工作经费不足，科技服务推广体系不完善，科技成果转化和应用水平低。

此外，从深度贫困人口发展能力层面看，缺乏基本的发展条件，贫困人口的发展机会、生计资本等问题相对严重，直接表现就是这些深度贫困人口应对抓住发展机会、抵御风险的能力越来越弱，深度贫困人口脱贫更难，而且返贫率极高。随着四川省四大片区剩存贫困人口地理空间分布的边缘化、生存居住空间生态脆弱化、市场辐射的边际化，使得贫困人口发展机会的获得能

力较差，贫困人口的自我发展能力不高，因此剩存贫困人口脱贫的难度越来越大。

6.2.3 人力资源约束

一个地区的发展人力资源是核心要素，与发达地区相比，片区地理区位、待遇等处于相对劣势，导致人才引进难，留住人才更难，人才流失严重。四大片区中劳动力转移"精英化"，农村留守成年人口"非精英化"现象普遍，致乡村治理陷入困难，影响减贫成效。86个连片贫困县的许多农村，多数稍有文化、有能力的青壮年人口，都外出打工或经商等，导致四大片区内农村党支部、村委班子成员治理能力不足。广元某村民小组，要新安装一个变压器，变压器和相关材料运到村组两三年了，就是安装不了，主要原因是村组干部不得力，没有劳动力。据作者调查，巴中某行政村，幅员面积2平方公里，总人口1624人，但在家劳动力不足200人，而且在家劳动力的劳动能力弱，村级基础设施建设面临严重的劳动力不足问题。

6.2.4 片区协作约束

四大片区涉及12个市州，覆盖86个县市区。一方面，每个片区跨越不同市（州）县，如秦巴山区分布在6市32县，要形成合力，协作发展至关重要，但目前缺乏协作机制，导致各个县在产业布局等方面存在重叠或过度竞争，导致招商引资恶性竞争等问题。

另一方面，每个片区"山同脉、水同源"使得片区在自然地理和地域文化方面具有很强的相似性，是一个相对完整的地理和文化区域，但长期以来为不同的行政区划所分割，地方本位主义下的"行政区经济"发展模式导致片区经济"碎片化"，没有形成统一的市场和经济区。这种"地理区域""文化区域"和"经济区域"关系的扭曲既是各个连片特困地区长期贫困的重要成因之一，也是制约四大片区未来八年"区域发展与扶贫攻坚"的重要瓶颈。

7. 走包容性绿色发展之路，实现四川连片特困地区的同步小康

7.1 四川区域发展总体格局中的连片特困地区

根据《全国主体功能区规划》、《四川省国民经济和社会发展"十二五"规划》和《四川省主体功能区规划及实施政策研究》，到2020年，四川全省

将形成以五大经济区、四大城市群、四个生态功能区、三类重点扶持地区、四类优势资源开发为重点的总体格局。五大经济区是成都经济区、川南经济区、攀西经济区、川东北经济区、川西北生态经济区；四大城市群是成都平原城市群、川南城市群、川东北城市群和攀西城市群；四个生态功能区是若尔盖高原湿地生态功能区、川滇森林及生物多样性生态功能区、秦巴生物多样性生态功能区和大小凉山水土保持和生物多样性生态功能区；民族地区、贫困地区和革命老区构成三类重点扶持区域；强化清洁能源、优势矿产、旅游资源和水资源四类优势资源的合理开发利用。四川连片特困地区在四川区域发展的总体格局中的地位，如表1.7.1所示。

表 1.7.1　　　　　四川连片特困地区在四川区域格局中的地位

区域	经济区	城市群	生态功能区	重点扶持地区	优势资源与发展方向
秦巴山区	川东北	川东北	秦巴生物多样性生态功能区	革命老区、贫困地区	清洁能源（天然气）、红色旅游
乌蒙山区	川南	川南		革命老区	水能
大小凉山彝区	攀西	攀西	若尔盖草原湿地生态功能区、川滇森林及生物多样性生态功能区、大小凉山水土保持和生物多样性生态功能区	民族地区、革命老区	矿产（钒钛、稀土）、水能、特色农业、旅游资源
高原藏区	川西北生态经济区				以保护生态环境、发展生态经济作为主攻方向

资料来源：根据本报告作者的《四川省主体功能区规划及实施政策研究》整理。

根据四川省主体功能区的划分，重点开发区域包括成都平原、川南、攀西、川东北地区19个市的主体部分，限制开发区域包括农产品主产区和重点生态功能区两部分，其中的农产品主产区包括盆地中部平原浅丘、盆地东部丘陵低山、川南低中山、安宁河流域和盆地西缘山地，共35各县（市），重点生态功能区域涉及57个县（市），包括4个国家层面的重点生态功能区和1个省级层面的重点生态功能区（大小凉山水土保持和生物多样性生态功能区）。其中连片特困地区集中的9个市州的各类主体功能区如表1.7.2所示。

表 1.7.2 　　　　　　　　　　四川连片特困地区的主体功能区划分

区域	重点开发区		限制开发区域	
	国家层面	省级层面	农产品主产区	重点生态功能区
秦巴山区（川东北部革命老区和贫困地区）	嘉陵区、阆中市、南部县、广安区、华蓥市、武胜县、通川区、达县、大竹县	利州区、元坝区、朝天区、巴州区	剑阁县、苍溪县	旺苍县、青川县
			邻水县	
			开江县、宣汉县、宣汉县、	万源市
			平昌县	南江县、通江县
乌蒙山区（川南革命老区和贫困地区）	合江县、翠屏区、宜宾县、南溪县、江安县、内江东兴区、乐山市的金河口区		兴文县、长宁县、珙县、高县、筠连县	屏山县
大小凉山彝区（攀西民族地区、革命老区和贫困地区）	雨城区、名山县、芦山县、荥经县	仁和区、盐边县、西昌市、会理县、冕宁县	洪雅县、汉源县、德昌县、会东县	宝兴县、天全县、石棉县、木里藏族自治县、盐源县、普格县、布拖县、金阳县、昭觉县、喜德县、宁南县、越西县、甘洛县、美姑县、雷波县
高原藏区（川西北民族地区、革命老区和贫困地区）				汶川县、理县、茂县、松潘县、九寨沟县、金川县、小金县、黑水县、马尔康县、壤塘县、阿坝县、若尔盖县、红原县、康定县、泸定县、丹巴县、九龙县、雅江县、道孚县、炉霍县、甘孜县、新龙县、德格县、白玉县、石渠县、色达县、理塘县、巴塘县、乡城县、稻城县、得荣县

资料来源：根据本报告作者的《四川省主体功能区规划及实施政策研究》整理。

　　四川连片特困地区在四川区域发展格局中的地位，要求一方面必须"后发赶超"和"发展转型"，因为四川要实现"与全国同步全面建成小康社会"目标，难点在连片特困地区。没有连片特困地区的全面小康，就没有全省的全面小康，就没有全国的全面小康，这就必须把区域发展与扶贫攻坚相结合，增强区域发展的益贫性。另一方面，必须处理好经济发展、扶贫攻坚与生态环境保护间的关系，加快生态文明建设，走可持续发展之路。因此，新时期，四川连片特困地区的区域发展和扶贫攻坚必须转变发展模式，使发展的结构基础更加广泛、更加包容、更加平衡、更加可持续、更加安全，实现包容性的、平衡性的、可持续的和安全的发展，走绿色包容性发展之路（Inclusive green Growth，IGG）。

7.2　包容性绿色发展理论的基本要点

包容性绿色增长是通向可持续发展之路。包容性绿色增长是包容性增长和绿色增长两个发展理念的整合。

7.2.1　包容性增长

包容性增长是机会平等的增长。包容性增长有四个属性（见图 1.7.1），它们是机会（Opportunity）、能力（capability）、增长或获得（access）和安全（security）。

机会：为人民创造越来越多的机会，增加他们的收入。

能力：为人民提供创造或提升其能力的方式，以利于可得的机会。

获得（增长）：提供机会和能力结合的方式。

安全：为人民提供免遭暂时或持久的生计损失的方法。

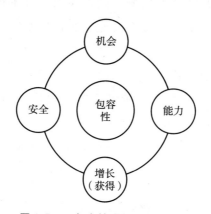

图 1.7.1　包容性增长的四个属性

7.2.2　绿色增长

绿色增长是可持续发展的基本组成要素。绿色增长的目的在于，获得坚实的增长，而不陷入不可持续的模式。绿色增长是使得增长过程中资源高效、清洁和更有弹性（复原）而不必降低增长。绿色增长要求经济增长必须考虑生态环境容量和资源承载力。

绿色增长有3个要素（见图1.7.2）：效率（efficient）、清洁（clean）和能复原（弹性）（resilient）增长。

效率：要求自然资源的利用要有效率；

清洁：污染和环境影响最小化；

能复原：说明自然灾害及环境管理和自然资本在防止自然灾害中的作用。

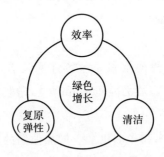

图1.7.2　绿色增长的属性

绿色增长并非必然是包容性的。绿色增长的结果可能对穷人有利，也可能对穷人不利，这取决于政府制定的以确保穷人不被排斥在绿色增长的利益之外的特殊政策。如果制定并实施包容性的政策，绿色增长的福利效应就更大。

7.2.3　包容性绿色增长

包容性绿色增长是可持续的和包容性的增长（sustainable and inclusive growth），强调经济发展轨迹在"改进人类福利和社会公平同时降低环境风险和生态不足"（UNEP）的必要性和机会，旨在实现经济、社会和环境可持续间的相辅相成的"三赢"。

7.3　四川连片特困地区的包容性绿色发展的路径选择

要达成包容性绿色发展，需要持续扩大经济机会、使经济机会均等分布、提供最低经济福利和确保环境质量的提升。这是实现包容性绿色发展的政策支柱。

7.3.1　经济机会最大化：通过高速、有效以及可持续的经济增长最大限度地创造就业与发展机会

按照"区域发展带动扶贫开发，扶贫开发促进区域发展"的总体要求，

一方面要继续加强基础设施建设，提升连片特困地区的禀赋结构，加大改善地方创新环境，通过市场机制的基础性作用，培育增长极，培育壮大具有比较优势的产业，为扶贫攻坚奠定坚实基础；另一方面，通过政府政策的引导作用，瞄准最困难的地区、最困难的群体，为贫困人口提供经济机会，增强贫困人口抓住机会的能力，进一步加大贫困人口人力投资力度和强度，大力发展益贫性强的劳动密集型产业，特别支持中小微企业的发展，进一步加大民生工程建设，确保贫困人口共享改革和发展成果，增强区域发展的内生动力。

1. 进一步加快基础设施建设，提升连片特困地区的禀赋结构，特别重视基础设施的益贫性

（1）坚持把交通建设作为扶贫开发的先导工程，科学规划和建设通向贫困地区、边远地区的高速公路、铁路，推动现代交通网络向这些地区延伸和覆盖，根本改变交通状况和区位条件。一方面要构建和完善形成连接成渝经济区、滇中经济区、黔中经济区、攀西战略资源创新开发试验区及藏、青、甘的交通运输大通道。加快国、省干线升级改造，积极推进连片特困地区相关核心区的机场建设。另一方面，要把连片特困地区内部减贫效应显著的县际、乡镇间、行政村及自然村的道路建设放在优先地位，完善路网、改善路况，着力解决"毛细血管"不完善和"最后一公里"的"断头路"问题，提高农村公路覆盖广度和通达深度。

（2）加强水利基础设施建设，确保连片特困地区生产、生活用水供给稳定和水质安全。解决农村饮水安全问题，支持重点村镇实现集中供水和配套排水，鼓励城镇区域供水向农村延伸。全面加强水利工程建设和水资源管理，有效缓解工程性和资源性缺水问题。因地制宜发展小水窖、小水池、小塘坝、小泵站、小水渠等小微型水利工程。加强病险水库除险加固、重要河流河段防洪、重点城镇堤防和中小河流治理工程建设。加快金沙江、雅砻江、岷江、大渡河等流域水资源综合利用规划的编制和实施。

（3）推进农村电网和油气管道等能源基础设施建设，确保连片特困的能源供给安全稳定。优化发展火电、水电厂，建设环保型骨干电厂；加强城乡一体化电网建设和农村电网改造升级，全面提高电网输送能力和供电质量；加快变电站和输电线路的升级改造，推进电网智能化建设。积极勘探开发天然气、页岩气为重点的资源，加强天然气管网建设，提高天然气输送能力。加强农村综合能源建设，积极开发太阳能、风能、沼气、小水电等新型农村能源建设项

目。到 2015 年基本解决无电行政村用电问题。

（4）加强信息网络系统建设，加快填补连片特困地区的"信息鸿沟"。积极建设光纤通信、移动通信、微波通信、卫星通信相结合的现代通信体系。实施通信村村通工程、移动网广覆盖工程和宽带普及提速工程。积极推进"三网融合"，提升电子政务、电子商务、地理信息、远程教育、远程医疗等服务能力，大力发展移动电子商务，加快推进发展物联网应用，建立基本完善的信息服务体系。

（5）进一步强化人力资本投资，提高投资强度，改善投资结构。特别重视基础教育和女童教育，同时加强适应市场需求的职业技术教育体系，在提高劳动者平均素质的同时，重视劳动力的技能水平，提高技能劳动力的比例。

（6）加大改善地方创新环境的力度。传统产业的改造，尤其是高技术产业的发展，地方创新环境很重要。创造一个有利于企业创新的制度环境，包括知识产权的有效实施和给创新企业实施创新补贴，建立创业园区，形成连片特困地区的技术孵卵器，等等。

2. 大力发展具有比较优势的产业，促进连片特困地区产业转型升级

（1）规范和发展土地流转市场，培育和引进农业龙头企业，发展设施农业，改造传统农业。培育和引进一批以农业资源开发为依托、带动贫困农户为主、市场开拓能力和科技创新能力强、经营机制灵活的扶贫农业龙头企业，推动实施农业的发展，促进贫困人口的脱贫致富。加快农村土地确权，尊重和鼓励农民的首创精神，规范和发展土地流转市场；对龙头企业提供政策支持和技术支持。

依据各地的资源优势以及农产品加工基地规划，优化特色农业产业区域合理布局，推进农业结构调整，实现特色农业种植的规模化和专业化。推动绿色和有机产品认证及国家地理保护标志的申请和认证，着力打造具有重要区域、全国乃至世界影响的品牌产品。

培养或引进农民专业合作组织的带头人，建设农产品生产基地，发展多种形式的农民专业合作组织，逐渐形成"企业＋农民专业合作组织＋农户"、"农民专业合作组织＋农户"的模式，为农民提供种养殖技术，提供必要的市场信息，以及资金协调、市场销售等。

（2）走新型工业化道路，重点发展资源型和劳动密集型产业。推动与生态环境相融的工业资源产业化。连片特困地区资源丰富，在开发这些优势工业

资源时首先要与生态环境相融；利用现代科学技术，增加对资源的利用率，增强集约化生产经营能力；研究建立连片特困地区资源型企业可持续发展准备金制度，探索建立资源型企业益贫性评估机制，资源开发项目，优先吸纳当地贫困人口就业。发展和承接吸纳能力强的劳动密集型产业。连片特困地区重点承接东部地区和成渝地区劳动密集型产业、资源深加工型产业及配套产业转移，让农民能够在当地就业，提高他们的收入。采取多种形式合作共建产业园区，探索承接产业转移新模式。鼓励企业招聘和培训当地贫困人口，对吸纳当地较多贫困人口就业的企业给予相应税收减免等优惠。积极探索并支持片区开展"来料加工"业务。

（3）依托丰富的旅游资源，培育发展旅游产业，增强旅游业的益贫性。利用 BOT、共建等多种模式，推动社会资本参与旅游资源的开发。鼓励片区农民以土地、林地、住宅等折价入股旅游开发企业，共享旅游资源开发红利。旅游开发企业优先解决本地因开发旅游导致失地等贫困人口的就业。

3. 走绿色包容性城镇化之路，实现连片特困地区空间结构的优化

按照"集中均衡开发模式"（包容性区域发展模式）重塑连片特困地区空间结构，引导人口和经济活动向重点开发区域及区域性中心城镇集聚，而基本公共服务产品的供给大幅度向边远地区和贫困地区倾斜，显著增强连片特困地区基本公共服务产品供给能力，让各族人民享有基本均等的基本公共服务，共享经济社会发展成果。

（1）引导人口和经济活动向重点开发区域集聚。如表 7.2 所示，按照四川省主体功能区的划分，四川连片特困地区既有国家层面的重点开发区，又有省级层面的重点开发区。在未来的发展中，应制引导人口和经济活动向这些地区集聚。

（2）加快城镇化的进程，培育新的经济增长极。坚持走新型城镇化发展道路，完善城镇体系，优化空间布局，增强城镇集聚产业、承载人口、辐射带动区域发展的能力，推进符合落户条件的农业转移人口逐步转为城镇居民，提升城镇化质量和水平。首先，四川连片特困地区要主动适应四川省四大城市群的培育发展。率先发展成都平原城市群，推动成德绵乐同城化发展，建设西部最具实力和竞争力的城市群，推动成都平原贫困地区的发展。加快发展川南城市群，推动自泸内宜一体化发展，加快建设西部重要的大城市密集区，促进川南乌蒙山区的发展。发展壮大区域性中心城市，积极培育川东北城市群，推动

秦巴山区的发展。着力推动攀西城市群发展，推进攀西民族地区、革命老区和贫困地区的扶贫开发和发展。其次，以宜居宜工宜商为目标，推进区域中心城市建设。利用现有发展基础，将行政或经济中心建成产业特色鲜明、经济实力强劲、基础设施完善、生态环境优良、社会和谐发展的中心城市，带动区域内经济和社会发展。区域中心城市发展的关键是要有产业支撑。通过交通网络建设，降低产品和要素的交易成本，提高区域中心城市的集聚力；通过工业园区（工业集中区）发展工业，特别是与区域比较优势相关联的资源型加工工业；强化对中小微企业的支持，提高对减贫的产业支撑能力，扩大本地市场范围。将连片特困地区有条件的地级城市培育为 50 万 ~ 100 万人口的大城市。将一批发展条件较好的县城培育为 20 万 ~ 50 万人口的中等城市。再其次，按照现代城市发展要求，把一批经济基础较好、人口规模较大、环境承载力较强的县城培育成产业支撑强、地域文化特色鲜明、人居环境良好的中小城市，支持有条件的中心镇加快发展，因地制宜发展一批特色鲜明的旅游镇、工业镇和商贸镇。最后，大力推进农村人口向城镇转移。以实现农民工定居为重点，以户籍制度改革为突破口，把加快城镇化与促进农村人口向城镇有序转移、限制开发地区人口向重点开发地区有序转移结合起来，稳步推进农民工市民化，不断提升城镇化的质量与水平。

（3）通过生态移民和扶贫开发移民逐步实现人口的相对集中。经济活动空间演进的最核心特征是集聚，在原来处于低水平均衡状态的均质空间中出现增长极点，增长极点将发挥其强大的吸纳和辐射功能，由此形成城市和集镇，区域增长极的形成是产业聚集的结果。生态移民会引起人口的集聚。在四川民族地区，特别是处于川西北生态经济区的高原藏区，生态移民和扶贫开发移民为人口的相对集中提供了重要的契机。生态移民和扶贫开发移民不仅仅是人类活动有意识地从生态脆弱区域或不适居住区退出，从而保证自然界的再生产获得良好的条件，并通过自然界自身的代谢能力实现脆弱生态的重新修复。生态移民和扶贫开发移民更是经济移民，具有重要的经济意义，是实现集中化发展战略重要前提。

（4）大力调整产业结构，培育空间集中的产业支撑。空间集中的实质是经济活动的集中，是产业在空间上的聚集发展，因此，空间集中需要强有力的产业支撑。而非农产业，特别是制造业和服务业的集聚力最强的。所以，针对四川连片特困地区产业发展的实际，一是要延伸农牧业产业链，大力发展以农业资源为基础的加工工业；二是在资源型工业的发展中，特别注意资源型工业的深加工，加强与高校和科研单位的合作，建立工业园区，加快制造业的发展；三是要特别重视旅游资源开发和旅游业的发展，充分发挥旅游业的产业关联效应和乘数效应，提升产业集聚力。

7.3.2　确保平等获得经济机会：通过高强度的人力投资，提升贫困人群获得经济机会的能力

要确保人们能够平等地获得机会，提倡公平参与。包容性增长要求经济机会的均等分布，特别强调生产性就业。由此，必须更加重视连片特困地区教育、卫生健康等基础公共服务和经济基础设施的更全面、更惠及中低收入阶层和贫困人口的供给。

1. 强化基础教育的战略地位，优先发展各类教育

（1）进一步强化基础教育的战略地位的认识。"把贫困地区孩子培养出来，这才是根本的扶贫之策"。把党政一把手作为推进基础教育优先发展的第一责任人，把基础教育发展作为政府考核的重要的不可替代和具有否决权的指标，这样优先发展基础教育，才能做到规划优先、投入优先和资源配置优先。

（2）优先发展各类教育，巩固提高"两基"成果，发挥教育事业对扶贫攻坚的基础性和战略性作用。进一步加大对贫困家庭学生的资助力度，不让一个孩子因为家庭贫困而失学，通过教育改变贫困家庭的命运，阻断贫困的代际传递。提高农村家庭经济困难寄宿生生活费补助标准和高海拔地区学生取暖费，全面落实农村义务教育学生营养改善计划，将学前教育阶段纳入农村学生营养改善计划覆盖范围。专设片区免费师范生招生计划，鼓励其回片区生源地任教。国家、省属高校招生中增加贫困地区定向招生指标，每年高校新增招生计划60%的指标用于连片特困地区。大力发展职业教育，在藏区"9＋3"免费职业教育基础上，推广到其余三大片区，让贫困地区未升入普通高中的学生全部接受免费中等职业教育，提高就业能力。

（3）加强教师队伍建设，促进教师资源的合理优化配置。连片特困地区特别是边远山区师资队伍数量不足，队伍不稳定，其主要原因是地方财政投入不足，教师工资待遇偏低，工作环境、工作条件差。政府应加大对这些地区师资队伍建设的财政投入力度，设立相关专项补助基金，提高教师的工资和福利待遇，设定农村教师工资稳定增长机制，健全农村教师成长的成效激励机制，解决教师自身的生存问题，让教师能够安心工作，甘愿扎根于贫困地区。加大

对教师素质培养的投入，提高教师学历层次，优化教师队伍结构。

2. 加强劳动力资源开发，提高连片特困地区群众就业和致富能力

继续实施"千万农民工培训工程"，大力开展职业技能培训，尤其是重视对贫困地区青壮年劳动力就业能力培训。实施连片特困地区"农民专业合作社理事长"专项培训提升计划，提高专业管理水平。实施"村委会主任、党支部书记、妇联主任"专项培训计划，提升农村基层组织治理能力。加大劳动力就地转移与异地转移就业，在劳动力重点输出地设置就业服务办事处，隶属人社局。建立健全就业援助制度，帮助就业困难人员和零就业贫困家庭人员实现就业。引导和鼓励返乡农民工回乡创业，支持大学生村官当地创业，带动全村农民增收致富。

3. 加大科技人才支持，缓解本地人才匮乏之急

实施专项人才支持计划。制订实施优秀师资对口支援片区教育方案，加大片区农村教师"特岗计划"支持力度，增设农村医生"特岗计划"，在招聘条件、职称评审、生活待遇等实行单列。实施片区生源地贫困大学生返乡就业计划。把扶贫开发作为培养锻炼干部的重要平台，加大向片区选派干部的力度，同时扩大片区到省直机关、省内相对发达地区培养锻炼的规模。积极探索片区科技人才柔性引进方式，吸引科技人才到片区工作。在四川连片特困地区实施硕士项目和博士项目，创造条件为提升连片特困地区工作的青年干部、科技人才和教师的学历和学位。

4. 加速科技成果推广转化，提高科技扶贫成效

建立以政府为主导，涉农高校、科研院所和各类农技推广组织为骨干，农业企业、专业合作组织和专业大户等为主体的农业科技服务体系。加强技术推广和技能培训，使每户农户掌握 1～2 门实用技术。充分利用远程信息技术平台开展实用技术培训。开展科技扶贫示范村和示范户建设，探索科研院所科技扶贫新机制，鼓励科研院所在片区建立实用技术示范推广基地，设立科技服务专家大院，选派科技特派员、科技副县长和科技副乡镇长。

7.3.3 确保最低经济福利：为极端贫困群体提供稳定的社会安全网

这就要求连片特困地区大力加强社会保障制度建设，提高各类社会保障措施的覆盖面，尤其是要覆盖持久贫困人口和脆弱人群。同时要特别把促进就业放在经济社会发展优先位置。

坚持广覆盖、保基本、多层次、可持续的方针，以社会保险、社会救助、

社会福利为基础，以基本养老、基本医疗、最低生活保障制度为重点，以慈善事业、商业保险为补充，建立覆盖城乡居民的社会保障体系。

建立健全农村养老保险、医疗保险、最低生活保障等社会保障制度，推进城乡社会保障接轨并行，促进城乡公共服务普惠共享。

实施积极的就业政策，把劳动者自主择业、市场调节就业与政府促进就业结合起来，多渠道推进城乡各类群体就业。大力发展劳动密集型产业、服务业、中小企业和个体私营经济，积极开发就业岗位，扩大就业规模，改善就业结构。完善就业扶持政策，建立健全面向所有困难群众的就业援助制度，营造有利于自主创业的社会环境。

7.3.4　确保环境质量的稳定和提升：走绿色发展之路

包容性绿色增长还意味着促进经济增长和发展时要确保自然资产继续提供人类赖以所依的资源和环境服务。绿色发展要求：一是要将环境资源作为社会经济发展的内在要素；二是要把实现经济、社会和环境的可持续发展作为绿色发展的目标；三是要把经济活动过程和结果的"绿色化"、"生态化"作为绿色发展的主要内容和途径。因此，对四川连片特困地区而论：

1. 加大生态建设与保护力度，开创生态文明与扶贫开发新局面

连片特困地区的区域发展和扶贫攻坚必须要有生态文明视角。首先要加大生态建设和保护的力度。根据国家和省的《主体功能区规划》，设立以国家级自然保护区、国家级风景名胜区及国家森林公园为核心的生态安全保护区，实行严格的保护政策。建立以珍稀动植物物种为重点的生物多样性保护区，建立和完善自然保护区网络。以中小河流域、大中型人工湖泊及山地、丘陵为重点，设立水源涵养保护区，从源头加强饮用水水源保护，强化重要水源涵养区的强制性保护和整治，加强水生态系统保护与恢复，实施严格的流域水污染综合防治。推进生态功能区规范化建设与管理，加强生态林、自然保护区和生物物种资源的保护，维护生物多样性和植物原生态，恢复和增强生态服务功能。

进一步协调生态资源承载力和人类活动的关系，统筹推进秦巴山区生态林建设、水土流失综合治理，加强乌蒙山区荒漠化、石漠化、水土流失综合治理以及各类生态系统保护与建设，对大小凉山彝区大面积水土流失进行综合治理并对需要异地搬迁的移民进行安置，加强高原藏区水土流失治理和草地生态功能建设，防治草原鼠虫害、沙化、退化等，保护生物多样性。开展碳汇交易与扶贫开发相结合试点，建立森林生态服务市场，构建碳汇交易市场体系。

2. 大力发展绿色生态经济，实现增长—减贫—生态的"三赢"

既要金山银山，更要绿水青山。根据四川连片特困地区的生态优势和在全国及四川的生态地位，以稀缺的生态资源为基础，以市场需求为导向、以现代商业模式为载体、以社会资本为驱动力，大力发展绿色生态产业（生态农业、生态旅游、生态工业），使生态经济成为贫困人口增收的重要来源。

制定"绿色发展规划"，明确绿色发展的目标、步骤；根据"绿色发展规划"，制定、完善和修订相关政策，这些政策既要能够促进经济的快速持续增长，又要能够改善收入分配，增加穷人和低收入阶层的收入，同时抑制和抛弃资源和排放密集型的发展模式。

实施绿色工业化战略。四川连片特困地区的包容性绿色发展，涉及结构变迁、生产能力提升、高附加值的经济活动、传统农业的改造、经济多样化发展，等，这就要求走绿色工业化之路。一方面是对传统产业进行绿色升级改造。加强资源节约、环境保护技术的研发和引进消化，对重点行业、重点企业、重点项目以及重点工艺流程进行技术改造，提高资源生产效率，控制污染物和温室气体排放。另一方面是发展新兴的绿色工业。比如，节能产业、资源综合利用产业、新能源产业、环保产业。

在扶贫项目选择上，重点扶持资源高效利用型共生生态农业、资源微观聚集型家庭生态农业、生态强制修复型以工代赈农业等扶贫项目。

3. 实施综合治理，保护生态环境

加大重点污染行业治理整顿力度，严格实施污染物达标排放，关闭限期排污不达标企业。积极推进企业间排污权有偿使用和市场交易试点。加快推进城镇和工业园区污水集中排放处理，强化污染物排放动态监控及污水处理厂的运营管理。加强矿山生态恢复治理，规范危险废物管理。加强重金属、大气污染防治。加大产业结构调整力度，强化传统产业升级改造，大力发展循环经济。统筹城镇生活垃圾处理及收集运输设施建设，开发推广适用的综合整治模式与技术，推进垃圾无害化、资源化处理。实施农村清洁工程，减少农村面源污染，推进城乡环境综合整治。加大环境监督执法力度，提高环境监测、监察水平。

4. 建立和完善生态与资源补偿政策，推动资源共享

（1）建立和完善生态补偿机制，加大重点生态功能区生态补偿力度，重点向贫困地区倾斜。在连片特困地区积极开展流域、矿产资源、森林和自然保

护区的四大生态补偿。综合采用政府补偿和市场补偿的途径和方式。政府补偿机制以财政转移支付、差异性的区域政策、生态保护项目（如沼气项目、清洁能源项目）实施和环境税费制度等为主要手段。市场补偿方式要积极探索实施清洁发展机制（CDM）项目、排污权交易、清洁认证产品加价销售等。

（2）提高探矿权、采矿权使用费征收标准和矿产资源补偿费率。建立矿业企业矿区环境治理和生态恢复的责任机制，将连片特困地区上缴的探矿权、采矿权使用费和价款全额返还地方，统筹用于矿产资源开发地区的生态治理恢复和发展。提高黑色金属、有色金属和其他非金属矿原矿资源税税额幅度上限。提高资源税税率，改从量计征为从价计征，向资源开发型企业收取一定的资源税用于贫困地区的经济发展和生态恢复及重建。

7.4　实现四川连片特困地区包容性绿色发展的政策建议

7.4.1　狠抓各项规划的落实

四川连片特困地区要实现区域发展、扶贫攻坚和环境质量提升的绿色包容性发展，需要有好的切合实际的政策体系。为了加快四川连片特困地区的发展和减贫，国家和四川省出台了一系列的文件和规划：《四川省农村扶贫开发纲要（2011～2020年）》、《关于加快巴中革命老区发展的意见》、《秦巴山区（四川部分）扶贫开发规划纲要（2011～2015）》、《四川省"十二五"革命老区发展规划》、《秦巴山区区域发展与扶贫攻坚规划（2011～2020）》、《秦巴山区（四川部分）区域发展与扶贫攻坚实施规划（2011～2015）》；《乌蒙山区与发展与扶贫攻坚规划（2011～2020）》、《乌蒙山片区（四川部分）区域发展与扶贫攻坚实施规划（2011～2015）》；《关于加快推进彝区跨越式发展的意见》、《安宁河谷地区跨越式发展规划》、《大小凉山综合扶贫开发规划》；"四川藏区工作座谈会"、《川西北生态经济区区域规划》（2007～2015年）、《四川省藏区区域发展与扶贫攻坚实施规划（2011～2015年）》；等等。

这些文件和规划，确定了四川连片特困地区各片区2011～2020年的发展定位、发展目标、方针和政策，规划了一系列与区域发展、扶贫攻坚和生态建设相关的项目，但在规划的实施中存在着重规划、轻实施；重提出项目，轻对项目的可行性分析；规划出自一个部门，而规划的实施要涉及多个层级政府、多个地区和多个部门，政府之间、部门之间、地区之间权责不清，等等问题。迫切需要各级政府，特别是中央和省级政府高度重视规划的落实和项目的落地，出台各项规划的具体实施细则，明确项目的责任单位、资金来源和实施方式，确保规划的项目按期实施和按期完成，这样才能实现各个规划的目标（各个规划中提出的政策和扶贫攻坚措施及各片区已经实施的扶贫攻坚方法，这里不再重复）。

7.4.2 建立和完善适合特困地区的考核机制

四川连片特困地区基于其发展阶段和在全国及四川省的地位，决定了对这些地区地方政府的政绩考核，不宜把经济指标，特别是地区生产总值作为唯一甚至最重要的考核指标，要综合考核经济发展、民生改善、生态服务功能的提升等。主要的建议如下。

1. 从 GDP 到 GNP：从地区生产总值到地区国民收入

地区生产总值是地理概念，强调在某个地区内的经济活动获得的增加值。而地区国民收入是一个经济概念，强调一个地区的居民从事的经济活动创造的经济价值，而不管是在哪个地区创造的。四川连片特困地区，特别是秦巴山区和乌蒙山区，差不多超过20%的人口，特别是劳动力人口在区域外从事经济活动，获得收入后，一部分汇回，另一部分在工作地消费等。而现在考核地区经济发展的最重要指标—地区生产总值，只计算区域内经济活动的价值，没有包括在区域外工作户口在这些区域的劳动者创造的收入。还有一个重要方面是，四川连片特困地区由于环境、技术和市场的限制，不能大规模发展工业，而选择在区域外的地区建立工业园，如阿坝州在成都建立的"阿坝工业园"，如按地区生产总值核算，是不能算在阿坝州的经济总量中的。因此，建议启用地区国民收入作为一个区域经济总量的核算单位，能够更全面和准确地核算一个地区居民所创造的价值。也可对地方政府产生激励作用。

2. 从长期看，从地区生产总值（GDP）到生态系统生产总值（Gross Ecosystem Production，GEP）

连片特困地区生态功能特别重要，在核算中，要充分考虑这些地区的生态服务价值。党的十八大明确提出要把资源、环境、生态纳入经济社会发展评价体系。因此从长远考虑，应建立一套与国内生产总值（GDP）相对应的、能够衡量生态良好的统计与核算体系。由世界自然保护联盟 IUCN 提出的生态系统生产总值（GEP），旨在建立一套与国内生产总值（GDP）相对应的、能够衡量生态良好的统计与核算体系，主要指标是生态供给价值、生态调节价值、生态文化价值和生态支持价值。GEP 旨在建立一套与国内生产总值（GDP）相对应的、能够衡量生态良好的统计与核算体系①。

7.4.3　进一步加快教育发展和人力资源开发，深化教育扶贫

国务院办公厅转发教育部、国家发展和改革委、财政部、国务院扶贫办、人力资源和社会保障部、公安部、农业部7部门联合出台的《关于实施教育扶贫工程意见》（以下简称《意见》）要求，按照党的十八大提出的基本公共服务均等化总体实现和进入人力资源强国行列的目标，集中连片特困地区要加快教育发展和人力资源开发，到2020年使片区基本公共教育服务水平接近全国平均水平，使教育对促进片区人民群众脱贫致富、扩大中等收入群体、促进区域经济社会发展和生态文明建设的作用得到充分发挥。

根据四川连片特困地区教育发展的现状，在教育扶贫方面，需要进一步强化各级政府部门对教育扶贫重要性的认识，切实做到教育优先发展，包括"规划优先、投入优先和资源配置优先"。除了对教育基础设施进一步加大投入，改善各级各类学校办学条件外，最重要的是要加强教师队伍建设。要有好的教育，必须要有好的教师。连片特困地区教师流失严重，除了工作条件艰苦，工资低是重要原因。建议这些地区教师的平均工资水平在全省平均水平上有一个"溢价"，并建立起稳定的增长机制，确保工资的按时发放，这对于有效解决连片特困地区边远农村教师引进难、留住难的问题有重要作用。同时实施面向连片特困地区的教师培训计划，不断提高教师队伍的综合素质。

7.4.4　制度创新

目前出台的一些与四川连片特困地区区域发展和扶贫攻坚相关的文件和规划，均提出要在连片特困地区进行制度创新，也提出了一些制度创新方向。根据调查，除了相关文件和规划中所涉及的制度创新外，特别注意以下几个问题。

1. 户籍制度

许多研究均证明，分割城乡的户籍制度，尽管在历史上可能有一定的积极作用，但在现阶段，户籍制度及与之相关的对农村的社会排斥安排，产生了一些了的消极后果，阻碍了农村贫困人口的脱贫和致富。要实现城乡统筹和一体

---

① 中国首个机制于2013年2月25日在内蒙古库布其沙漠实施，以该项目为例，如果沿用GDP核算，亿利集团20年让5000多平方公里的沙漠变成了绿洲的总投入达到了100多亿元，但它的产出只有3.2亿元，但是如果用GEP来核算，包括大气调节、土地涵养等多种功能，它的总价值达到了305.91亿元。

化，建议在连片特困地区明确取消城乡户籍差别，取消与之相关的社会排斥安排。

2. 建立贫困县退出机制

21 世纪以来，出现了许多与贫困县相关的"怪事"，比如把纳入国家贫困县作为"特大喜讯"，进入全国百强县的"国家贫困县"，贫困县买豪车，贫困县出现了十几个副县长，等等。这些现象的出现不是偶然的，是和贫困县制度的设计相关的。要对目前的贫困县制度进行反思，建立贫困县的退出机制，设计一种正向激励机制，而不是目前的逆向激励，激励贫困县早日脱贫，而不是争取"贫困"。一种安排是对于持续脱贫的贫困县，自脱贫时起，连续三年中央和省级政府投资额不变，对于那些持续贫困的贫困县，分析原因，有的本可以脱贫而不愿脱贫的，在扶持力度上累退，逐年递减。

3. 扶贫资金的整合利用

如前所述，目前扶贫资金来源多头，不同来源的资金，规模、期限等差异显著，地方政府对资金的整合利用权限有限。调研中，许多地方的扶贫部门，均希望能够对这些资金整合使用，这样可以集中力量办大事。

4. 项目资金配套安排

连片特困地区财政长期依赖于转移支付，而现有的许多项目，都需要地方政府配套，如不能配套，或配套不足，项目就无法启动。因此，建议取消（或降低）地方政府的配套。

5. 深化农村产权制度改革

以"还权释能"为核心，在连片特困地区加快推进农村产权制度改革，依法确权颁证，加快建立农村产权资产评估机构，搭建流转交易平台，鼓励和支持贫困农户将股权入股入社，主动入股龙头企业、各类专业合作社和专业大户共同发展现代农业，实现城乡资源市场化、农业资源资本化，让"死资产"变"活资本"，激发扶贫活力和内生动力。

6. 流动医院制度

四川连片特困地区居民就医半径大，有病到医院，"病人找医院"，这对城市和城镇居民而言，是没问题的，对连片特困地区山区农村，若是小病，这也是没问题的，但若是大病，特别是卧床不起的病人，要到医院就诊，难度是很大的，有的几乎是不可能的。流动医院制度能很好地解决这些问题。建议贫困地区的县医院或中心医院，设立流动医院，配备基本医疗设备，定期到乡村巡诊，做到"医生找病人"。另外，农村医疗保险制度要深化，扩大覆盖面和覆盖深度，提高报销比例，并做到病前或病中报销，减轻病人预付医疗费的负担。

7. 按照"全域"理念，城乡统筹规划，深化行政区划改革

四川连片特困地区既有革命老区，又有民族地区。这些地区有的人口密度比较大，有的地广人稀。在过去的 10 年中，这些地区城镇化进程在加快，有的县城规模已比较大了，可受市的设置的限制和设市标准的限制，连片特困地区城市数量少，规模也不大，建议抓住四川省"多点多极支撑"发展战略机遇，深化行政区划改革，按照"全域"的理念，构建区域中心城市—县城—镇—中心村和聚居点的城镇体系，符合条件的县城设置市。在大小凉山彝区和高原藏区，符合条件的地区探索设立自治市。同时，在总结省直管县的基础上，扩大省直管县的试点。

8. 强化农村基层组织建设

"农村要发展，农民要致富，关键靠支部"。农村村、组组织，在农村发展和扶贫攻坚中具有十分重要的作用。谁贫困，谁不贫困，村、组长最清楚；扶贫资金的分配、扶贫项目的实施，都要依靠村、组长；农村公共基础设施的建设，必须依靠村、组长；村、组长是否积极主动工作，工作中是否公平公正，直接影响到扶贫的效果和村组的发展。调研中发现，村组长积极肯干的村组，发展比较好，相反有些边远地区，村、组长长期不到位，这些村组的扶贫和发展就受到很大的影响。因此，必须进一步加强农村基层组织的建设，大力加强农村服务型党组织建设。建议在"真真实实把情况摸清楚"的前提下，调整完善农村基层党组织设置，采取村村联建、产村联建、村居联建、村企联建等方式，在符合条件的中心村、农民专合组织或产业园建立党总支或联合党支部。同时加大和完善"大学生村官"制度。建议充分利用在川高校干部培训职能，对贫困地区村干部进行培训。

第二部分 凉山州连片特困地区经济社会发展综合调查报告*

1. 引言

习近平总书记于 2012 年 12 月到河北省阜平县考察扶贫开发工作的过程中强调，消除贫困、改善民生、实现共同富裕，是社会主义的本质要求。全面建成小康社会，最艰巨最繁重的任务在农村，特别是在贫困地区。没有农村的小康，特别是没有贫困地区的小康，就没有全面建成小康社会。习总书记的这一席话道出了全面建成小康社会的难点和"短板"，为进一步做好扶贫开发工作指明了方向。党的十八大报告指出，采取对口支援等多种形式，加大对革命老区、民族地区、边疆地区、贫困地区扶持力度；坚持把国家基础设施建设和社会事业发展重点放在农村，深入推进新农村建设和扶贫开发，全面改善农村生产生活条件；力争实现"收入分配差距缩小，中等收入群体持续扩大，扶贫对象大幅减少"的目标。

凉山彝族自治州地处乌蒙山连片特困地区核心区域，幅员面积 6.04 万平方公里，辖 16 县 1 市，所辖木里县是全国仅有的两个藏族自治县之一，境内有彝、汉、藏、回、蒙等 14 个世居民族，2012 年年末总人口 497 万人，是全国最大的彝族聚居区和四川省民族类别最多、少数民族人口最多的地区。由于社会历史、自然条件、经济基础、劳动力素质等多种因素制约，凉山州是四川省乃至全国集中连片特殊类型贫困地区，具有贫困面大、贫困人口多、贫困程度深、贫困类型多样等特点，扶贫攻坚任务艰巨。全州的 17 个县市中，就有

---

* 本部分执笔：涂裕春，西南民族大学经济学院。

11 个国家扶贫重点开发工作重点县。要做好扶贫开发工作，就要坚持从实际出发，把工作重心下移，深入实际、深入基层、深入群众，认真研究扶贫开发面临的实际问题，做到因地制宜，创造性地开展工作。因此，深入调查研究凉山州的经济社会现状，探究其贫困产生的原因，提出切实可行的建议对策，不仅关系到新时期凉山州连片扶贫开发工作的开展和全面建设小康社会进程的推进，同时也将关系到民族地区的稳定和长治久安。

本次调研采用了问卷调查、文献资料调查、田野调查和访谈调研等方法，对凉山州的经济社会发展现状进行深入调查研究，在对收集到的数据资料进行统计分析的基础上，总结出凉山州经济社会发展存在的问题，最终因地制宜地提出相应的对策建议。

2. 凉山连片特困地区经济社会发展概况

2.1 经济社会发展取得的成绩

近年来，凉山州深入贯彻科学发展观，抢抓中央西部大开发、扩大内需、灾后恢复重建、连片特困地区扶贫攻坚等重大机遇，坚持优势资源开发与保护并重，工业强州、生态立州、开放兴州，大力实施提速增量、提质增效"双提升"战略，全州呈现经济快速发展、民生持续改善、民族团结进步、社会和谐稳定的良好局面。

2.1.1 经济快速增长，农民持续增收

2012 年，面对国际经济复苏进程依然缓慢、国内经济下行压力加大及州内自然灾害频发的严峻形势，州委、州政府圆满完成凉山全面小康建设"三级跳"第一级"百千工程"目标。2012 年全年地区生产总值达 1122.7 亿元，增长 13.8%，总量全省第七，人均生产总值（GDP）达到 22578.6 元；地方公共财政收入首次突破百亿大关，达 100.1 亿元，增长 25%，总量全省第二；公共财政支出成功跨越第三个百亿大关，达 300.8 亿元，增长 20%；全社会固定资产投资 885.1 亿元，增长 21%，总量全省第三；重大项目支撑作用突出，完成投资 495 亿元，占全社会固定资产投资的 72.5%；社会消费品零售总额 334 亿元，增长 16%。

近年来，凉山州通过危房改造、新村扶贫、"彝家新寨"建设、基础

设施和公共服务设施建设、发展特色产业、完善社会保障体系等一系列措施，积极增加当地群众的收入，提高地区发展能力。通过多年来的不懈努力，凉山州民众，尤其是贫困群众的基本生产、生活条件得到很明显的改善。2012 年，城镇居民人均可支配收入 19835 元，同比增长 15.2%；人均消费支出 13925 元，同比增长 13.7%。农民消费支出 4145 元，同比增长 13.9%；农民人均纯收入也从 2008 年的 3653 元增加到 2012 年的 6419元（见表 2.2.1）。

表 2.2.1   2008～2012 年凉山州居民收入情况

年份	地区生产总值		城镇居民人均可支配收入		农民人均纯收入	
	总额（亿元）	增长率（%）	总额（元）	增长率（%）	总额（元）	增长率（%）
2008	561.07	—	11715	—	3653	—
2009	627.11	11.77	13121	12.00	3960	8.40
2010	784.19	25.05	14879	13.40	4565	15.28
2011	1000.10	27.53	17218	15.72	5538	21.31
2012	1122.70	12.26	19835	15.20	6419	15.91

资料来源：凉山州国民经济和社会发展统计公报。

2.1.2 增收产业不断发展，产业结构不断优化

凉山州位于四川省西南部，幅员辽阔、自然资源丰富、优势组合明显。"十一五"以来，凉山州在国家的扶持下经济发展逐步提速，经济总量也取得了重大突破，基础设施不断改善，群众生活水平逐步提高。近年来，凉山州第一、第二、第三次产业都有了快速的增长，年平均增速保持在 14 个百分点以上，其中第二产业增长最快（见表 2.2.2）。第一产业的发展速度明显放缓，工业在三大产业发展中发挥重要作用。2012 年，工业增加值 453.4 亿元，增长 16.5%，其中规模以上工业增加值增长 17.4%；第三产业增加值 316 亿元，增长 11.3%；农业增加值 218.8 亿元，增长 4.6%。由此可见，2012 年三大产业增加值中，农业增加值所占比重最低。

表 2.2.2   凉山州 2007～2011 年三大产业相比上一年的增加值指数

年份	第一产业增加值（亿元）	第二产业增加值（亿元）	第三产业增加值（亿元）	第一产业增加值指数（上年＝100）	第二产业增加值指数（上年＝100）	第三产业增加值指数（上年＝100）
2007	130.31	186.44	133.83	107.0	122.7	112.2
2008	157.63	246.12	157.33	105.4	123.7	112.3
2009	157.46	256.08	213.58	104.8	126.2	111.2
2010	172.06	371.05	241.08	104.3	129.6	110.3
2011	194.56	523.57	282.00	104.4	123.7	110.0

根据《凉山彝族自治州农村扶贫开发规划（2000～2010 年）》，凉山州在 2000～2010 年的 10 年间，坚持把调整优化产业结构、大力发展特色产业作为扶贫攻坚的主攻方向，共实施产业化扶贫项目 117 个，11 个国家扶贫开发工作重点县基本形成了 1～2 个特色明显、优势突出、支撑作用较强的支柱产业。根据凉山州 2012 年大凉山扶贫开发项目工作总结，截至 2012 年年底，10 个专项规划中特色农业发展项目投入资金约 1.75 亿元，完成计划投入资金的 65.1%。凉山州在农业扶贫方面，重点加大对种植业、林果业、养殖业的投入支持，实施良种补贴、示范工程、病虫害防治项目等。

虽然农业增加值在三大产业增加值中所占比率不断降低，但凉山州的农业在其产业发展中仍占据重要地位，其中种植业、牧业占了农业生产总值比重的 90% 以上。凉山州 2010 年农业生产总值构成中，彝区、藏区 11 个贫困县共实现生产总值 228.08 亿元，占全州的 28.57%，表明凉山州在地区发展上还存在明显的不平衡现象，这 11 个国家贫困县的经济发展还有待进一步提高。

凉山州工业产业近年有了快速的发展，已经形成诸如西昌钒钛、冕宁稀土、雷波磷化工、会理有色金属、西昌烟草及食品加工等地区特色工业，有力促进了产业布局优化和聚集发展的产业结构。在凉山州大力实施"工业兴州"的战略中，不断加大产业结构调整力度，形成了水能、矿冶、绿色产业等三大优势产业。产业结构不断优化，第一、第二、第三产业结构由"十五"末的 30.67:36.03:33.3 调整为"十一五"末的 21.9:47.3:30.8，工业发展对凉山州经济的贡献明显增强。

凉山州还以旅游突破为先导，大力发展现代服务业，不断提高服务业专业化水平，凉山州服务业步入较快发展时期。2011 年，第三产业增加值达到 282 亿元，比 2010 年增加近 41 亿元，年均增长 10%，由表 2.2.2 可知，凉山州第三产业自 2007 年以来的年均增长超过 10%。在"一办三创"、国际火把节、阳光旅游、乡村旅游等旅游品牌的带动下，凉山州旅游业取得突破性进展。在旅游创汇方面，凉山州深入实施资源聚合型和精品带动型旅游发展战略，促进旅游产业转型升级。在 2010 年和 2011 年，全年共接待国内外旅游者近 2000 万人次，分别增长 20.0% 和 18.1%；旅游总收入分别达 52.24 亿元和 64.74 亿元，分别增长 38.57% 和 23.9%；2010 年旅游外汇收入为 5.63 万美元，下降了 52.69%；但 2011 年旅游外汇收入 74.7 万美元，增长 12.3 倍。

2.1.3 对外经济合作不断扩大

凉山州的开放度相对较低，但对外贸易在各项相关政策的推动下取得了一定的成绩，对外经济合作也在不断扩大。凉山州广泛开展国际经贸交流合作，务实推进成凉、攀凉区域合作，启动昆凉区域合作，促进厅州、局州紧密合作，不断拓宽对外经济合作领域。2011 年全年共签约招商引资项目 153 个，比上年增加 71 个，其中总投资在亿元以上的项目有 14 个；协议引进资金 443.0 亿元，增长 229.2%；实际到位资金 273.56 亿元，增长 39.2%。其中外商直接投资项目 1 个，外商投资实际到位资金 2.7 亿元。全年出口创汇 5559 万美元，增长 46.6%。

2.1.4 扶贫开发工作取得的成就

2000～2010 年，凉山州围绕扶贫开发这个中心，以增加贫困人口收入、提高贫困地区发展能力为目标，以改善贫困群众基本生产、生活条件为重点，通过十几年的艰苦奋斗、攻坚克难，扶贫开发工作取得了显著成效。

1. 贫困人口大幅下降，农民生活质量明显提高

凉山州农村贫困人口已经从 2000 年的 169.3 万人降到了 2010 年的 54.2 万人，农民人均纯收入也从 2000 年的 1361 元增加至 2010 年的 4565 元。2000～2010 年 10 年间，凉山州人均地区生产总值增长 3.9 倍，达到 17560 元；农民人均生活费用支出增长 2.2 倍，达到 3155 元。2010 年，农户人居住房面积比 2000 年增加了 4.4 平方米；农户每百户拥有彩色电视机、冰箱（冰柜）、摩托车和电话的数量分别比 2000 年增长 2.8 倍、10 倍、8.7 倍和 38 倍。

2. 基础设施明显改善，发展后劲不断增强

2000～2010 年累计建成乡道 5348 公里，村道 5855 公里；建成微型水窖

42.8 万口，农村沼气池 24.3 万口；建设水利工程 1.3 万处，新增有效灌面188.2 万亩，累计解决 280 万人的饮水困难；改造中低产田 294.9 万亩，建成标准农田 178.1 万亩；城乡电力实现同网同价；有线广播电视用户达 25.3 万户，电视、广播人口覆盖率分别达 90% 和 81%；行政村通讯网络覆盖率达100%。城镇化率提高了 12.9 个百分点，达到 27.5%。

3. 住房改造与移民扶贫工程有序推进，群众安居问题逐步得到解决

2000～2010 年累计完成新村扶贫工程 1188 个，实施移民扶贫 1.3 万户，5.85 万人，"三房"改造 14.1 万户，受益群众达 63.63 万人；2010 年完成彝家新寨建设 47 个，实施地质灾害危险区避险搬迁安置 3157 户，1.3 万人。2012 年实施住房改造 19656 户，已完成 17946 户，并发放 2012 年彝家新寨"四件套"19656 套。

4. 社会事业全面进步，社会帮扶氛围增强

在社会事业方面，2010 年适龄儿童入学率达到 98.05%，青壮年劳动力平均受教育年限达到 9 年；乡乡有卫生院，新型农村合作医疗参合率达到90.93%；电视综合人口覆盖率达 99.35%，光纤电视通村率达 73.6%。

扶贫工作不仅是政府部门的工作，更是社会的一种责任，而且单纯依靠政府很难真正做到带领群众脱贫致富，而是应该坚持政府主导、群众主体、社会主推，积极构建"大扶贫"的格局，要深挖社会资源，拓宽帮扶渠道，积极凝聚社会力量广泛参与支持扶贫济困事业。2000～2010 年 10 年间，中央、国家、省级机关及国有大型企业积极参与凉山州的定点帮扶工作，共投入资金和物资折合 1.9 亿元，引进资金 6.19 亿元。全州 175 个州级单位定点实施"百乡教育扶贫"，11520 名干部职工参与"一帮一"帮扶活动，累计为贫困群众捐款 253.7 万元，帮扶贫困学生 10271 人，慈善助学捐款 598.67 万元，帮扶贫困学生 2353 人。落实了州级领导"五个一"联系帮扶活动，启动州内县市对口帮扶，开展了浙江省、广东省珠海市对口帮扶凉山东西扶贫协作工作的对接协调工作。

2.2　经济社会发展存在的问题

凉山州的经济社会发展虽然取得了较好的成绩，但由于社会历史、自然条件、经济基础、劳动力素质等多种因素制约，凉山州贫困类型多样、连片贫困、普遍贫困的现状并没有得到根本的改变，经济发展和扶贫开发工作还面临

许多问题和困难，具有长期性和艰巨性。

2.2.1 产业发展起步晚，发展不平衡

改革开放以来，尽管民族地区第一产业的比重逐步下降，但数据资料显示2008年四川凉山彝族自治州第一产业的比重为28%，高于全国平均水平的2.6倍，跟全国其他地方的民族地区相比，产业结构的转变相对而言比较晚。当然我们也看到近年来，凉山州在产业结构的转变升级中取得可喜的进步。到2011年，凉山州第一产业在三大产业中所占比重已降为19.45%。凉山州经济的发展与全国、全省还存在不少的差距，2010年凉山州人均生产总值、城镇居民人均可支配收入、农民人均纯收入分别仅为全国的58.5%、77.9%和76.8%，四川省的82.9%、96.2%和88.7%；城镇化率分别比全国、全省低20.4个、10.9个百分点。区域内各县市经济发展极不平衡，11个贫困重点县的GDP总量、地方财政一般预算收入仅占全州的29.25%、28.76%，宁安河谷5县1市所占比例分别达70.92%、72.84%。

此外，产业发展资金投入不足也是产业发展存在的一个问题。凉山州综合扶贫开发彝家新寨建设项目中未设产业发展专项扶贫，虽然彝家新寨建设农户住房条件和各项基础设施得到显著改善，但产业发展投入不足，农户增收困难的问题逐渐显现出来，需要进一步加大投入，从根本上解决农户长远发展，稳定增收的问题。

2.2.2 贫困人口多，覆盖面广

凉山是全省乃至全国集中连片特殊类型贫困地区，贫困面大、贫困人口多、贫困程度深、贫困类型多样，全州集中连片的贫困地区达4.16万平方公里，占总面积的68.9%，还有11个国家扶贫开发工作重点县、占全省的30.6%，3743个行政村中还有贫困村2561个。按照2012年国家颁布的年人均纯收入2300元的扶贫新标准，全州还有贫困人口107.67万人，贫困发生率达25.61%，比全国贫困发生率高11个百分点，比全省贫困发生率高5个百分点，而11个国家扶贫开发工作重点县的贫困发生率均高于全州的平均水平。凉山州2012年各县市的基本情况及贫困人口分布情况具体如表2.2.3所示。

表 2.2.3　　　　　　凉山州各县市 2012 年基本情况统计表

区域	区域面积（平方公里）	贫困人口（万人）	贫困发生率（%）	地区生产总值（亿元）	城镇居民人均可支配收入（元）	农民人均纯收入（元）
昭觉	2698	8.7806	33.90	20.20	17002	4279
布拖	1686	5.5287	34.55	22.80	18000	4111
美姑	2573	8.2214	35.75	17.26	17262	3981
金阳	1587	5.4833	33.03	24.57	17729	4075
雷波	2932	7.3134	31.25	43.88	16972	4553
普格	1905	4.2589	27.48	19.50	17878	4868
喜德	2206	6.1248	32.58	18.07	16091	4063
盐源	8388	8.8450	25.27	74.32	18302	5751
越西	2256	9.1256	31.36	12.29	13257	3202
甘洛	2156	7.1649	36.74	28.69	17400	3965
冕宁	4423	6.6277	19.84	77.41	18106	7427
宁南	1667	3.1683	18.75	40.00	18136	7737
会东	3227	6.6091	17.53	112.57	18153	8669
会理	4528	6.2517	16.45	202.00	20005	9327
德昌	2284	2.9494	16.57	52.50	19905	8861
木里	13253	4.1373	34.77	22.59	18010	4090
西昌市	2654	7.0838	16.87	334.05	23439	9018
凉山州	60423	107.6740	25.61	1122.70	19835	6419

资料来源：凉山州所辖县市政府网站相关数据整理。由于资料有限，其中部分数据经推算得出。

2.2.3　基础建设与移民搬迁存在困难

扶贫开发，基础先行，有针对性地加强水、电、路、气、通信等基础设施建设，无疑为凉山州贫困地区扶贫搭建了良好的平台。但山区群众居住分散，各项基础设施户户俱到成本太高，因此，移民搬迁成为当地扶贫的必然选择和有效补充。但扶贫移民也存在一定的问题，一是需要配套的资金较大，贫困县的财力无力承担；二是通过县内调剂土地进行集中移民之后存在一些隐患，如水电费问题、土地不足等问题，加上贫困群众生存技能不强，后续生活隐患大；三是县内调剂的土地实际上是从高山迁到高山，从贫瘠地迁到贫瘠地，部分迁移户对未来不乐观，移居一年半载之后就另谋生计，选择回迁或是私下卖掉房屋和土地，以打工为名寻找新的居住地。由于政府主导的移民成效受到地域的限制，并不能摆脱贫瘠的环境，脱贫致富的可能性不大。

2.2.4 贫、病、毒交织问题突出①

凉山彝区受地域、贫困以及国际毒潮持续泛滥影响，毒情、病情形势严峻，地方病、传染病发病率较高，因毒、因病致贫现象十分突出。凉山州现已成为全国毒品重灾区和艾滋病重病疫区之一。毒品、艾滋病"两大毒瘤"与贫困问题相互交织，恶性循环，成为危害群众健康，阻碍经济社会发展，影响社会和谐稳定的重大社会问题，也成为扶贫攻坚的最大难点。

3. 凉山连片特困地区经济社会发展滞后的原因分析

3.1 外部原因分析

3.1.1 自然条件恶劣

自然环境因素是影响一国或地区社会经济发展的重要因素之一，也是人类至今为止难以改变和无法完全克服的因素之一。凉山州境内 80% 是山区，其主要地貌特征是山高、谷深、坡陡。凉山州的贫困人口特别是以彝族为主的农村贫困人口，主要就是集中在海拔 2500~3000 米的二半山区和高寒山区，导致这些地区的农民农业生产率低以及农业生产成本高。11 个贫困县目前有 306 万亩瘠薄的耕地，并且主要分布在 30°~70° 的陡坡上，导致农田水利设施缺失。而高寒的气候导致这些地区只适合于种植土豆、荞麦等耐寒作物。

此外，凉山州复杂的地形地貌易导致自然灾害频繁。频发的自然灾害每年都给人民群众造成不同程度的损失，群众丰年温饱、灾年返贫的现象时有发生，农业生产受自然条件制约大，靠天吃饭的现状没有根本改变。

3.1.2 基础设施建设落后

截至 2010 年，全州公路网密度为 36.057 公里/百平方公里，远低于全省平均水平，目前尚有 9 个乡、740 个建制村不通公路，已通村级公路缺乏长效管护，部分无法正常使用。落后的交通道路情况，不仅阻碍了居民的出行，高昂的运输成本更是阻碍了商品流通，深度制约了贫困地区市场经济发展，强化了地区的内在封闭性和资源配置的单一性，制约了凉山州经济社会发展。水电

---

① 凉山州扶贫办："凉山特殊类型贫困地区贫困现状及对策研究"，http：//xxgk2011.lsz.gov.cn/t.aspx? i =20111025103100 - 351304 - 00 - 000。

供应对于改善群众生产生活条件和促进经济发展无疑具有重要意义，但凉山州的水电基础设施滞后，仍有 99.7 万人未解决饮水安全问题，有 1096 个村不通电，有 777 个自然村不通广播电视①。而电力设施不足，不仅影响经济发展，还直接影响了广播、电视等现代家电设备的普及，从而影响到农民素质的提高和精神文明建设。在访谈中，不少村民反映，虽然村子已经名义上通电，但其实真正用上电的日子很少。但凡遇到强风暴雨、雷电交加天气，就会出现"线断人散"的局面，村民有苦难言，几年都无人修缮，村民的不满情绪很高。此外，沼气等新型能源推广运用不足，大多数农户家使用的能源仍以传统烧柴为主。

3.1.3　社会事业发展滞后，基本公共服务水平低下

贫困地区小学文化程度的人口占农村总人口的 19%，初中占 6.5%，高中仅占 1.5%，彝区群众受教育年限不到 6 年，远低于全省 9 年的平均水平。卫生人力资源总体匮乏，每千人中卫技人员、执业（助理）医师、注册护士数仅分别为全省平均值的 72.5%、72.6% 和 71.7%②。农民受教育程度低必将导致劳动力素质低下，而劳动力素质低又必然导致其在资源开发与转换、生产方式的选择和调整、农牧业生产的拓展、先进技术的推广运用、对经济机会的把握以及向其他产业的渗透转移等方面面临一系列难以克服的困难和障碍，从而使得贫困地区的自我发展能力明显不足。

3.2　内部原因分析

3.2.1　农村人口增长快，家庭负担重

按照相关政策规定，凉山州农村户口的彝族，每对夫妇可生育三胎；非农业人口的彝族，每对夫妇可生育二胎。这一政策直接促成凉山州人口增长速度比四川省平均水平高出了许多。

通过表 2.3.1 我们可以明显看出，凉山州人口出生率和自然增长率均远高于四川省同期的比率，快速增长的人口给家庭带来了沉重的负担。部分地区的农村居民由于观念原因，当生了三胎后还想尽办法超生，致使一些家庭陷入了"越穷越生，越生越穷"的恶性循环。因此，人口的过快增长，致使家庭负担

---

① 凉山州扶贫办。
② 凉山州统计局编：《凉山州统计年鉴》（2012）。

加重，将给凉山州农村地区扶贫开发工作带来更大的压力。

表 2.3.1　　　2005～2011 年四川省与凉山州人口出生率与自然增长率对比　　　单位：%

年份	四川省		凉山州	
	人口出生率	自然增长率	人口出生率	自然增长率
2005	9.7	2.9	17.6	10.2
2006	9.2	2.9	11.8	4.7
2007	9.2	2.9	11.4	7.0
2008	9.5	2.3	12.1	6.8
2009	9.1	2.7	11.8	6.7
2010	8.9	2.3	14.4	8.5
2011	9.8	3.0	13.4	9.0

资料来源：2006～2012 年四川省统计年鉴。

3.2.2　社会发育程度低，人口素质有待提高

大小凉山彝区"一步跨千年"式的从奴隶社会进入社会主义社会，社会发育较晚，生产方式落后，市场意识淡薄，文明健康生活方式尚未完全形成，与全国小康进程不断加快呈明显反差。思想观念保守，受教育程度普遍偏低，直接导致民众的综合素质偏低，而劳动力综合素质是影响农村劳动力就业和收入的重要因素。而当前贫困人口素质低下，是贫困地区产生贫苦的一个深层原因。这种贫困人口素质低下不仅表现在个体在掌握科学技术以及文化上，同时也表现在人们的观念上。彝区青壮年还有很多不会说普通话，这就更增加了就业难度。贫困导致受教育程度低，教育程度偏低又导致就业困难、技术创新不足，如此只能固守旧的贫困的生产生活方式。凉山州的贫困地区入学难，升学率低的问题还普遍存在。凉山州人民至新中国成立以来社会的大变革还没能把当地人民从原来的思想观念中转变过来，要想加速这种观念转变的进程，提高当地的受教育程度是首先必须推行的。

人口素质不高的另一个表现就是精神上的贫困，目前凉山州的一些农村地区封建迷信思想盛行，毒品和艾滋病蔓延等，都和人们观念落后，素质不高有重要关系。在访谈过程中，有个别受访者甚至表示，因为生活过于贫困，为能够得到补贴而自愿感染艾滋病，这是群众素质不高，对艾滋病等疾病危害不甚了解的一个集中体现。

4. 调研资料汇总分析

为了更切实、更深入地了解凉山州的经济社会现状，获取有关贫困地区民众生产生活现状、需求以及扶贫开发的意见或建议等方面的一手资料，调研组开展了昭觉县实地走访、入户调查和各县市问卷调查等一系列调研工作，并配合问卷调查进行了深入访谈。

4.1 调查问卷分析

此次问卷调查采取抽样调查的方法，对来自凉山州除木里县以外的 16 个县市的 104 位居民进行了调查和访谈。本次问卷调查旨在了解各民众的生产生活现状、所属地区的基础设施和教育医疗等社会公共服务状况、民众的需求状况以及对扶贫开发工作的意见或建议。

4.1.1 调查对象基本信息

调研组对 16 个县市的 104 名居民进行了问卷调查和访谈，其中有 66 人来自 11 个国家扶贫开发工作重点县，占比 63.5%，重点对昭觉县进行了调查，被调查者有 32 人来自昭觉县，占总数的 30.8%。在被调查的 104 名居民中，男性 54 人，占比 51.9%；女性 50 人，占比 48.1%，男女比例比较均衡。在民族方面，彝族样本 70 个，占比 67.3%，非彝族样本 34 个，占比 32.7%。在户籍方面，农村户口的有 94 人，占比 90.4%，城镇户口 10 人，占比 9.6%，农村人口占绝大多数的情况与此次问卷调查的目的相契合。由此可见，此次问卷调查满足分散性和科学性的要求，具有很强的代表性。

4.1.2 地区经济社会现状分析

在地区经济社会现状方面，主要从地区的基础设施建设情况、教育和医疗卫生等社会保障情况以及居民家庭的经济状况等方面进行调查分析。

1. 基础设施建设情况

（1）道路建设状况。在道路建设方面，主要调查了村道和从村道到家门口的入户道路情况。据调查结果显示，被调查者所在村的村道和入户道路均以泥土路为主，其次是水泥路。具体情况如图 2.4.1 所示。

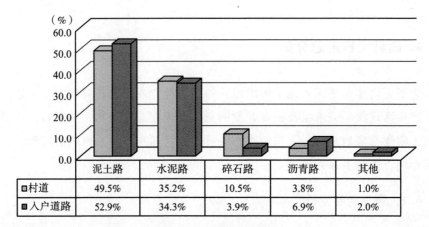

	泥土路	水泥路	碎石路	沥青路	其他
□村道	49.5%	35.2%	10.5%	3.8%	1.0%
■入户道路	52.9%	34.3%	3.9%	6.9%	2.0%

图 2.4.1　道路建设情况

资料来源：笔者调查。

　　由此可见，被调查者所在区域的道路设施建设落后。并有许多被调查表示，道路对于他们的生产生活极其重要，希望政府能够加强道路的修建工作。

　　（2）饮用水来源。贫困地区居民饮水困难也一直是凉山州扶贫开发工作致力解决的一个问题，据问卷调查的结果显示，有 59.6% 的居民已经用上了自来水，21.2% 的居民饮用井水，11.5% 的居民饮用的是河水，另外 7.7% 的居民的饮用水来自山泉水等其他水源。不少被调查者反映，在干旱季节饮水非常困难，有时为了喝上水，需要走很远的山路用马驮水，就算是接上了自来水的居民家也会出现停水的情况。

　　（3）生活能源状况。据了解，沼气等新型能源推广运用是凉山州扶贫开发的一项举措。2012 年凉山州共进行沼气建设 5500 口，且这方面的工作仍在持续推进，但沼气的推广运用仍显不足。据调查结果显示，被调查者家庭的生活能源以烧柴等传统方式为主。有 62.1% 的家庭使用柴草做饭取暖等；使用电的家庭有 50.5%，主要是偶尔用电饭锅煮饭和照明；使用沼气的仅有 6.8%，烧煤的有 8.7%，有 1.9% 的被调查者家庭使用液化气，目前没有人使用天然气。

　　2. 教育、医疗卫生以及社会保障状况

　　（1）居民受教育情况调查。由于种种原因，凉山州的教育事业相对落后，群众的文化水平普遍不高。据问卷调查结果显示，被调查的人群中，小学及以下文化水平的人口占 51.9%，初中的占 25.0%，高中的占 10.6%，大专及以上文化水平的占 12.5%。但不同年龄阶段的被调查者的受教育情况又有所不同，具体如表 2.4.1 所示。

表 2.4.1　　　　　　　　　不同年龄阶段人群的受教育情况　　　　　　单位：%

年龄	小学及以下	初中	高中、中专	大专及以上
20 岁以下	25.0	37.5	31.3	6.2
20～30 岁	16.0	16.0	20.0	48.0
31～45 岁	82.1	14.3	3.6	0
46～60 岁	62.1	37.9	0	0
60 岁以上	83.3	16.7	0	0

资料来源：作者调查。

从表 2.4.1 中数据可以看到，小学及以下文化水平的被调查者主要集中于 30 岁以上的人群，而在 20～30 岁的人群中，有将近一半的人是大专及以上文化水平。由此可见，年轻一代的受教育程度相对较高，人们的教育观念已有所改善，但受教育情况仍有待进一步改善。据调查结果显示，在被调查的 104 位居民家中就有 37 户人家存在辍学的情况，占总数的 35.6%。此外，在走访过程中发现，一些地区的学龄儿童由于学校离家较远，所以上学偏晚，有的孩子 10 岁才上一年级。

（2）医疗卫生情况。凉山州贫困地区医疗条件差、医疗设施不健全等现象，直接导致农民看病难、看病贵，农民因病返贫的现象时有发生。在调查和访谈中，有不少民众反映当地的医疗卫生条件差，医护人员缺乏，现有医护人员素质偏低，服务态度差，医疗卫生服务水平有待改善。

（3）社会保障方面。此次调研的社会保障方面主要从低保、新型农村合作医疗和养老保险的覆盖或参与情况进行调查。近年来，凉山州贫困地区的低保覆盖面不断加大，在被调查的 104 人中，来自低保家庭的有 38 人，占比 36.5%。虽然低保覆盖面在不断加大，但低保政策在执行层面上仍存在一些问题，据不少民众反映，其所在地区能拿到低保的往往是有钱人，政策执行和监管力度有待加强。随着凉山州社会事业的不断发展，新型农村合作医疗参合率不断提高，被调查的 104 个家庭中，有 93 个家庭的成员均已部分或全部参加了医疗保险，被调查人群的参合率达到 89.4%。养老保险的参保率则相对较低，被调查的 104 人家中参加了养老保险的仅 49 户，占比 47.1%。

3. 居民家庭经济状况

在居民家庭经济状况方面，主要从家庭的主要经济来源、家庭消费支出和家庭拥有的家用电器及其他机械设备等方面进行调查。

凉山州贫困地区的商品经济不发达，农民的收入主要来源于种植和外出打工。据调查结果显示，被调查者的收入来源排在前三位的依次是：种植，占比59.6%；外出打工，占比58.7%；养殖，占比13.5%。落后的商品经济状况部分是沿袭了农村地区自给自足的历史经济形态，时至今日，凉山州农村地区经济仍以自给自足的形态为主，这种经济形态使农民在食物支出方面的估算小于其实际支出。因此，在家庭消费支出方面的调查结果显示，有34.3%的被调查者认为其消费支出主要用于子女教育，仅有19.7%的人选择食物支出，有23.4%的人认为各方面的支出差不多，另外有14.6%和8.0%的人分别选择了基本的穿衣住行等支出和其他消费支出。

此外，家用电器和其他机械设备的拥有情况能在一定程度上反映群众的生产生活条件。调查结果显示，有82.7%的家庭拥有手机等通讯设备，有78.8%的家庭有电视，33.7%的家庭有摩托车等交通工具，拥有洗衣机或冰箱等家电的家庭占总数的22.1%，仅有3.8%的家庭拥有拖拉机等农业生产用具。虽然电视的普及率相对较高，但不少被调查者表示其家庭拥有的电视机还是比较老旧的黑白电视。上述结果表明，居民的生产生活条件较差，有待进一步改善。

4. 致贫因素及改善需求调查

此次调查的104人中，有54人认为自己的家庭存在生活费用不足的问题，有39个家庭存在生产费用不足的情况。导致贫困的主要原因是没有固定的收入来源，缺乏抵抗疾病和灾害的能力，同时还存在家庭人口多和劳动力不足的矛盾。从调查结果来看，存在劳动力不足的家庭有46户，占比44.2%，因病致贫的家庭有30户，占比28.8%，因灾致贫的家庭有25户，占比24.0%。

在改善贫困地区居民生产生活条件的需求方面，主要从基础设施建设、子女教育、医疗卫生保障、就业帮扶和居住条件等方面进行了调查，调查结果如图2.4.2所示。

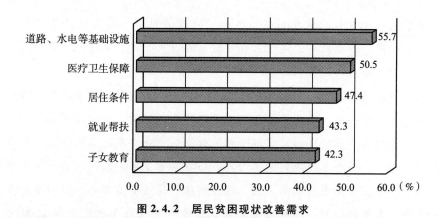

图 2.4.2 居民贫困现状改善需求

资料来源：作者调查。

据上述调查结果显示，有一半以上的被调查者迫切希望其所在区域的道路、水电等基础设施及医疗卫生保障状况得到改善。与此同时，改善贫困地区居民的居住条件、提供就业帮扶以及发展教育事业等方面的工作仍需加强。

4.2 案例分析

【案例一】因病致贫案例分析

家住在昭觉县四开乡的××伍各（简称伍各）今年21岁，就读于凉山州卫校，目前正在实习的她一直盼着早日毕业参加工作，以便减轻家里的经济负担。伍各出生于一个五口之家，父亲是畜牧中专毕业的，母亲小学未毕业，大弟弟阿西小罗在昭觉中学念初二，另一个弟弟阿西伍且在四开乡中心小学读二年级。两个大人供着三个孩子上学，虽然负担较重，但在父母的共同努力下，一家人过着虽不是很富裕但也并不贫困的生活，而3年前的一场疾病让本不富裕的家庭陷入了贫困，伍各的母亲被查出患有乳腺癌。疾病不仅使家庭失去了一个经济支柱，更带来了巨额的医疗费用。每年将近20万元的医疗费让这样一个普通的家庭无力承担，庆幸的是伍各的母亲已参加了新型农村合作医疗，医院和政府能够报销绝大部分的医疗费用。针对重症患者，医院可报销75%的医疗费用，民政可报销20%，总体的报销比例较高，但伍各家在报销医疗费时遇到了一个问题，即超过20万元的医疗费要第二年才能报销，报销的速度也很慢，报销的费用要一年甚至两年才能到账，而这段时间的医疗费用就成了伍各家的一大难题。伍各本打算参加"中国梦想秀"以实现筹集资金为母亲治病的心愿，但她的报名申请未能通过主办方的审核。目前，伍各的父亲独自一人承担着家里的经济负担。

凉山州贫困地区的群众受教育程度普遍不高，开放程度较低，加上外出打工的人很多，也就使一些民间组织具有一定的生存空间，如介绍或带人外出打工等。伍各的父亲在当地的文化水平相对较高，他在广东打工之余也从事着类似的中介活动，每个月能赚到两三千元，伍各也曾在假期随同父亲一道外出打工，但对于有重症患者的家庭来说，这样的收入还是有些微薄。伍各家目前属于低保户，每年能得到一些相应的补助，伍各在学校每年也能拿到1500元的补助，两个弟弟念书很努力，成绩较好。生活虽然艰苦，但他们都相信通过自己的努力能够改善家庭的贫困状况，也希望家里遇到的困难能够得到解决，希望政府和社会各界人士能够更多的关注贫困地区，帮助贫困地区的群众早日脱贫致富。

【案例二】医疗和教育致贫案例分析

阿勒×，男，49岁，家中有两个老人、三个小孩，共七口人。阿勒×的母亲今年67岁，另一位老人是阿勒×的姑姑（姑姑一直独身，住在阿勒×家）。三个孩子中，大儿子今年27岁辍学在外打工，最近是在西昌市移动公司的营业部上班，一个月工资1600元左右，第二个儿子今年23岁，刚大学毕业，目前还没找到工作，还有一个小女儿在成都一所大学读书，今年大三。阿勒×说现在家里情况不好，妻子6年前得了胆结石，做过手术，好过一段时间后来又相继患过肠梗阻、肺结核等疾病，当时还有两个孩子上学，花光了家里的积蓄还欠下了不小的一笔债，庆幸的是当时农村医疗保险报销了80%左右的医疗费，但是报销的费用至今还有一部分没有下来，2012年6月申请的报销到2013年都一年多了。妻子生病的同时，阿勒×的脚出现了麻木等症状，阿勒×说没有太大影响，就看了中医吃了很长一段时间的中药，病情时好时坏，也一直断断续续在治疗，花了家里一部分钱，但这部分医疗费用不能报销。

阿勒×家里的五人中，只有他一人有六亩多的土地，孩子与妻子在村里都没有土地，而且土地比较贫瘠。2010年前后，阿勒×与妻子开始了在西昌市的打工生活，主要原因是在家里只能靠种地，收入不高且劳动强度大，自己与妻子都身体不好，加上小女儿上了大学不用在家照顾。阿勒×和妻子外出打工的另一个重要的原因是挣钱还债，家里为给自己与妻子治病以及供儿女读书欠下了7万多元的债务。现在阿勒×在西昌市做保安，月收入1200元，妻子做保洁员，月收入在1100元左右。维持开支还能剩一点，但是要还清债务，阿勒×说得靠他的三个孩子。说谈间，能感觉到阿勒×对于未来寄予的希望，而这希望就是孩子们即将能为家庭分担一部分负担。

　　然而，这样的家庭情况在贫困地区算是相对较好的，至少我们能看到阿勒×家随着孩子们的长大所带来的希望，教育能带领整个家庭脱离贫困。而这涉及另一个话题即教育。对于农村孩子，特别是贫困地区农村的孩子，真正改变命运的还是教育。调查期间了解到，在彝族贫困地区每14个初中生中只有一个能念高中，升学率很低，大学的升学率就更低了。以这样的现状反观正规的高等教育对于特困地区的推行显得有些急功近利，所以职业教育对于特困地区显得尤为重要。了解到的实际情况显示，国家大力推行的免费职业教育并没有收到很好的效果。其主要原因在于人们的观念落后，所以改变人们的旧有的教育观念才是从教育角度脱贫的关键所在。

　　通过走访我们发现，贫困地区大学生返乡就业的比例很高，原因可能有：一方面相比较而言，在大城市自身竞争力欠缺；另一方面是少数民族的身份和观念、习俗等。民族地区大学生返乡就业本是一件好事，但对于一个就业岗位本就不多的地区，这样的形势必会影响到中职职业教育毕业生的就业。而真正解决这些问题的根本是要创造就业岗位，发展民族地区的特色产业。以产业带动发展，以发展促就业，进一步促进地区的经济发展。

5. 促进凉山连片特困地区经济社会发展的对策建议

5.1　大力发展优势产业，进行产业化扶贫

　　要发展优势产业，就要从资源优势、区位特点和产业基础出发，以市场为导向，加快产业结构调整，加大产业布局向贫困地区的倾斜力度，形成具有地区特色的产业体系和优势产业，增强贫困地区的造血功能，帮助贫困人口形成一种自我发展的能力，为贫困人口脱贫致富奠定基础。凉山州贫困地区农民收入低的一个重要原因就是当地的产业结构单一、产业附加值低，农民的增收渠道有限。因此，要实现贫困人口的增收，从而实现贫困农民的真正脱贫，就必

须改变贫困地区的产业结构，加快贫困地区农业的产业化、工业化进程，拓宽贫困人口的增收渠道。

产业化扶贫要建立健全带动贫困户增收的利益联结、分享机制。大力发展贫困地区农村合作经济组织和专业技术协会，推广"企业＋协会＋农户＋基地"的产业发展模式，扶持贫困户发展规模化种养业，增加群众产业性收入。鼓励企业在贫困村建产业基地，为贫困农民提供技术、市场、信息等服务，优先吸纳贫困地区的劳动力就业，优先收购贫困农户农副产品。此外，应积极寻求对外贸易的途径，大力发展特色农作物的种植，并将这些农产品通过企业、政府等渠道将其出口到有相应需求的国家，促进地区对外贸易发展。面对产业投入资金不足的问题，政府需加大产业发展投入，拓宽贫困地区产业发展的投融资渠道，提升贫困地区的造血功能。

5.2 积极推进特色农产品品牌建设，发展对外贸易

推进特色农产品品牌建设，是实现资源利用效益最大化的必然要求。尤其是注重"大凉山"绿色特色农产品品牌建设，大力发展品牌经济，从而推动凉山州全面开发开放、跨越式发展。凉山州在品牌创建方面，形成了以"大凉山"清甜香烤烟、"南丝路"蚕茧、"天喜"花卉、凉山马铃薯、西昌洋葱、金阳青花椒、雷波脐橙、会理石榴、盐源苹果等为重点的特色绿色农产品品牌系列，以环太、惠乔、彝家山寨等为重点的苦荞加工品牌系列。同时加强与国际上有优势技术的国家合作，如2013年火把节之际，来自津巴布韦、荷兰、泰国等国的专家团就做客大凉山，开展与凉山州烟叶、花卉、农业等方面的国际合作，将国际上先进生产技术"嫁接"到凉山州得天独厚的自然资源上来，这样在品牌效应的推动下，伴随特色优势产业的发展与国内外先进技术的支撑，促进群众增收致富、摆脱贫困指日可待。品牌建设还有利于本土产业走出去，推进本土对外贸易的开展。

5.3 加快改善基础设施

受限于基础设施建设的不足，凉山州的特色农产品的产品经济效益略显封闭，有待进一步打开。政府应重点在农村贫困地区加大基础设施建设的力度，以确保贫困地区农民顺利进行农业生产活动，进一步促进凉山州贫困地区的经济发展。同时，为改善贫困地区民众的生产、生活条件，应全面解决贫困村不

通电、不通公路问题，解决贫困地区人畜安全饮水问题，有条件的村加大推进村级公路硬化工程，推进电视广播的接通和推广工作。加大贫困户危旧房改造力度，加强贫困地区通讯基础设施建设，提高贫困地区信息化服务水平。大力推进绿色能源建设，进一步加强农村沼气建设，提高沼气普及率和利用率，加强沼气技术服务，因地制宜的实施户用沼气和沼气集中供气、秸秆能源利用和水电电气化县、小水电化燃料、农村水电站增效扩容改造工程，大力推广高效低排生物质炉和农村太阳能热水器，改善农村用能条件，构建清洁、安全、经济、低碳的农村能源供给体系。

5.4　加大教育投入，大力发展贫困地区的教育事业

要想脱贫致富，教育是根本，而凉山州贫困地区的教育事业相对落后，因此，连片扶贫开发应大力实施教育扶贫，提高教育质量。特别是要将普及九年义务教育的任务落到实处，解决当前部分彝族聚居区适龄儿童入学率低的问题。通过提高贫困人口的受教育程度，提高劳动者的综合素质。同时加强贫困地区农民职业技能培训，通过农民职业技能培训提高贫困人口的自我发展能力，从根本上斩断贫困链条，不再复制贫困。

5.5　进一步发展医疗卫生事业

加快推动农村医疗卫生保健事业，改善农村医疗基础设施，合理引导人才向贫困区域流动，逐步提高贫困地区医护人员素质；实行新型农村合作医疗全覆盖，逐步提高补助标准，同时简化高额医疗费用的报销程序，加报销的速度，逐步解决贫困群众看病难、看病贵的问题；加强地方病、传染病，尤其是艾滋病的防治工作；做好新生儿缺陷防治工作，切实降低人口出生缺陷率，实现人口优生优育，切实解决各类因病致贫的问题。

5.6　加强社会保障，有效落实各项扶贫政策

按照扶贫促发展，保障保生存的理念，把扶贫开发与农村低保、五保供养、养老保险等社会保障有机结合起来，将无脱贫能力的贫困群众全部纳入社会保障体系，实现保障式扶贫目标。建立健全凉山州贫困地区的家庭养老保障制度以及保险制度。家庭养老保障制度主要通过扩大农村养老保险的覆盖范围，使农村贫困地区的居民实现真正的"老有所养"。保险制度则是通过完善

农业保险运作机制，增强农业保险覆盖面，以减少农村贫困地区"因灾返贫"现象的发生。同时，要将各项扶贫政策落到实处，加强政策执行和监管力度，真正做到最需要帮助的人群得到应有的帮扶。

5.7　大力发展生态文化旅游

凉山州旅游资源绚丽多彩，民族文化资源极具魅力。境内自然和人文景观众多，有代表性的景区、景点 160 多个，国家级、省级风景名胜区和自然保护区 7 个，现有邛海—泸山、泸沽湖、螺髻山、灵山、西昌卫星发射中心等国家4A、3A 级景区。彝族文化、泸沽湖摩梭人母系氏族文化、藏乡文化、傈僳族文化等各民族文化交相辉映，异彩纷呈。有全国唯一的彝族奴隶社会博物馆，10 项国家级、86 项省级非物质文化遗产，其中彝族火把节已被列为中国十大民俗节日、四川十大名节，成为中国向联合国教科文组织申报 2012 年 "人类非物质文化遗产代表作名录" 项目。

凉山丰富的旅游资源为发展旅游产业提供了上佳的先决条件，科学规划和发展旅游业可以在围绕经济建设为中心的同时兼顾生态环境的保护，有效地缓解凉山州经济 "欠发达" 和生态 "太脆弱" 之间的固有矛盾，实现地区生产总值的轻盈不累赘的增长，很好地契合我国的生态文明建设的新号角，是低碳的、可持续的经济发展模式。打造 "三大品牌"，就是全力打造生态凉山、人文凉山、红色凉山。突出 "四个特色"，就是突出自然生态特色，重点发展冬季阳光之旅和夏季避暑之旅；突出民族风情特色，重点发展火把节之旅和泸沽湖之旅；突出科技特色，重点发展卫星基地旅游和水电工程旅游；突出红色文化特色，发展红军长征文化旅游。建设 "六大精品"，就是高起点、高标准、高品位打造邛海—泸山、泸沽湖、螺髻山、彝族火把节、西昌卫星基地和温泉等六大旅游精品。连片扶贫开发应利用丰富独特的山水生态和民族文化旅游资源优势，促进旅游产业转型升级和发展方式转变。加大生态文化旅游宣传推广工作，建立区域合作机制，构建跨区域旅游协作网，扩大旅游空间、延长旅游线路，以旅游促进全州的经济建设，形成有效带动群众就业和增收的优势产业。

6. 结束语

虽然凉山州的经济社会发展取得了一定的成绩，但其贫困现状在短时间内仍难以改变，经济社会发展和连片扶贫开发还将面临许多问题和困难。在今后的工作中，各级党委和政府要把帮助困难群众特别是贫困地区的困难群众脱贫致富摆在更加突出位置，因地制宜、科学规划、分类指导、因势利导，各项扶持政策要进一步向贫困地区倾斜，进一步推动贫困地区脱贫致富、加快发展。凉山州贫困地区尽管自然条件差，基础设施落后，发展水平较低，但也有其有利条件和优势。只要立足有利条件和优势，用好国家扶贫开发资金，积极引导社会资金参与扶贫开发，充分调动干部群众的积极性，树立脱贫致富加快发展的坚定信心，发扬自力更生、艰苦奋斗精神，坚持苦干实干，就一定能够改变面貌，千方百计补齐全面小康的"短板"。要找对路子，要坚持从实际出发，因地制宜、理清思路、完善规划，找准突破口，做到宜农则农、宜林则林、宜牧则牧，宜开发生态旅游则搞生态旅游。总之要真正把自身比较优势发挥好，使贫困地区的发展扎实建立在自身有利条件的基础之上。

第三部分　阿坝藏族羌族自治州连片特困地区经济社会发展综合调查报告[*]

1. 导言

中共四川省委十届三次全会提出，四川到 2020 年全面建成小康社会的目标，实施新 10 年扶贫开发纲要，启动"四川片区扶贫攻坚行动"，是实现全面小康目标的主要任务之一。四川连片特困地区主要包括川西北高原藏区、大小凉山彝区、川南乌蒙山区和川东北秦巴山区。此次调研的片区是川西北高原藏区，以阿坝州为调研地点。阿坝州属边远地区、少数民族地区、革命老区和大骨节病区，平均海拔在 3500～4000 米，幅员面积 8.42 万平方公里，全州辖 13 县均为新一轮扶贫国家、省确定的连片特困地区范围，其中，壤塘、黑水、小金为国家重点贫困县。2012 年底全州总人口 91.44 万人，其中农业人口 70.67 万人，藏族占 57.2%，羌族占 18.6%，回族占 3.3%，汉族占 20.8%，其他民族占 0.1%。

课题组主要通过召开座谈会、赴相关部门收集资料、重点访谈以及问卷调查等方式在马尔康调研阿坝州的总体情况，再深入了解作为国家重点贫困县壤塘的经济社会发展情况。调研目的是通过调查阿坝州经济社会发展现状，分析其存在的突出问题和解决思路。研究连片特困地区经济社会发展状况，满足了解决特殊贫困区域突出贫困问题的现实需要，有利于改变四川省集中连片特殊困难地区贫困面貌。

---

　　* 本部分执笔：钟海燕，西南民族大学经济学院。

2. 阿坝州经济社会发展取得的成绩①

"十二五"以来,阿坝州紧紧抓住新一轮西部大开发、藏区跨越式发展、区域发展与扶贫攻坚、多点多极支撑战略、灾区振兴规划、对口援建等重大战略机遇,实现了全州经济社会的稳步发展。

2.1　经济发展迈上新台阶

2.1.1　经济总量高位增长,产业结构不断优化

根据《阿坝州统计年鉴》,2011 年、2012 年阿坝州地区生产总值分别为 168.48 亿元和 203.74 亿元,增长 15.2% 和 13.7%,连续两年保持两位数增长。经济结构进一步优化,2012 年三次产业比例由上年的 16.5∶47.2∶36.3 调整为 15.5∶50.1∶34.4。

2.1.2　工业经济蓬勃发展,非公有制经济增速加快

2012 年全年实现全部工业增加值 81.18 亿元,比上年增长 25.1%,对经济增长的贡献率达 63.6%,拉动经济增长 8.7 个百分点。非公有制经济实现增加值 90.32 亿元,比上年增长 16.2%,占地区生产总值的比重为 44.3%,比上年提高 1.0 个百分点。

2.1.3　农牧业产业结构调整加快,农业生产较快增长

阿坝州加大农牧业产业结构调整力度,并成功注册"川藏高原"农产品集体商标。2012 年全州农林牧渔业总产值 45.87 亿元,比上年增长 6.1%,其中:农业、林业、牧业、渔业、服务业分别增长 9.3%、5.0%、4.7%、43.6% 和 6.0%。

2.1.4　旅游业发展迅速,消费稳定增长

阿坝州大力实施"拓景扩容、增量提质"发展战略。2012 年全年接待游客 2100.57 万人次,实现收入 181.03 亿元,分别比上年增长 43.5%、46.1%。同时,旅游业有力带动了第三产业发展,社会消费日益活跃,消费快速增长。2012 年实现服务业增加值 70 亿元、增长 10.4%;社会消费品零售总额 45.57 亿元,增长 16.25%。

---

① 本节的数据来源于阿坝州统计局编:《阿坝统计年鉴》(2012,2013)。

2.2 民生工程建设成果显著

2.2.1 扶贫开发和综合防治大骨节病取得实效

扶贫开发和综合防治大骨节病试点五年规划任务圆满完成，累计实施易地搬迁293个村、1.7万余户，集中供养Ⅲ度大骨节病患者3144人，为2.6万名易地育人学生发放生活补助，11.8万名病区群众膳食结构得到优化。实施整村扶贫开发68个村，农村贫困人口减贫5.99万余人。贫困发生率由2010年的30.06%降低到21.17%。建成牧民定居房4.2万余户，完成定居点基础设施建设614个。整体推进新农村建设，将1021个村建成幸福美丽家园。改造农村D级危房2428户，开工建设保障性住房4530套。

2.2.2 就业形势保持稳定

2011年、2012年，阿坝州累计新增城镇就业1.25万人，完成规划目标的50%。农村劳动力转移就业21.09万人，实现劳务收入20.43亿元，分别完成目标的43.9%和51.3%。城镇登记失业率分别为3.8%和3.7%，略低于规划目标，动态消除零就业家庭。

2.2.3 社会保障更加有力

社会保险覆盖面进一步扩大，2012年，阿坝州养老、医疗等6项保险参保人数达39.6万人；5.31万人纳入城市低保，16.86万人纳入农村低保，城市和农村低保标准分别达337元/月和120元/月；符合五保供养条件的1.03万人全部纳入供养范围，集中供养率达38%；城乡医疗救助13.24万人次、发放救助金5190万元。

2.2.4 城乡建设稳步推进

全州城镇新增道路84.3公里、桥梁22座，新增城镇建成区绿化覆盖面积173.5公顷。2012年全州城镇建成区面积63平方公里，城镇化率达33.37%。两年城镇化率年均提高1.04个百分点，低于规划目标0.66个百分点。

2.2.5 群众收入持续增加

2012年月最低工资标准调高180元、达到960元，兑现各类惠农政策资金6.9亿元。2011年、2012年，农牧民人均纯收入分别为4663元和5770元，年均增长24.2%，高于规划目标9.6个百分点；城镇居民人均可支配收入分别为18403元和21168元，年均增长15.2%。

2.3 社会事业蓬勃发展

2.3.1 科技实力不断增强

截至 2012 年年底，阿坝州有省级新材料产业化基地 1 个、国家高新技术企业 3 家、省创新型企业 19 家、州民营科技企业 59 家。两年间，共申请专利 101 件，专利授权 81 件，全社会研究与实验发展经费（R&D）占当年生产总值的比例达 0.06%。

2.3.2 教育事业协调发展

截至 2012 年年底，阿坝州有幼儿园 64 所，在园幼儿 13582 人；小学 286 所，专任教师 6204 人，在校学生 74995 人；初中 39 所，专任教师 2650 人，在校学生 34453 人；高中 18 所，专任教师 1186 人，在校学生 14928 人；小学学龄儿童净入学率 99.7%，小学、高中毕业生升学率分别达 91.2%、96.1%；在校"9+3"学生 7354 人，就业率达 97.7%。国民平均受教育年限达 7.6 年。

2.3.3 文体事业繁荣发展

截至 2012 年年底，阿坝州共有文化馆 14 个，文化站 218 个，博物馆（纪念馆）7 个，公共图书馆 11 个、书籍总藏量达 33.34 万册，农家书屋 1354 个；有线电视用户 10.19 万户，其中数字电视用户 7.51 万户，广播、电视人口综合覆盖率分别达 88.6% 和 97.5%，覆盖城乡的公共文化服务网络基本形成，公共文化服务设施全部免费开放。公共体育设施不断完善，全民健身活动深入开展，体育人口达 32.6 万人。

2.3.4 卫生事业健康发展

阿坝州加快基层医疗卫生机构综合改革，不断完善基本医疗和公共卫生服务体系。新型农村合作医疗全面覆盖，参合人数达 67.47 万人，参合率达 97.74%。重大疾病保障范围扩大，基本药物实现零差率销售。截至 2012 年年底，全州有卫生机构（含村卫生室）1570 个，拥有床位 3700 张、卫生技术人员 4029 人。传染病发病率逐年下降，孕产妇死亡率、婴儿死亡率低于全省民族地区平均水平。计划生育利益导向"三项制度"惠及 7057 人，人口自然增长率 5.32‰。

3. 阿坝州经济社会发展存在的问题

阿坝州在经济社会发展方面虽然取得了显著的成就，但是在经济发展、产业结构、县域发展、基础设施与民生工程建设、人才质量、扶贫开发投入等方面依然存在十分严峻的问题。

3.1 经济总量小，自我发展能力弱

受历史和自然等条件的制约，阿坝州经济总量存在基础差、底子薄、发展慢的特点。2012 年全州经济总量为 203.74 亿元，在全省 21 个市州中倒数第二位，仅占全省总量的 0.85%。在全国 30 个少数民族区域自治州中排第 17 位。经济总量小，导致地方财力有限，自我发展能力弱。2012 年地方财政一般预算收入 25.8 亿元，仅占全省总量的 1%，而地方财政一般预算支出就达 152.2 亿元，二者相差 126.4 亿元，国家的投入是地方财政收入的近 6 倍①。此外，阿坝州融资平台建设滞后，融资能力十分有限，重点项目建设和优势产业项目资金缺口较大，同样严重制约阿坝州经济社会发展。

3.2 产业培育和发展难度较大

阿坝州三次产业发展层次依然很低。一是农牧业生产粗放原始，产业培育方面投入资金极为有限。二是从国家主体功能区划分来看，产业发展和矿产资源开发受政策制约大，加之工业科技含量不高、规模小、产业结构升级慢、资源依赖性过强，导致整体实力不强，发展较为缓慢。三是现代服务业不发达，消费对经济增长贡献比重较小，旅游业对现代服务业的拉动力度不足，导致第三产业发展缓慢、链条不长、精细化程度不够，带动消费和群众增收的能力较弱。

3.3 经济社会发展不平衡

第一，县域经济发展不平衡。从 2012 年全州 13 县的经济总量来看，汶川县达到 46.08 亿元，在全省民族县份中处于领先；其次是茂县，达到了 24.8

---

① 资料来源：《阿坝州统计年鉴》（2013）。

亿元；理县、松潘、九寨沟、黑水、马尔康、若尔盖 6 个县总量在 10 亿～20 亿元之间；金川、小金、壤塘、阿坝、红原 5 个县总量不足 10 亿元，其中阿坝、壤塘县分别只有 5.9 亿元、4.7 亿元，各县实力弱且差距较大。

第二，高半山地区和河坝地区经济社会发展差距较大。高半山指高山峡谷地区的高海拔地区，其经济发展速度缓慢，基础设施滞后，气候恶劣，生存环境差，无法连片扶贫，农牧业发展和生活水平明显滞后于河坝地区。

3.4　基础设施与民生工程建设不足

改革开放以来，经济上虽然取得了前所未有的发展，但由于受到历史和自然地理等客观条件限制，阿坝州与发达地区相比，发展差距不仅未见缩小，反而继续拉大。一方面，经济发展的落后，导致地方财政收入有限；另一方面，阿坝州受地理环境限制，投资成本大且优势不明显，难以吸引企业投资于基础设施，这两方面的原因致使交通、电网、水利、城镇等基础设施投入严重不足，近年来在各类扶贫资金支持下阿坝州基础设施建设得到一定程度的改善，但也存在后续维护资金缺乏，维护力度不到位的情况，使得基础设施建设不足，难以满足阿坝州经济发展的需要。截至目前，阿坝州民生工程建设取得了显著的成效，但是在教育、医疗、就业、社会保障、扶贫培训等方面依然存在投入不足、政策不完善等问题，制约了人民生活水平的进一步提高。

3.5　人才质量不高，结构不合理，流失严重

阿坝州现有各类专业技术人才 23037 人，占全州总人口的 0.3%，低于全国平均水平 5 个百分点，且硕士研究生及其以上学历人才奇缺，仅占专业技术人才总数的 0.3%。从专业结构看：教育、卫生类专业居多，而阿坝州正在发展的生态农业、现代林业和现代草原畜牧业等特色产业所需的专业技术人才极少，仅占专业技术人才总量的 12.8%。同时，阿坝州人才流失严重。2010 年以来，全州专业技术人才流失达 3469 人[①]。专业技术人才呈现事业向行政、基层向机关、牧区向农区、州内向州外的流动趋势，形成越是需要专业技术人才的边远落后、条件艰苦地区专业技术人才越少，高素质专业技术骨干更缺。此外，当地人普遍付出高昂的教育成本将子女送往州外相对发达地区就读，其子

---

① 资料来源：《阿坝州统计年鉴》(2013)。

女完成学校教育后返回当地就业的比例较低。

3.6 扶贫开发投入不足，扶贫标准偏低

阿坝州贫困面较大，贫困人口多，贫困程度深，贫困强度大。近年来，省分配扶贫资金严格按照贫困人口比例下达，忽视了阿坝州地域面积、贫困程度、地理环境、气候条件、生存条件等综合因素，高原藏区农牧民生产、生活和扶贫成本远远高于内地，整村推进扶贫，村道扶贫，劳务扶贫等项目投入标准都偏低。实施连片扶贫以来，各级政府对阿坝州投入了大量专项扶贫资金，但州政府难以对各专项扶贫资金统筹使用，进行集中连片扶贫。对于国家和省级扶贫资金要求的配套资金，有时州、县级政府因财政困难也难以配套。

此外，仍执行的国家农村贫困标准人均纯收入2300元，并未体现地区间差异。据作者调查，以壤塘县为例，2012年农牧民人均纯收入4560元，实际农牧民劳动、经营收入仅1000元左右，其余均来自国家惠民政策的现金兑现。州信用社发放到壤塘县牧民定居贷款4000多万元，由于农牧民偿还能力有限，又缺乏相关的社会信用监督环节，2012年贷款到期后分文未能收回。

3.7 自然灾害和地方病对经济社会发展影响较大

阿坝州生态环境脆弱，2008年发生了震惊国内外的"5·12"汶川大地震，震中位于阿坝州汶川县境内，其震害巨大，次生灾害破坏和影响深重，实属历史罕见。近年来洪灾、泥石流、滑坡频繁，地震灾害对阿坝州经济社会发展影响巨大。如2013年"7·10"暴雨、洪灾中，阿坝州一些乡村受灾情况比2008年地震还要严重，有的乡整乡返贫，因灾致贫情况突出。阿坝州内主体是国家主体功能区划分的限制开发区和禁止开发区，该区域生态保护和经济发展的矛盾突出。

阿坝州是大骨节病高发区，病患者失去生产能力甚至一定程度的生活能力，因病致贫问题严重。近年来综合防治大骨节病试点工作取得了较大进展，大骨节病患者社会保障水平得到提高，病患者长期处于贫病交加、恶性循环的状况得以好转，但相关保障措施还亟待延续。由于大骨节病的病因至今未明，不可逆转，综合防控具有艰巨性和长期性。

4. 阿坝州经济社会发展的对策建议

受各种因素影响，阿坝州经济社会发展中存在的主要问题是发展不足、自我发展能力不足，长期依靠中央财政和省级财政转移支付的局面已经难以为继。建议未来经济社会发展中注重三个方面：一是建设生态文明实验区；二是各级政府继续加大关系民生的基础设施建设和公共服务均等化供给；三是通过经济结构调整、区域合作、扶贫开发、教育和人才建设等方面不断增强该区域的自我发展能力。

4.1　建立生态文明实验区

阿坝州应申请设立生态文明实验区，通过建设生态文明实验区，实现国土空间开发格局优化，发展循环经济与实现资源节约，保护环境和自然生态系统，并进行生态文明制度建设。国家补贴生态文明实验区内农牧民从事生态保护工作，发放绿色工资，农牧民除自身生产经营收入，保护环境带来的生态环境改善收益计入生产总值，即"绿色 GDP"。为防止超载过牧，牧民牲畜按一定标准饲养，超量的牲畜由政府统一宰杀、销售，收益归牧民自己。

4.2　加大基础设施与民生工程建设力度

一是突出薄弱环节，狠抓基础设施建设。围绕构建"大通道"，重点推进已纳入国家路网建设规划的项目，全面推进川青铁路、内环线和汶崇路等重大项目前期工作；围绕建设生态文明高地，积极争取岷江、杂谷脑河流域和大渡河上游干旱河谷治理项目；围绕推进新型城镇化，争取更多市政设施、城镇改造和新区建设项目。

二是突出民生重点，狠抓社会项目建设。坚持以人为本，全面实施藏区新区建设、教育发展振兴计划、医疗卫生提升计划、社会保障促进计划、文化发展繁荣计划、扶贫解困行动计划和幸福美丽家园建设，切实保障和改善民生；以加快和谐社会建设为目标，加强和创新社会管理；坚持民生优先，增强公共服务供给能力，逐步推进基本公共服务均等化，不断提高群众生活水平和质量。

4.3　加快经济结构调整

挖掘产品、产业比较优势，构建现代产业体系，培育发展特色产业，大力推进农牧业现代化、工业新型化、服务业现代化，促进三次产业协调发展。

一是立足生态特色优势，加快农业现代化进程。以新品种、新技术集成示范为重点，建立农业科技推广应用良性运转机制；以生态农产品信息平台为推手，积极申报认证"三品一标"产品，扩大"川藏高原"集体商标授权使用范围，推广"企业＋基地＋专合社＋农户"生产经营模式；以争取落实重大政策项目为支撑，围绕"建成高原优质食品基地"目标，在推进半山和高半山资源综合开发、提升特色产业基地规模和质量、加快发展现代草原畜牧业等方面，争取一批新项目、大项目；认真抓好农村土地承包经营权确权登记试点工作，稳步推动农村土地经营权流转，加快农业产业化进程；认真实施惠农补贴政策，不断扩大政策性农业保险覆盖范围；加快发展林业产业，着力培育现代林业产业基地。

特色产业的发展，主要为蔬菜、特色水果、高原马铃薯、高原食用菌，酿酒葡萄、高原中药材。加大对高原特色产业的扶持，这是工作的关键，要求大力发展经济农业。另外，还要加大对农牧民的资金和技术的扶持。

二是立足优势产业培育，加快发展新型绿色工业。围绕"建成资源转化先进地区"目标，争取国家、省加大对阿坝州工业园区建设和循环经济发展的支持力度，加快结构调整步伐；加快推进成阿工业园区扩区强园，着力提升园区整体服务功能，促进项目尽快落地、加快建设；强化要素保障和政策扶持，积极帮助企业搭建银企平台，切实解决"资金周转难"问题，支持企业加大生产、加快发展。

三是立足旅游支柱产业，加快发展现代化服务业。深入挖掘资源潜力，突出文化内涵和特点特色，推进全域、全时、多元景区建设，培育文化旅游顶级品牌；出台高端旅游激励措施，提高入境游比重；创新旅游市场管理机制，进一步优化旅游服务环境；加快完善旅游业态，着力延伸产业链条，努力培育新的消费热点和增长点。

4.4　以区域合作为重点，着力推进改革开放

一是促进区域合作，外向发展。立足经济全球化和市场一体化，进一步落

实全方位扩大开放的政策措施，加强对外交流与合作，提高县域经济发展的外向度。

二是加强援建合作，发展县域经济。加速融入成都经济区。鼓励县际的帮助和扶持，增强经济实力较强区域对其他区域的带动辐射作用。强化与甘肃、青海等沿边地区的合作，加快构建边缘协作区，促进草地各县农产品加工、商贸物流、旅游等产业发展，不断拓展发展空间。加强与对口援建省市合作，建立对口援建长效帮扶合作机制。充分利用绵阳和德阳的对口援助，建立合作平台和高效的合作机制，加速阿坝、红原、若尔盖、壤塘四县县域经济的发展。

4.5　增加扶贫开发投入，提高扶贫标准

一是提高贫困认定标准。提高高寒高海拔民族地区贫困人口认定标准，并按农村综合物价指数逐年调整。同时，按新标准重新统计、认定阿坝州贫困人口，将其纳入国家扶贫开发对象给予支持，并设立专项扶贫资金，以确保民族地区扶贫解困实效。

二是提高项目建设标准。加大对阿坝州贫困农牧区特色产业的科技扶贫示范，产业化扶贫建设力度，提高每县每年产业扶贫以及整村推进资金投入标准。此外，受物价上涨因素的影响，扶贫培训机构不断提高培训费用，因此需要提高劳务输出和农民技能培训补助标准。

三是加强高半山地区、边远农牧区、地震灾区和大骨节病区的重点扶贫。

4.6　加强教育和专业技术人才队伍建设

重视并加强藏区人力资源市场建设，加大培训支持力度。加大重点行业人才引进、培育力度，扩大订单定向培养人才，在培育本地人才的同时，通过在工资福利、职称评聘、住房保障、退休养老等方面给予一定的优惠等政策引进外地优秀人才，提高人才储备整体质量水平，完善人才结构，为经济社会发展提供智力支持。

以长远计，发展教育是弥补人力资本缺乏的关键。继续加大对贫困地区的教育投入，及时拨付下达资金，简化审批程序，解决教师编制。继续加大对学前教育的投入，建立开办村级幼儿园良好机制，加强对幼儿园管理力度。加大对家庭经济困难学生的资助面，继续关爱留守学生和残疾儿童，尽可能为他们

创造良好的生活和学习环境。

5. 案例分析——壤塘县[①]

壤塘县是阿坝州海拔最高、气候最恶劣、条件最艰苦的草地县之一，属"老、少、边、穷、病、教"一体的藏族聚居区，也是阿坝州大骨节病人最多、分布最广、病情最重的县，幅员面积 6863 平方公里，境内最高海拔 5178米，县城海拔 3285 米，年均气温 4.8℃，耕地面积 26767 亩，牲畜存栏236209 头，辖 1 镇 11 乡、61 个村、131 个村民小组。2012 年末全县总人口4.19 万人，其中农牧民人口占 85%，藏族人口占总人口的 91%。壤塘在 1989年被列为省定贫困县，1992 年被列为国家扶持的省定贫困县，1994 年被列为国家重点扶持贫困县，2000 年被列为国家新阶段扶贫开发工作重点县。

在过去 10 年，壤塘县大力争取国家、定点帮扶部门的支持，增加各类扶贫资金的投入，在经济发展、农牧民增收、农村人口减贫、基础设施改善、公共服务提升以及大骨节病防治等方面取得了显著的成效。经济发展是改善民生的前提，然而伴随着扶贫开发进入新的阶段，壤塘县在培养自我"造血"能力，促进经济可持续发展方面存在动力不足的问题，影响了农牧民民生状况的持续改善。

5.1 壤塘县经济社会发展取得的成绩

壤塘县抓住实施"三大民生工程"等重大机遇，在过去 10 年，大力争取国家、定点帮扶部门的支持，增加各类扶贫资金的投入，在经济发展、农牧民增收、农村人口减贫、基础设施改善、公共服务提升以及大骨节病防治等方面取得了显著的成效。

5.1.1 群众收入有所提高，贫困人口相对减少

2001～2012 年，壤塘县农牧民人均纯收入呈稳步增长态势，初步形成了"以特色产业为主，二、三产业为辅"的增收格局，并充分利用国家优惠政策，大力发展种植业、养殖业、农畜产品加工业、乡村旅游业。2012 年，壤塘县全县地区生产总值为 5.95 亿元，在 2011 年基础上增长 14.5%，而农牧民

---

① 此案例根据作者 2013 年暑期在壤塘县的调研资料编写，经济社会数据来源于壤塘县统计局，贫困数据来源于壤塘县扶贫办。

人均纯收入达 4560 元，比 2010 年增加 1600 元，增幅 54%；比 2011 年增加 880 元，同比增长 23.9%。

2010 年按照国家 2300 元的新标准，壤塘县有贫困人口 13092 人，贫困发生率达 37.4%，人均纯收入低于 700 元的贫困人口占贫困人口的 13%，人均纯收入在 2300～1500 元贫困人口占贫困人口的 60%，贫困人口占农村人口比例减至 35%，贫困比重极大改变。

5.1.2　基础设施不断改善、特色产业初步建立

壤塘县通过危房改造、易地搬迁、整村推进、安全饮水、交通建设、以工代赈等民生项目的开展，农村基础设施得到了进一步完善，基本解决了农牧民住房难、用水难、用电难、行路难等问题，水、电、路、桥等基础设施得到了有效改善；同时，"以农牧产业为基础、以旅游产业为重点、以劳务产业为补充"的新型产业格局初步形成，特别是以高原马铃薯、藏区青稞、道地中药材、牦牛肉奶为重点的特色农牧业从无到有，实现了从自给自足向特色产业发展的历史性跨越。

5.1.3　社会体系逐步完善、公共服务全面提升

壤塘县建成并投用一大批质量高、设施齐、功能全、布局优的校舍，促进了教育资源优化整合，提高了教育教学质量，解决了农村儿童"读书难"问题；健全医疗卫生服务体系，使得大骨节病得到有效的监控，专业人员技术水平、疾病诊断、防治监测能力、就诊环境明显提升，参合率不断提高，卫生事业迅猛发展；深入实施集中供养、五保供养、农村低保，不仅形成了全方位的保障体系，而且实现了贫困人口"人人有保障"的目标。

5.1.4　防病体系日益健全、大骨节病有效控制

壤塘县实施大骨节病试点工程，通过搬迁，脱离病区；换水换粮，阻断病源；实施医疗救助，使患者病痛明显缓解，少年儿童患病率大幅度下降，大骨节病病情得到有效控制；进行医疗知识宣传，群众自我防范意识逐步提高，从根本上解决了大骨节病的传播问题，病区环境极大改善。此外，县、乡、村医疗机构和防控体系的建设，实现了病区群众小病不出乡、中病不出县、大病不出州。

5.2　壤塘县经济社会发展存在的问题

5.2.1　产业发展弱小

壤塘县农业区位优势不明显，种植业仍是以青稞为主的传统小农生产，农

牧民群众连起码的自给自足都不能维持；受传统观念和宗教影响，以牦牛为主呈传统的粗放型生产方式养殖业，已极不适应畜牧业发展需求，而"惜出售"、"戒杀生"等传统思想严重制约了畜牧生产力的发展；同时，底子薄、发展慢等因素，使全县工业一片空白，水电产业发展才刚刚起步；加之受各方面因素制约，旅游业吃、住、行、游、购、娱六要素没有形成，第三产业规模小，服务水平低，无法满足游客所需。鉴于以上诸多不利因素，导致全县产业发展滞后，无法形成规模。

5.2.2 财政支撑困难

壤塘县由于缺乏产业支撑，难以形成稳固的财源，财政收入极少，2012年地方财政一般预算收入 1351 万元，仅占全州 25.82 亿元的 0.52%，属严重依赖财政转移支付，全县每使用 1 元钱当中有 0.96 元属国家补助，县财政仅 0.04 元，自我造血能力严重不足，全县工资、运转及建设支出全靠转移支付和上级支持，无资金投入解决干部群众所需之难。

5.2.3 群众增收艰难

2012 年，壤塘县农牧民人均纯收入 4560 元，仅是全州农牧民人均纯收入的 79%。由于药山资源贫瘠、病员多、劳动力素质差、劳动力少、群众观念陈旧等因素制约着产业化发展进程，农民持续增收艰难；加之农村贫困人口多、贫困面大，农牧民自我发展的意识和能力很弱，一旦遇上天灾人祸，极易造成"返贫、返病"现象。

5.2.4 社会发育程度低

壤塘县直接从部落社会一步跃入社会主义社会，至今部落印记比较明显；同时地处西部偏远山区、交通不便、信息闭塞，与外界交往交流渠道少，自我封闭严重，对现代文明及新鲜事物的接受能力较差，大部分农牧民群众宗教意识浓厚，教育、卫生、广电、文化等社会事业发展缓慢，农牧民文化素质普遍低。

5.2.5 基础设施落后

壤塘县地处偏远，自然环境恶劣，交通、能源、通讯等基础设施十分滞后。县境内交通主干道等级低、路况差、保畅难，没有形成公路网状构架，公路养护管理难，出县、出州的通达能力非常差；主通道和入户低压支线路建设才起步，能源建设任务重，群众用电难问题还未得到有效解决；通讯机站少、覆盖面窄、服务差、保障难；农牧民居住较分散，安全饮水涉及面广，建设投入大，农村安全饮水仍难以保障。总之，行路难、用电难、饮水难、通讯难仍是困扰和制约壤塘发展的难题与"瓶颈"，阻碍了全县经济和社会事业发展。

5.2.6 人才资源匮乏

壤塘县由于距省府、州府远，加之气候恶劣、生活条件差、待遇不高等原因，造成人才引进难，留不住。在全县，无论是人才数量还是人才结构方面，人才的需求矛盾都十分突出，严重制约了全县经济社会发展。

5.3 壤塘县经济社会发展滞后的原因分析

壤塘县是集革命老区、民族地区、边远山区、贫困地区、地方病高发区、自然灾害频发区为一体的集中连片特殊类型贫困地区，贫困程度深、涉及面广、脱贫难度大。主要存在以下几个方面的原因，严重影响了壤塘县经济社会的长期持续发展。

5.3.1 经济发展自我"造血"能力不足

众所周知，经济发展是指随着经济的增长而发生的社会经济多方面的变化。但是，经济的增长一方面依靠资本、劳动、土地等生产要素的投入；另一方面依靠技术的进步。从生产要素的角度，首先，壤塘县是国家重点贫困县，农牧民普遍贫穷，储蓄不足导致资本难以自我积累，且受自然、社会条件的影响，壤塘县对外来资本的吸引力较差；其次，由于壤塘县长期处于封闭状态，农牧民观念落后，受教育水平低下，劳动力素质较低；最后，壤塘县地处高海拔地区，主要以山地地形为主，土地要素的投入受限。从技术角度看，由于壤塘县农牧民受教育水平低，新技术的引进与推广难度较大，对经济增长的贡献不足。生产要素的短缺，以及新技术使用受阻等因素阻碍了壤塘县经济的可持续发展，成为壤塘县经济自我"造血"的巨大障碍。

5.3.2 产业结构层次较低，升级困难

根据配第一克拉克定理，随着经济的发展，人均收入水平的提高，劳动力首先由第一产业向第二产业转移；人均收入水平进一步提高时，劳动力便向第三产业转移。不言而喻，劳动力由低产业层次向高产业层次专业推动产业结构的升级。然而，壤塘县的现实状况不仅难以满足配第一克拉克定理的条件，而且缺乏产业结构升级的基础。第一，壤塘县经济发展落后，农牧民素质低下，收入来源比较单一，增收困难，故难以满足配第一克拉克定理的条件，产业升级缺乏推力；第二，壤塘县人口总量较少，分布趋于分散，消费市场

狭小，且企业经营成本相对较高，导致本地生产产品与服务的企业极少，因此即使满足人均收入提高的条件，劳动力的转移也受到限制，故产业结构升级缺乏基础。

5.3.3 要素禀赋贫瘠，难以形成比较优势

要素禀赋理论认为在国家贸易中，一国集中生产和出口本国富裕要素生产的产品，进口本国短缺要素生产的产品，能够在贸易中获利。将要素禀赋理论应用于一国内地区之间的贸易，同样存在相似的结论。壤塘县地处川西边远地区，资本、劳动、技术等要素绝对劣势，矿产资源贫乏、旅游资源特色不明显、水资源受季节影响难以持续开发利用、草地资源丰富但受农牧民传统观念的影响阻碍了畜牧业的发展。从整体来看，壤塘县要素禀赋极其贫瘠，成为本地区经济发展的阻碍因素。

5.3.4 人口空间流动趋于停滞，缺乏就业渠道

刘易斯认为，发展中国家一般存在二元经济结构，即低劳动生产率、低工资的传统农业部门和高劳动生产率、高工资的城市工业部门。在无限劳动力供给下，传统农业部门中劳动力的边际生产率低下，甚至为负数，存在大量的隐性失业。由于城市工业部门的工资水平高于传统农业部门的收入水平，农业劳动力在不受干涉的情况下自然会向城市流动。结合壤塘县当地情况，企业极少，对农牧民劳动力需求不足，满足过剩劳动力供给的条件。但是，过剩劳动力地区间的流动受到多方面原因的影响，其一，由于壤塘县长期处于封闭状态，缺少与外界的交流，存在信息不对称的问题；其二，壤塘县农牧民群众普遍受教育水平低，且观念落后；其三，四川省东部地区相对发达，而西部地区较为落后，东西部之间地形较为复杂，道路等基础设施的建设存在资金技术上的困难。劳动力空间流动趋于停滞，产业发展落后使得当地农牧民只能延续传统的生产就业方式，就业渠道单一化。

5.4 壤塘县经济社会发展的对策建议

扶贫开发重点在于使贫困人口共享发展成果的同时，使壤塘县走上自我"造血"自我发展道路，短期的"输血"并不能解决经济的长期发展问题。

5.4.1 培育和发展特色产业，突出本地区的比较优势

壤塘县在经济发展的过程中，资本、劳动、技术等要素处于劣势，在土地要素中仅草地资源较为丰裕。充分利用草地资源发展养殖业、农畜产品加

工业是壤塘县经济发展的比较优势，但是这需要建立在农牧民转变传统观念的基础之上，因此壤塘县要在加大对农牧民宣传力度的同时，拓宽交流渠道，组织群众到发达地区进行参观访问、观摩学习，增长农牧民群众的见识，拓宽视野。

壤塘县虽然自然地理条件先天不足，但景色优美，宜发展旅游业。随着人们收入水平的提高，工资收入的货币效用递减，而对闲暇的需求逐步上升。人们对生活质量的追求必然推动旅游业的发展，因此政府需要实施优惠政策大力支持壤塘县旅游业的发展，并以旅游业为契机，带动服务业的发展。发展旅游业不仅促进农牧民的就业，提高收入，同时拉动县域经济的增长，增加政府财政收入。

5.4.2　重视教育、公共服务体系的建设，提高农牧民素质

经济学家哈比森认为人力资源是国民财富的最终基础，一个国家不能发展人民的技能和知识，就不能发展任何别的东西。人力资本积累的重要性显而易见。针对壤塘县农牧民人口素质低下的现状，壤塘县首先要重视教育，加大教育设施的投入，培养本地人才，同时通过实施工资福利、职称评聘、住房保障、退休养老等方面的优惠政策引进外地优秀人才，为壤塘经济发展提供智力支持；其次要加强农牧民技能知识培训，为新技术的推广提供条件，同时提高农牧民自身的就业技能；最后完善壤塘县的公共服务体系，人力资源的积累，不仅仅体现在知识和技能上，也体现在人们的健康状况等方面。

5.4.3　加大对基础设施建设投资力度

完善的基础设施是发展经济，提高人生活水平，改善民生的关键。壤塘县地形条件较为复杂，基础设施的建设存在相当大的困难，阻碍壤塘县经济的发展。以交通为例，在壤塘县境内，受地形影响，不仅农牧民居住分散，且村落之间相隔距离较远，增加了道路修建的难度与成本；在壤塘县与其他地区之间路网稀疏，且路况条件较差，交通不畅阻碍了壤塘县内部的发展，同时阻碍了壤塘县与外部的交流。因此，壤塘县一方面要通过政府财政与国家扶贫资金，另一方面通过直接融资与民间融资双管齐下继续加大道路、电力、水利、通讯等工程方面的投入，改善基础设施条件，为县域经济的发展提供基础。

5.4.4　在培养本地人才的同时，引进外来人才

一是加强农牧民技能知识培训，力求"学得好、有技术、能挣钱"；二是

制定切实有效，覆盖民族地区全域的本地人才培育项目，从本地人中培养一大批留得住、能干事、靠得住的本地人才；三是通过在工资福利、职称评聘、住房保障、退休养老等方面给予一定的优惠等政策引进外地优秀人才，提高人才储备整体质量水平，完善人才结构，为经济社会发展提供智力支持。

第四部分　四川高原藏区贫困状况及脱贫障碍分析[*]

1. 引言

四川高原藏区包括甘孜藏族自治州、阿坝藏族羌族自治州和凉山彝族自治州的木里藏族自治县，共32个县，幅员面积24.59万平方公里，占四川省总面积的51.6%。2012年末总人口217万，其中藏族人口150万，占全国藏族人口的24%，占全国10个藏族自治州的42%。有藏、羌、回、彝等少数民族，是全国第二大藏族聚居区，也是唯一的羌族聚居区，集民族地区、汶川地震灾区、革命老区、贫困地区、生态敏感区于一体，是四川省面积最大的集中连片特殊困难地区，也是国家和省新一轮扶贫攻坚主战场之一。

多年来，党中央、国务院十分重视西藏与四省藏区的扶贫开发，制定了一系列的优惠扶持政策，政府对藏区扶贫资金投入逐年增加，在国家大力支持和藏区各族人民共同努力下，藏区人们的收入逐步增加，贫困人口数量逐年减少。但由于藏区地处高寒缺氧地带，生态环境脆弱，自然灾害频繁，基础设施薄弱，自我发展能力不强，脱贫人口返贫率较高，藏区农牧民要实现生计的可持续发展还存在很多亟待解决的困难。党的十八大、2011年中央扶贫开发工作会议、2010年中央第五次西藏工作座谈会、2010年国务院关于加快四川云南甘肃青海省藏区经济社会发展的意见等都对藏区贫困问题相当重视。《中国农村扶贫开发纲要（2011~2020）》明确指出：到2020年我国要实现全面建成小康社会的奋斗目标，重点在中西部地区，难点在集中连片特困地区。在"十二五"期间和未来10年，中国政府还将把消除绝对贫困，作为扶贫减贫

* 本部分执笔：廖桂蓉，西南民族大学经济学院。

战略的首要目标；把西藏及四川、云南、甘肃、青海四省藏区等14个集中连片特困地区作为扶贫攻坚的主战场。总之，切实解决藏区贫困问题，积极推进藏区跨越式发展和长治久安，不仅是一个经济社会难题，更是一个重大的政治问题。

2. 四川高原藏区贫困状况分析

进入21世纪以来，中共四川省委、省政府把促进民族地区、革命老区、贫困地区发展摆在更加突出的位置，针对上述地区存在的普遍贫困问题，加大了扶贫攻坚力度，取得了巨大成效。从2008年开始，全省共投入各类扶贫资金1000多亿元，贫困居民年人均纯收入从2008年的2994元增加到2011年的5072元，扶贫对象从2008年的548万人减少到2011年的243万人（按国家1274元扶贫标准），贫困发生率从8.92%下降到3.87%。按2300元（2010年不变价）扶贫新标准测算，全省贫困居民从2010年的1356万人减少到2012年的750万人，贫困发生率从20.40%下降到11.45%。[①] 这为促进四川省经济发展、政治稳定、文化繁荣、民族团结、社会和谐发挥了重要作用。当前，尽管发展减贫成绩显著，但是"高原藏区"依然非常贫困。

2.1 人均地区生产总值低

2012年，四川藏区、西藏、四川省、全国人均地区生产总值分别为18711元、22772元、29579元、38449元（见图4.2.1）；四川藏区人均地区生产总

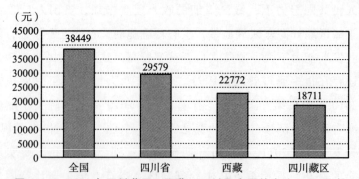

图 4.2.1 2012年四川藏区、西藏、四川及全国的人均 GDP 比较

资料来源：《四川省统计年鉴》（2013）、《西藏统计年鉴》（2013）。

---

① 资料来源：四川扶贫与移民局。

值比西藏低 4061 元，比全省低 10868 元，比全国低 19738 元；只占四川省人均地区生产总值的 63.3%，占全国人均地区生产总值的 48.7%。[1]

2.2　农牧民人均纯收入少且横向差距扩大

纵向看，高原藏区农牧民人均纯收入保持快速发展。2001 年，四川藏区、西藏、四川省、全国农牧民人均纯收入分别为 1013 元、1404 元、1987 元、2366 元；2012 年，四川藏区、西藏、四川省、全国农牧民人均纯收入分别为 5077 元、5719 元、7001 元、7917 元。横向看，四川藏区农牧民人均纯收入少且横向差距有扩大趋势。2012 年四川藏区农牧民人均纯收入比西藏低 642 元，比全省低 1924 元，比全国低 2840 元，仅为全国的 64.1%[2]（见表 4.2.1）。

表 4.2.1　　　　四川藏区、西藏与四川和全国农牧民人均纯收入差距　　　单位：元

年份	差距	四川藏区	西藏
2001	与四川差距：1987	974	583
	与全国差距：2366	1353	962
2012	与四川差距：7001	1911	1282
	与全国差距：7917	2743	2198

资料来源：《四川省统计年鉴》、《西藏统计年鉴》。

2.3　贫困人口数量较多且贫困发生率高[3]

2012 年，四川藏区的贫困发生率为 38%，比西藏高 3.6 个百分点，比四川省高 21.6 个百分点。2011 年，四川省共有贫困人口 912 万人，其中四大片区（86 个县）共有贫困人口 522.99 万人，其中，高原藏区有贫困人口 41.56 万人，占四大片区贫困人口总数的 7.9%，占四川省贫困人口总数的 4.6%。

2010 年，秦巴山区、乌蒙山区、大小凉山彝区、高原藏区与西藏的贫困发生率分别为 26.9%、30.4%、34.3%、35.3% 和 34.4%，分别比四川省贫困发生率高了 6.5 个、10 个、13.9 个、14.9 个和 14.0 个百分点，分别比全国贫困发生率高了 9.7 个、13.2 个、17.1 个、18.1 个和 13.3 个百分点（见图

---

[1]　资料来源：《四川省统计年鉴》（2013）、《西藏统计年鉴》（2013）。

[2]　资料来源：《四川省统计年鉴》、《西藏统计年鉴》。

[3]　本节数据来源于四川省扶贫与移民局。

4.2.2）。可以看出，尽管四川高原藏区贫困人口总量不是最多，但贫困发生率却是最高。

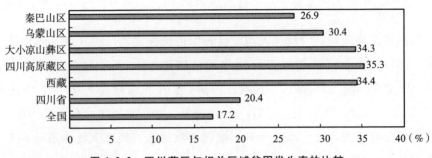

图4.2.2　四川藏区与相关区域贫困发生率的比较

资料来源：四川省扶贫与移民局。

2.4　贫困程度深

四川高原藏区海拔大多在3500米以上，95%以上属于高寒地区，地质灾害和自然灾害频发，地震灾害危险性高，交通、通信极其闭塞，人畜饮水和取暖困难，大多数地区群众需要实施易地扶贫搬迁。大骨节病、包虫病等地方病发病率较高，因灾因病致贫返贫现象突出。四川高原藏区生态环境脆弱，水土流失面积大，草地鼠虫害、沙化、退化严重，湿地萎缩，生态功能退化，生物多样性降低，开发与保护矛盾日益凸显，生态恢复与环境治理成本高、难度大，是全国生态安全极度敏感区之一。

四川高原藏区教育发展滞后，师资力量薄弱，人均受教育年限6.4年，比全省低2.5年，比西藏低1.5年，学前2年毛入园率仅为34%。医疗卫生条件差，基层卫生服务能力不足，万人拥有卫生机构人员数为全省的58.90%，仍有93.8万农牧民、11.2万农村学校师生存在饮水安全问题，文化、广电、体育等设施缺乏。农村专业技术和实用人才短缺，农技推广能力不足。社会保障有待进一步加强。

四川高原藏区不通铁路和高速公路，国省干道公路等级低，建设和维护成本较高，受自然灾害和地质灾害影响大，通行能力差；据调查，甘孜州有173个乡不通水泥路（油路），479个行政村不通公路，深山峡谷地区许多群众仍采取溜索方式过江。水利设施建设滞后，抗灾能力差。农牧民群众用电条件差，尚有3998个自然村不通电、绝大部分远牧点无电。行政村通宽带、通邮和自然村通电话比例较省内其他地区低。

3. 四川高原藏区脱贫的主要障碍分析

四川高原藏区脱贫的主要阻碍是恶劣的自然条件与滞后的基础设施建设、人才缺乏、产业发展与生态保护的矛盾。

3.1　自然条件恶劣和基础设施建设滞后是高原藏区脱贫的主要障碍

四川高原藏区气候条件、地理环境恶劣，大部分地区为高原气候，年平均气温低、无霜期短、干旱少雨，地处高原高寒和高山河谷区，土壤贫瘠、地表储水蓄水功能弱，自然灾害较多。恶劣的自然条件给藏区居民的生产生活造成了极大的不便，导致藏区平均生产率较低，经济社会发展滞后。为帮助藏区居民对抗恶劣的自然条件，四川省在高原藏区开展了一批基础设施建设项目，有效改善了居民生产生活条件，全区实现通县公路全覆盖和供水供电设施的更新。但由于建设起步晚、区域面积大、高原施工难度高等原因，藏区的基础设施发展仍相对滞后。以道路交通为例，高原藏区的道路交通发展速度较快，但是由于高原地广人稀，地区之间距离较远，对道路交通的需求更强烈，目前乡村公路的建设正在推进中，但是由于建设成本过高，受到资金约束，进展缓慢，乡村居民出行仍十分困难，畜牧产品等特色农产品运输困难。

3.2　人才短缺是四川藏区脱贫的另一个重要制约

四川藏区整体教育水平较低，导致地区人力资本形成能力较弱。第六次人口普查资料显示，阿坝州文盲率为 12.9%，甘孜州为 30.17%，远高于全省5.44% 的平均水平。地区适龄儿童入学率较低，以阿坝州为例，2010 年，松潘县适龄儿童入学率仅为 77%，适龄女童入学率仅为 71%，另外，茂县、金川县、小金县的适龄儿童入学率分别为 89%、91%、91%。目前，高原藏区校舍和教学配套设施短缺（特别是中学校舍严重不足），师资力量薄弱，教师队伍很不稳定，许多教师存在不安心，不用心，不热心的"三心现象"，教学质量与社会发展对人才的需要差距较大。藏区教育滞后的主要原因除了教育资源不足外，一个重要问题就是民族文化与现行教育方式的矛盾。国家和省级各级政府向藏区投入了大量资源，并开展了易地教育等教育形式，但是在教育方式上存在问题。部分地区藏语学校数量较少，民族文化课程设置不多，而藏族同胞对民族文化传承极为重视，因此形成了部分群众对现代教育体系的抵触。

3.3 产业发展与生态保护间的矛盾

四川高原藏区地处长江、黄河源头区和长江、黄河上游重要的水源涵养地，也是"中华水塔"最重要的组成部分，其生态环境直接影响国家生态安全。特别是位于阿坝州境内的若尔盖湿地，既是世界上最大的高原泥炭沼泽湿地，更是具有国家和全球意义的重要类型湿地。但受到近年来超载过牧、为扩大牧场而挖沟排水以及水电、矿产资源无序开发的影响，高原藏区已经出现湿地萎缩退化、植被退化、草场沙化等问题，导致生态环境脆弱，生态多样性遭到严重破坏。以甘孜州为例，当前甘孜州水土流失面积达 4.1 万平方公里，草地沙化面积达 29 万公顷，65% 的人口生活在高山峡谷和交通闭塞区域，1/3 的地区缺乏生存条件，需要搬迁的农牧民高达 10 万户；甘孜州农牧业产业结构单一，90% 以上地区农作物为一年一熟，主产粮食青稞亩产量较低、人均占有量低，总体上仍然处于原始和传统农耕游牧生产水平，绿色、特色和优势农牧业尚未得到有效规模开发，农牧民缺乏稳定的增收渠道，当前主要靠采挖中药材，出售农畜土特产品等原材料产品和国家政策性扶持（退耕还林、退牧还草、农村低保、特困农牧民生活救助等）获得收入，稳定增收十分困难。总之，由于产业发展与生态保护间的矛盾日益突出，高原藏区亟须寻求一条环境友好、可持续发展的产业发展道路。

4. 对策思考

根据国家主体功能区划，四川省已经将全省分为 6 个主体功能区，其中第六个是"川西北生态经济区"。该区包括了阿坝和甘孜两州。所以，四川高原藏区未来的发展战略主要是实施"生态保护"战略，适度发展水电、旅游等绿色产业，推动生态移民和点状开发。

4.1 因地制宜地开发高原藏区的独特资源、挖掘其发展潜力

高原藏区具备独特的农业优势。片区草原面积 1333 万公顷，其中可利用草场面积 1200 万公顷，是全省重要的牧业基地，牛羊马等草饲牲畜和畜产品

在全省、全国占有重要地位，是省牛羊肉供应的主要基地。片区有虫草、菌灵芝、松茸、猴头等药用、食用真菌 60 余种，其中包括麝香、鹿茸、虫草、贝母、天麻等名贵药材。以甘孜州为例，全州有 13 个县属松茸主产区，年产量为 1500～1700 吨。高原藏区的农牧产品在国内外市场上享有盛誉，品牌价值极高，目前开发部分产品投放市场后，取得了较好的经济效益。

高原藏区的矿产资源丰富，区内有金、银、锡、锂、铅、锌、铜、泥炭、褐煤、云母、铂、镍、铀等多种矿种，已探明的矿藏有 40 多种，锂、云母储量分别占全省总储量的 100%、95%，均居全国第二位，水晶储量居全国第一位。甘孜州是我国一个重要的稀有金属、有色金属和贵重金属后备基地，被誉为"中国的乌拉尔"。阿坝州有已探明 60 余种矿产资源，矿产地 318 处，有 8 个矿种名列全省前列，泥炭储量达 70 亿立方米，居世界之冠。有色金属矿藏仅次于四川攀西地区，是四川又一个重要的矿产开发基地。

高原藏区拥有不可复制的旅游开发优势。区域地理位置独特，位于青藏高原东南边缘，拥有高原自然风光，但是海拔相对低于位于青藏高原的其他藏区，对大部分内地和国际游客而言，是更加适宜的旅游目的地。同时，这一区域是藏羌等少数民族聚居地，保留了完整的民族文化和风俗，每年都吸引着大量游客参观、体验。相对适宜的海拔高度和气候、高原雪山、草场的特殊景观与民族特色历史文化使高原藏区拥有国内其他地区难以复制的旅游开发优势。但目前，区内仅九寨沟和康定的旅游资源得到了产业化开发，其他地区尚未形成旅游产业链，配套产业尚未建立，区域旅游资源有待进一步开发。

4.2　根据区域比较优势扶持产业发展，实施产业扶贫战略

第一，通过以工代赈模式进一步完善高原道路设施。加快公路、铁路、机场和管道干线的建设，逐步提升区域交通网络的运载能力，为对外和区内的经济交流提供基础，加快构建各地与中心城市、周边城市之间的高速通道。完善和提升国省干道、出州通道、旅游公路、县际公路、通村及村内公路和配套客运汽车站点的建设。同时，根据高原地理、气候和经济活动特征，适当提高道路等级标准，配套加强对事故高发路段的灾害预防措施，特别是对泥石流的治理。

第二，教育方面，从根本上提升教育整体发展水平。应从硬件和软件两方面着手，提高高原藏区教育整体水平。硬件方面，增加对偏远乡村校舍及配套

设施建设的投入，根据生源情况增加中学数量，并尽快解决并校后学生的就学往返问题。教育内容和手段方面，应在普及基础教育和加强职业教育的同时，改善教育方式和内容，重视民族文化的融合，在保持民族文化精髓的基础上融入现代知识和世界多元文化。在教育发展战略上，应尊重各民族同胞传承本民族文化的权利，发扬民族文化精华，将民族文化与现代科技相结合，形成适应民族同胞文化特征和接受方式的教育方法和内容。在师资方面，应在提高高原补助的基础上根据地区海拔和生活条件调整教师工资和补助，对在条件艰苦地区任教的公职和代课教师发放奖励性补贴，并在职称评定等方面给予更加优惠的政策。通过与省内外城市合作，为教师提供进修和学习的机会，以待遇吸引人才、以发展机会留住人才。

第三，产业发展方面，加强对资源友好型优势特色产业的扶持力度。农业方面，发展现代畜牧业和高原山珍加工业。逐步引导农业生产方式由粗放型向集约型转变，通过科学饲养和种植，减少对自然资源的占用和损耗。加快农牧产品加工产业建设，延长产品产业链，提高产品加值。工业方面，发展对生态环境影响较小的产业，在适当区域发展生态旅游业，开展以大草原、高原湖泊、高原沼泽、野生动物为主的自然观光旅游和以藏族风情、文化为主的人文旅游。水电开发和矿产资源开采要有序进行，以企业技术水平为重点准入考核指标，并提高生态补偿标准。可借鉴美国等国家的基金制度，针对生态环境可能会影响的产业，建立专门的高原生态保护基金。

4.3 建立健全生态补偿和利益共享机制，让藏区百姓共享发展成果

加快建立生态补偿机制，完善一般性转移支付办法，结合国家级主体功能区和省级主体功能区规划，加大对国家和省重点生态功能区专项转移支付力度。实施藏区农牧民子女学前教育、义务教育、高中阶段"三包"（包吃、包住、包学习费用）政策，实施全覆盖并逐步提高补助标准；提高藏区牧民定居工程补助标准；建立完善卫生经费保障机制，对公共卫生服务体系建设给予必要经费保障；加大医疗救助工作力度，提高低收入人群和大病患者医疗救助标准；扩大森林、草原生态补偿政策实施范围，逐步提高补偿标准，建立健全湿地生态补偿机制；提高对禁止开发区和限制开发区的补助力度；以合理确定当地留存电量、支持水电资源就地转化、财税支持政策向资源地倾斜、开展地方依法参股试点等多种方式，建立水电资源开发有偿使用和补偿机制；将水电水

库移民和生态环保成本计入电价。根据国家统一部署，提高黑色金属、有色金属和其他非金属矿原矿资源税税额幅度上限，完善矿产资源补偿费和探矿权、采矿权使用费政策；给予四川藏区金融机构优惠贷款利率和利差补贴政策，帮助四川藏区组建地方性商业银行，支持设立村镇银行和农村资金互助社；发展农业保险，扩大覆盖范围，完善险种，增强藏区农牧业抵御风险能力。总之，要按照"开发一方资源、带动一方发展、富裕一方百姓、保护一方环境"的总体原则，建立中央对藏区水电等资源开发的长期稳定、公平合理、规范科学的资源开发生态补偿和利益共享机制，让藏区百姓共享发展成果。

主要参考文献

［1］四川省扶贫和移民工作局：《四川省藏区区域发展与扶贫攻坚实施规划（2011～2015）》，2013年。

［2］四川省统计局：《四川统计年鉴（2013）》，中国统计出版社2013年版。

［3］四川省甘孜藏族自治州扶贫和移民工作局：《甘孜藏族自治州农村扶贫开发规划（2011～2020）》，2011年。

［4］四川省发展和改革委员会：《四川省综合扶贫开发研究》（研究报告），2012年。

下篇

四川民族地区城镇化道路与
城乡一体化问题调查研究[*]

* 本部分执笔：郑长德，西南民族大学经济学院。

1. 引言

1.1 问题的提出

党的十八大报告提出要"推动城乡发展一体化",指出"城乡发展一体化是解决'三农'问题的根本途径。要加大统筹城乡发展力度,增强农村发展活力,逐步缩小城乡差距,促进城乡共同繁荣"。党的十八届三中全会通过的《中共中央关于全面深化改革若干重大问题的决定》进一步指出:"城乡二元结构是制约城乡发展一体化的主要障碍。必须健全体制机制,形成以工促农、以城带乡、工农互惠、城乡一体的新型工农城乡关系,让广大农民平等参与现代化进程、共同分享现代化成果。"并具体提出了四条具体战略举措:"加快构建新型农业经营体系。赋予农民更多财产权利。推进城乡要素平等交换和公共资源均衡配置;完善城镇化健康发展体制机制。"特别明确指出:"坚持走中国特色新型城镇化道路,推进以人为核心的城镇化,推动大中小城市和小城镇协调发展、产业和城镇融合发展,促进城镇化和新农村建设协调推进。优化城市空间结构和管理格局,增强城市综合承载能力"。

四川是一个农业大省,农村人口比重高,城镇化水平较低,城乡二元结构特征显著。特别是四川省内城镇化水平地区差异显著,成都平原经济发达,城镇化水平高,城乡一体化水平也高,而处于盆周山区及高原地区的四川民族地区,经济发展水平低,城镇化水平低,城乡一体化程度也低,严重影响了四川的城镇化和城乡发展一体化,影响了四川省的全面小康。

由于四川民族地区特殊的战略地位和发展阶段,推进城镇化和城乡一体化具有特殊性,研究四川民族地区城镇化和城乡一体化的路径,具有重要的现实意义和战略意义。为此,西南民族大学经济学院组成课题组于 2014 年 6 ~ 8 月,深入四川民族地区的凉山州西昌市、会理县、盐源县、木里县及甘孜州泸定县、阿坝州红原县和北川县,开展了城镇化和城乡一体化为主题的综合调研,基于这些调研,形成了本报告。报告对四川民族地区城镇化、城乡一体化的现状特点、制约因素进行了综合分析,并根据这些分析和四川民族地区的战略地位,提出了四川民族地区应走包容性绿色城镇化和城乡发展一体化之路。希望本报告的内容和提出的政策建议,对于四川省人民政府和相关地市州及部门,在制定推动四川民族地区的城镇化，实现城乡发展一体化的政策时有所指导。

1.2 基本概念

在本报告中，涉及两个最基本的概念：城镇化与城乡发展一体化。

城镇化：城镇化（urbanization/urbanisation）也称为城市化，是由农业（第一产业）为主的传统乡村社会向以工业（第二产业）和服务业（第三产业）为主的现代城市社会逐渐转变的历史过程。不同的学科如人口学、地理学、社会学、经济学等，对城镇化的理解有所区别。城镇化的基本表现是：城镇化是一个农业人口转化为非农业人口、农村地域转化为非农业地域、农业活动转化为非农业活动的过程。在这个转化过程中，伴随的是从业人口的职业的转变及人口居住与生活方式的转变、产业结构的转变和土地及地域空间的变化。2010 年第 6 次人口普查表明，中国城镇人口占总人口的比重首次超过农村人口，达到 50.27%。这说明中国城镇化进入关键发展阶段。但各地区差异很大，西部地区特别是广大的民族地区城镇化水平还比较低。

城乡发展一体化：城乡二元经济社会结构是发展中经济体经济社会结构的典型特征，也是我国经济社会中存在的典型特征。所谓"二元"结构讲的是在整个经济社会结构体系中，明显地同时并存着比较现代化的城市社会和相对非现代化的农村社会，同时并存着比较发达的城市工业和相对落后的农村农业。与一般的二元结构比较，中国的城乡二元结构不仅包括具有一般性的二元经济结构，而且包括具有特殊性的二元社会结构、二元政治结构和二元文化结构。中国的城乡四重二元结构相互交织、彼此强化，对农业、农村、农民的发展及整个经济社会的发展造成了严重的消极影响，城乡居民收入差距扩大、城市化和工业化脱节等。因此，必须统筹城乡发展，建立平等和谐的城乡关系。经济发展的过程是一种结构变迁的过程，自然包括二元结构的变迁。进入 21 世纪以来，随着改革开放进程的逐步推进，中央提出加快破除城乡二元结构，形成城乡发展一体化新格局，并把城乡发展一体化作为解决"三农"问题的根本途径。城乡发展一体化（integration of Urban-rural development）就是在这样的背景下提出来的。

所谓城乡发展一体化，就是要把工业与农业、城市与乡村、城镇居民与农村村民作为一个整体，通过以工促农、以城带乡、工农互惠、城乡协调的制度安排，促进劳动力、资本、技术、信息等要素在城乡之间双向自由流动，实现城乡建设规划、市场体系、经济主体、公共服务、基础设施、社会管理及生活方式的一体化，改变长期形成的城乡二元经济结构，实现城乡在政策上的平等、产业发展上的互补、国民待遇上的一致，让农民享受到与城镇居民同样的文明和实惠，使整个城乡经济社会全面、协调、可持续发展。城乡发展一体化是一个长期的历史过程，它的关键在于促进公共资源在城乡之间的均衡配置，同时实现生产要素在城乡之间的自由流动，以此推动城乡经济社会的发展与融合。

城乡发展一体化内容很丰富、很全面，涉及经济、社会、政治、文化和生态等方面；从发展机会角度看，城乡发展一体化体现了机会的均等性，在城乡发展一体化下，城乡发展机会将逐渐趋向均等，如农民与市民发展机会均等；农村与城市发展机会均等；农业与非农产业发展机会趋向均等。从城乡一体化方向看，有单向的城乡发展一体化和双向的城乡发展一体化。厉以宁先生指出，城乡发展一体化应该是双向的，即农民可以迁往城市居住，可以在城市工作或经营企业，而城市居民也可以迁往农村居住，可以在农村工作或经营企业。认为，我国目前的城乡一体化是单向的农村居民向城市迁移，原因不仅在于城乡居民户籍分列，更重要的在于土地制度的二元结构，即城市实行的是土地国有制，农村实行的则是土地集体所有制。农村的土地集体所有制是双向城乡一体化的体制障碍①。

2. 四川民族地区的范围与禀赋

2.1　四川民族地区的范围

四川省的民族地区既有明确的行政区划，又是具有同质区特性的特殊经济区域。就行政建制而言，四川民族地区就是四川的民族区域自治地方，包括三个自治州（甘孜藏族自治州、阿坝藏族羌族自治州和凉山彝族自治州）和四个自治县（峨边彝族自治县、马边彝族自治县、北川羌族自治县和木里藏族自治县）。除了民族区域自治地方外，还有 16 个（区）县经四川省人民政府同意为少数民族地区待遇县②，它们是：攀枝花市仁和区、盐边县、米易县，雅

---

① 厉以宁：《论城乡一体化》，载《中国流通经济》2010 年第 11 期。
② 四川省从具体省情出发，按照实事求是、与时俱进、统筹兼顾、照顾特殊的原则，科学制定规范的量化入围标准，并参酌历史因素、老区因素和贫困因素，把那些少数民族人口、民族乡数量、民族乡幅员面积所占比重高的县在省内享受少数民族地区政策待遇，旨在通过发挥民族政策的特殊优势，夯实县域底部发展基础，促进全省科学发展、协调发展、和谐发展。

安市石棉县、汉源县、宝兴县、荥经县，宜宾市兴文县、珙县、筠连县、屏山县，绵阳市平武县，乐山市金河口区，泸州市叙永县、古蔺县，达州市宣汉县。这样，包括享受少数民族地区待遇县，全省共有民族县（区）67 个，总面积 340166 平方公里，占四川省总国土面积的 69.99%。2012 年末户籍总人口 875.3 万人，占四川省的 9.62%①（见表 2.1）。

表 2.1   四川民族地区行政区划

市（州）	县（市、区）数	县（市、区）	面积（平方公里）	年末户籍人口（2012 年，万人）
阿坝藏族羌族自治州	13	汶川县、理县、茂县、松潘县、九寨沟县、金川县、小金县、黑水县、马尔康县、壤塘县、阿坝县、若尔盖县、红原县	83016	28.8
甘孜藏族自治州	18	康定县、泸定县、丹巴县、九龙县、雅江县、道孚县、炉霍县、甘孜县、新龙县、德格县、白玉县、石渠县、色达县、理塘县、巴塘县、乡城县、稻城县、得荣县	149599	29.8
凉山彝族自治州	17	西昌市、木里藏族自治县、盐源县、德昌县、会理县、会东县、宁南县、普格县、布拖县、金阳县、昭觉县、喜德县、冕宁县、越西县、甘洛县、美姑县、雷波县	60294	146.4
乐山市	2	峨边彝族自治县、马边彝族自治县	4778	36.4
绵阳市	1	北川羌族自治县	3084	24.1
全省享受民族自治待遇县（区）	16	攀枝花市仁和区、盐边县、米易县，泸州市叙永县、古蔺县，雅安市石棉县、汉源县、宝兴县、荥经县，宜宾市兴文县、珙县、筠连县、屏山县，绵阳市平武县，乐山市金河口区，达州市宣汉县	39395	609.8
合计	67		340166	875.3

资料来源：①四川省民族事务委员会，"四川省少数民族县、自治县和享受少数民族待遇县"，民族网（http://www.scmw.gov.cn/Scmz_Info.aspx？id=67）；②面积数引自《四川统计年鉴》（2013）和《中国区域经济统计年鉴》（2012），年末户籍人口数引自《四川统计年鉴》（2013）。

---

① 特别说明，由于本报告完成时，《四川统计年鉴》（2014）、《中国区域经济统计年鉴》（2014）及相关州县的 2014 年统计年鉴尚未出版，因此本报告除特别说明外，主要数据截至 2012 年年底。

2.2 四川民族地区的禀赋特征

从经济发展的角度讲，一个地区的禀赋结构定义为这个地区的自然资源、劳动力、人力资本和物质资本的相对丰裕度。由地质和自然地理因素所决定的一个地区的自然资源和自然区位，是这个地区禀赋结构的第一天性（first nature）；一个地区发展的历史基础，包括已经形成的物质资本（特别是软硬基础设施）、人力资本等，构成了该地区禀赋结构中的第二天性（second nature）。本节从地理区位、自然资源与自然条件、人口与民族等方面分析四川省民族地区的禀赋特征与发展条件。

2.2.1 地理区位

四川民族地区在地理区位上的典型特点是边远性和过渡性。从自然地理角度看，绝大多数地区地处川西、川西北、川西南山地及高原地区、川东、川南的盆周山地，盆周山地与四川盆地的过渡地带和地势第一级阶梯与第二级阶梯、第二级阶梯与第三级阶梯的过渡地带，气候、地形、水文等都具有过渡性特点。

在政治地理上，首先，从国际地缘政治关系看，四川民族地区独特的空间区位和地形地势，为中国中、东部地区提供了重要的战略屏障和战略依托。特别需要指出的是四川藏区是我国反对民族分裂斗争的重要前沿。其次，这些地区处于四川省的边缘地带，北邻青海省、甘肃省和陕西省，西向西藏自治区，南临云南省和贵州省，东接湖北，东南与重庆相接，距四川省的经济核心区和政治中心较远。最后，四川民族地区是维护稳定和构建和谐社会的关键区域和难点区域。由于各民族历史上极为复杂的族际关系，再加上各民族之间经济社会发展的现实差距，各民族间也存在或极易引发诸多的民族矛盾和问题。国家和谐系于区域和谐，区域和谐系于民族和谐，多民族分布格局使得各民族之间极易产生现实的和潜在的矛盾和冲突，而民族间矛盾和冲突的存在与发生在影响民族关系的同时进而会影响到整个国家的稳定。因此，多民族"大杂居，小聚居"的民族分布格局既是中国和谐社会建设的关键区域，也是中国和谐社会建设的难点区域。

在人文地理上，四川民族地区地处青藏高原藏文化和四川盆地汉文化的过渡区域，同时又是"藏彝走廊"的核心区，处于多种文化交汇的地区，在地缘文化上是中国文化多样性的传承与创新区，是原生态民族文化发源地和传承地，其民族文化的保护和发展对于中国民族文化的多样性有着极为重要的战略意义。在千百年的历史发展中，各个民族都形成了属于自己的特有文化形态和文化个性，如藏族地区的藏文化、彝族的虎文化以及羌文化等民族地域文化，是中国多元文化瑰宝的重要组成部分，这种特有的文化形态和文化个性已经成为民族亲和力和凝聚力的重要源泉，它既是一个民族的历史遗产，又是其前进发展的动力。

2.2.2 自然资源

四川民族地区位于四川省内川北、川东平行岭谷、川西高原山地和川南山地，自然资源和动植物资源富集，世界文化自然遗产和自然保护区比较集中，旅游资源丰富，水能、有色金属和非金属矿等资源蕴藏丰富，是中国重要的战略资源储备与保障区。据统计，四川省已探明的地下矿藏132种，集中分布在川西南（攀西）、川南、川西北三个区，这三个区正好是民族地区的分布所在。川南地区以煤、硫、磷、岩盐、天然气为主的非金属矿产种类多，蕴藏量大，是我国化工工业基地之一；川西北地区稀贵金属（锂、铍、金、银）和能源矿产特色明显，是潜在的尖端技术产品的原料供应地；川西南的黑色、有色金属和稀土资源优势突出，仅攀西地区就蕴藏有全国13.3%的铁、93%的钛、69%的钒和83%的钴，其他矿产也很丰富，并组合配套好，是我国的冶金基地之一。

四川的水能资源蕴藏量占全国的1/4，可开发量1.1亿千瓦，是中国最大的水电开发和西电东送基地，而在省内的分布集中于民族地区。除了常规资源外，四川民族地区还蕴藏着极为丰富的太阳能、风能、小水电等新（低碳）能源资源。

2.2.3 自然环境与生态条件

从生态区位角度分析，四川民族地区具有重要的生态功能，是中国最重要的生态平衡与保障区之一。一方面，它们地处一、二级阶梯和二、三级阶梯地形的交汇地带，位于盆周山区与四川盆地的生态过渡地带，长江、黄河等河流以及湄公河、伊洛瓦底江等东南亚等国际性河流均发源于此，从这个角度来说，这些地区不仅是中国重要的生态平衡和生态保障区，也事关亚洲部分地区的生态平衡与生态保障。另一方面，四川民族地区大多地处"生态环境脆弱带"，如四川藏族、彝族和羌族等少数民族集中分布的川西高原，是地势台阶的交汇区，是两种或两种以上的物质体系、能量体系、结构体系、功能体系之间所形成的"界面",以及围绕该界面向外延伸的"过渡带",具有生态上的脆弱性,稳定性差,抗干扰的能力弱,可以恢复原状的机会小。

从主体功能区角度看,根据《全国主体功能区规划》和《四川省主体功能区规划》,四川的限制开发区域和禁止开发区大都分布于民族地区(见表2.2、表2.3)。例如,四川省国家层面的重点生态功能区有4个,若尔盖高原湿地生态功能区、川滇森林及生物多样性生态功能区、秦巴生物多样性生态功能区和大小凉山水土保持和生物多样性生态功能区,主体部分均在民族地区。四川省有国家级自然保护区23个,其中有20个分布于民族地区。这类地区生态脆弱、经济发展的资源环境承载能力不强,同时又有大量贫困人口集中分布。因此,根据这些地区的生态功能定位,要坚持保护优先、适度开发、点状发展,因地制宜发展资源环境可承载的特色产业,加强生态修复和环境保护,引导超载人口逐步有序转移,使之逐步成为全国或区域性的重要生态功能区。

表2.2　　　　　　　　　四川的限制开发区(重点生态功能区)

区域	级别	范围	面积(平方公里)	人口(万人)
若尔盖草原湿地生态功能区	国家	阿坝县、若尔盖县、红原县	29270	19.6
川滇森林及生物多样性生态功能区	国家	天全县、宝兴县、小金县、康定县、泸定县、丹巴县、雅江县、道孚县、稻城县、得荣县、盐源县、木里藏族自治县、汶川县、北川县、茂县、理县、平武县、九龙县、炉霍县、甘孜县、新龙县、德格县、白玉县、石渠县、色达县、理塘县、巴塘县、乡城县、马尔康县、壤塘县、金川县、黑水县、松潘县、九寨沟县	243690	295.6
秦巴生物多样性生态功能区	国家	旺苍县、青川县、通江县、南江县、万源市	17765	275.7
大小凉山水土保持和生物多样性生态功能区	国家	屏山县、峨边县、马边县、布拖县、金阳县、昭觉县、美姑县	14846	156.7
大小凉山水土保持和生物多样性生态功能	省级	沐川县、石棉县、宁南县、普格县、喜德县、越西县、甘洛县、雷波县	17201	175.5

资料来源:作者根据《全国主体功能区规划》和《四川省主体功能区规划及实施政策研究》整理。

表 2.3   四川省的禁止开发区

		全省		四川民族地区	
		个数	平方公里	个数	平方公里
自然保护区	国家	23	28047.86	20	27422.78
	省级	67	30003.52	59	28455.63
世界文化自然遗产		5	11015.79	3	10665
国家级风景名胜区		14	20902.88	11	18681
森林公园	国家森林公园	30	6347.78	24	5265.12
	国家地质公园	12	4835.7	9	4307

资料来源：作者根据《全国主体功能区规划》和《四川省主体功能区规划及实施政策研究》整理。

此外，这些地区还和西藏的藏东南高原边缘森林生态功能区、青海三江源草原草甸湿地生态功能区、甘南黄河重要水源补给生态功能区等在地域和功能上存在密切关系。

可见，包括限制开发区域和禁止开发区域在内，四川民族地区保护脆弱生态环境，使之成为全国或区域重要生态功能区的任务十分艰巨。

2.2.4 人口与民族

表 2.4 给出了四川民族地区各县人口禀赋结构。普查表明，四川省民族地区总人口 12235590 人，占四川省普查人口的 15.22%，其中民族区域自治地方总人口 7036237 人，占四川省总人口的 8.75%。区域内各县人口数量相差很大，人口规模最大的宣汉县，超过 100 万人，达到 1006826 人，最小的得荣县，只有 26209 人，最多与最少相差 38 倍多；即使是民族区域自治地方的县，人口最多（西昌市 712434 人）与最少（得荣县），相差也超过 27 倍。从人口密度看，珙县超过 300 人/平方公里，达到 332 人/平方公里，兴文、西昌、筠连、宣汉、古蔺等人口密度超过 200 人/平方公里，人口密度在 100 人/平方公里以上的有叙永、屏山、仁和、汉源、越西、会东、金阳、宁南、米易；人口密度不足 10 人/平方公里的县主要分布于川西北高于藏区，如石渠人口密度只有 3.24 人/平方公里，稻城 4.25 人/平方公里，理塘 5.05 人/平方公里，白玉 5.42 人/平方公里，壤塘 5.73 人/平方公里。

表 2.4 　　　　　　　　四川民族地区人口禀赋结构（2010 年）

地区	总人口	性别比	人口年龄结构（%）			少数民族人口占比（%）	城镇化率（%）	文化程度	
			0～14岁人口	15～64岁人口	65岁及以上人口			15岁及以上人口文盲率（%）	平均受教育年限（年）
仁和区	260294	111.07	16.28	75.26	8.46	19.47	46.68	6.92	8.45
米易县	219227	104.34	18.76	71.5	9.74	18.94	26.59	13.32	7.33
盐边县	207717	107.18	21.51	69.67	8.82	30.06	19.35	16.21	6.99
叙永县	584299	108.30	24.82	64.82	10.37	6.62	23.81	6.34	7.32
古蔺县	713083	105.52	26.22	65.45	8.33	3.42	17.11	5.05	7.34
北川县	197108	106.14	14.69	73.72	11.59	35.77	28.24	10.23	7.39
平武县	170959	108.52	14.37	75.05	10.58	30.64	24.35	8.59	7.50
金口河区	49157	108.25	16.17	72.47	11.36	13.47	39.64	6.06	8.15
峨边县	139210	108.56	21.44	69.59	8.97	38.47	25.75	9.41	6.97
马边县	176530	104.06	28.48	63.83	7.68	51.02	13.88	22.59	6.05
珙县	379798	109.39	20.69	68.83	10.48	4.48	41.34	5.58	7.79
筠连县	329053	107.72	26.1	63.95	9.95	5.02	23.13	7.04	7.30
兴文县	377166	109.20	25.83	63.54	10.63	10.81	22.67	6.97	7.36
屏山县	249751	104.96	22.57	67.46	9.97	2.62	11.45	7.92	7.18
宣汉县	1006826	106.39	22.92	66.53	10.55	4.01	29.4	4.61	7.89
荥经县	147955	104.93	17.18	72.5	10.77	1.91	39.35	6.32	8.05
汉源县	324408	105.49	15.11	75.03	9.86	9.29	16.62	2.35	8.15
石棉县	123600	106.11	18.69	72.07	9.22	25.97	31.91	10.60	7.85
宝兴县	56060	110.73	17.67	70.9	11.44	16.27	27.9	9.13	7.94
阿坝州	898708	108.28	19.86	72.86	7.28	75.44	30.1	12.39	7.59
汶川县	100771	111.76	14.33	78.05	7.62	56.42	39.62	6.90	9.13
理县	46556	118.77	15.08	77.15	7.77	78.48	32.49	8.57	8.25
茂县	104829	104.80	19.96	72.75	7.28	93.51	37.38	7.77	7.90
松潘县	72309	108.85	20.22	72.6	7.17	65.67	26.98	12.91	7.36
九寨沟县	81394	113.51	17.32	77	5.68	31.67	51.1	10.01	8.50
金川县	65976	103.12	18.82	71.85	9.33	77.92	32.43	14.52	7.73
小金县	77731	108.99	18.11	74.22	7.66	66.23	15.75	7.30	7.65
黑水县	60704	106.86	21.74	71.64	6.62	89.88	17.67	20.09	6.44
马尔康县	58437	110.52	15.39	76.65	7.97	76.87	49.25	2.48	9.03
壤塘县	39173	103.67	26.09	66.57	7.33	93.93	9.78	33.76	5.18
阿坝县	72391	108.45	26.15	66.73	7.12	94.05	18.88	10.93	6.54
若尔盖县	74619	101.98	25.99	67.07	6.94	93.55	15.88	25.52	5.72
红原县	43818	108.69	23.17	70.68	6.16	82.73	28.78	18.62	6.75
甘孜州	1091872	106.70	23.2	70.29	6.5	81.76	19.22	30.17	5.78
康定县	130142	117.39	15.94	78.75	5.31	61.48	46.44	12.64	8.72
泸定县	83386	107.17	20.28	70.67	9.05	17.92	30.61	6.28	8.55
丹巴县	59696	105.32	20.48	70.93	8.6	79.34	16.8	8.84	7.90

地区	总人口	性别比	人口年龄结构（%）			少数民族人口占比（%）	城镇化率（%）	文化程度	
			0～14岁人口	15～64岁人口	65岁及以上人口			15岁及以上人口文盲率（%）	平均受教育年限（年）
九龙县	62133	118.11	28.34	65.69	5.97	64.96	12.83	18.18	7.06
雅江县	50225	113.79	24.38	69.73	5.88	89.43	14.52	45.62	4.77
道孚县	55396	106.13	24.49	68.89	6.61	91.02	17.43	35.39	4.86
炉霍县	46558	107.98	23.35	70.01	6.64	88.88	17.74	13.68	6.36
甘孜县	68523	101.73	22.57	71.45	5.98	94.26	14.79	46.92	4.18
新龙县	50393	102.55	27.04	65.71	7.25	92.94	7.23	52.32	3.61
德格县	81503	105.19	26.48	67.07	6.45	97.26	7.87	36.07	4.35
白玉县	56290	90.16	21.33	71.42	7.25	95.84	7.59	32.77	4.74
石渠县	80834	104.46	29.3	64.67	6.04	97.96	8.49	65.09	2.42
色达县	58606	98.91	24.34	69.04	6.62	95.50	12.01	28.49	5.18
理塘县	69046	109.17	24.34	70.39	5.27	93.53	30.39	30.17	5.20
巴塘县	48649	102.06	24.25	70.02	5.74	94.28	17.51	39.56	5.08
乡城县	33170	115.29	21.85	72.83	5.33	88.22	14.57	44.47	5.06
稻城县	31113	102.92	22.67	71.34	5.99	92.96	15.57	37.70	5.10
得荣县	26209	104.66	21.58	70.45	7.97	94.78	11.99	22.67	5.78
凉山州	4532809	107.09	27.33	65.57	7.1	52.45	27.52	19.31	6.41
西昌市	712434	105.62	19.56	71.82	8.62	25.63	65.51	10.22	8.46
木里县	131726	113.76	23.81	70.21	5.98	77.54	21.87	37.66	4.93
盐源县	350176	112.55	26.9	66.96	6.14	58.17	16.97	22.49	6.06
德昌县	214405	104.12	20.95	71.05	8	30.77	33.21	5.18	7.82
会理县	430066	106.54	19.81	70.19	10	18.60	30.94	10.40	6.97
会东县	362944	114.35	25.06	65.23	9.71	8.18	19.27	7.34	6.76
宁南县	170673	105.92	23.1	67.84	9.06	27.68	31.88	12.78	6.85
普格县	155740	109.82	32.76	61.65	5.59	82.83	11.18	34.27	4.95
布拖县	160151	105.20	36.25	58.25	5.5	96.45	11.81	58.88	2.98
金阳县	165121	106.40	35.47	59.79	4.74	81.92	12.68	34.63	4.79
昭觉县	251836	103.99	34.52	60.84	4.64	97.40	9.05	26.25	5.04
喜德县	165906	106.11	34.22	60.82	4.95	89.21	19.69	38.91	4.67
冕宁县	351245	105.65	28.07	64.32	7.61	41.58	28.53	12.62	6.91
越西县	269896	103.24	35.96	58.69	5.34	79.22	21.89	10.19	6.33
甘洛县	195100	109.64	31.99	62.75	5.26	76.72	19.63	30.82	5.42
美姑县	221505	101.57	35.36	60.04	4.6	98.36	5.85	48.17	3.62
雷波县	223885	107.92	29.29	64.76	5.95	56.57	18.21	14.34	6.33

资料来源：《中国人口普查分县资料（2010）》。

从结构上看，这 67 个县（市区）的性别比（男性人口/女性人口）相差也比较大，最高的理县，达到 118.77，最低的白玉县，只有 90.16. 按性别比高低，67 个县（市区）可以划分为如下几组：

性别比小于 100 的有 2 个：白玉县、色达县；

性别比在 100 ~ 107 之间，有 34 个：美姑县、甘孜县、若尔盖县、巴塘县、新龙县、稻城县、金川县、越西县、壤塘县、昭觉县、马边彝族自治县、德昌县、米易县、石渠县、得荣县、茂县、荥经县、屏山县、德格县、布拖县、丹巴县、汉源县、古蔺县、西昌市、冕宁县、宁南县、石棉县、喜德县、道孚县、北川羌族自治县、宣汉县、金阳县、会理县、黑水县。

性别比在 107 以上的有 31 个：泸定县、盐边县、筠连县、雷波县、炉霍县、金口河区、叙永县、阿坝县、平武县、峨边彝族自治县、红原县、松潘县、小金县、理塘县、兴文县、珙县、甘洛县、普格县、马尔康县、宝兴县、仁和区、汶川县、盐源县、九寨沟县、木里藏族自治县、雅江县、会东县、乡城县、康定县、九龙县、理县。

考察人口的年龄结构，一般将人口分为 0 ~ 14 岁（15 周岁以下，少年儿童组）、15 ~ 64 岁（65 周岁以下，成年组）和 65 岁及以上（老年组）三组，据此划分出三种基本人口年龄结构类型：年轻型人口、成年型人口和老年型人口（见表 2.5）。

表 2.5 人口年龄结构类型的划分

	年轻型	成年型	老年型
少年儿童系数	40% 以上	30% ~ 40%	30% 以下
老年人口系数	4% 以下	4% ~ 7%	7% 以上
老化指数	15% 以下	15% ~ 30%	30% 以上
年龄中位数	20 岁以下	20 ~ 30 岁	30 岁以上

资料来源：刘洪涛、吴忠观主编：《人口手册》，西南财经大学出版社 1988 年版，第 460 页。

根据 2010 年中国人口普查资料，四川民族地区 67 个县中，少年儿童系数最高的是布拖县（36.25%），最小的是汶川县（14.33%）；老年人口系数最小的是美姑县（4.6%），最高的是北川县（11.59%）；老化指数最高的是北川县（78.9%），最小的是美姑县（13%）。综合考虑，这 67 个县的人口年龄结构类型均属于成年型和老年型，其中：

人口类型属于成年型的有 30 个，它们是：美姑县、金阳县、昭觉县、喜德县、越西县、布拖县、甘洛县、普格县、雷波县、石渠县、九龙县、理塘县、盐源县、巴塘县、雅江县德格县、乡城县、木里藏族自治县、稻城县、甘孜县、红原县、若尔盖县、新龙县、马边彝族自治县、道孚县、冕宁县、色达县、阿坝县、壤塘县、炉霍县。

人口类型属于老年型的有 37 个，它们是：北川羌族自治县、平武县、金口河区、汉源县、宝兴县、荥经县、汶川县、仁和区、米易县、马尔康县、理县、珙县、会理县、金川县、石棉县、宣汉县、泸定县、屏山县、西昌市、小金县、丹巴县、峨边彝族自治县、叙永县、兴文县、盐边县、宁南县、会东县、德昌县、筠连县、得荣县、茂县、松潘县、白玉县、康定县、九寨沟县、古蔺县、黑水县。

从文化素质看，2010 年四川省 15 岁及以上人口文盲率为 6.55%，6 岁及以上人口平均受教育年限为 8.35 年。在 67 个县中，6 岁及以上人口平均受教育年限在 8.35 年以上的县市区只有汶川（9.13 年）、马尔康（9.03 年）、康定（8.72 年）、泸定（8.55 年）、九寨沟（8.50 年）、西昌市（8.46 年）、仁和区（8.45 年），其余县 6 岁及以上人口的平均受教育年限均在 8.35 年以下，受教育年限最低的县是：石渠（2.42 年）、布托（2.98 年）、新龙（3.61 年）、美姑（3.62 年），不足 5 年的还有甘孜（4.18 年）、德格（4.35 年）、喜德（4.67 年）、白玉（4.74 年）、雅江（4.77 年）、金阳（4.79 年）、道孚（4.86 年）、木里（4.93 年）、普格（4.95 年）。与人均受教育年限偏低的是 15 岁及以上人口文盲率偏高，超过 50% 的有石渠（65.09%）、布托（58.88%）、新龙（52.32%）；低于四川省平均水平 6.55% 的县只有：汉源（2.35%）、马尔康（2.48%）、宣汉（4.61%）、古蔺（5.05%）、德昌（5.18%）、珙县（5.58%）、金口河区（6.06%）、泸定 6.28、荥经（6.32%）、叙永（6.34%）。

从城乡分布看，2010 年普查表明，四川省城镇人口占总人口（城镇化率）的 40.22%，四川民族地区城乡人口分布的特点是：乡村人口比重高，城镇化水平低。67 个县市区中，城镇化率超过 40.22% 的只有西昌市（65.51%）、九寨沟（51.1%）、马尔康（49.25%）、仁和区（46.68%）、康定县（46.44%）和珙县（41.34%），其余县的城镇化率均低于 40%，美姑、新龙、白玉、德格、石渠、昭觉、壤塘等县低于 10%。

　　2010 年第六次人口普查表明，四川省总人口为 80417528 人，其中少数民族人口 4907804 人，占全省总人口的 6.10%。四川省民族地区是少数民族集中分布的地区，67 个县市区中，美姑县、石渠县、昭觉县、德格县、布拖县、白玉县、色达县、得荣县、巴塘县、甘孜县、阿坝县、壤塘县、若尔盖县、理塘县、茂县、稻城县、新龙县、道孚县等 18 个县的少数民族人口比重超过 90%，荥经、屏山、古蔺、宣汉、珙县、筠连等县的少数民族人口比重低于 6.10%。从民族构成和分布看，四川是全国第二大藏区、最大的彝族聚居区和唯一的羌族聚居区，藏族、彝族、羌族这三个少数民族人口占全省少数民族总人口的 90.42%。其中藏族主要分布于甘孜藏族自治州、阿坝藏族羌族自治州和凉山彝族自治州的木里藏族自治县，部分藏族散居于凉山彝族自治州的盐源、冕宁、甘洛、越西和雅安市的宝兴、石棉、汉源以及绵阳市的平武、北川等县；彝族主要分布于凉山彝族自治州和乐山市的峨边彝族自治县及马边彝族自治县，甘州藏族自治州的九龙等地区也有分布；羌族是居住于青藏高原东南缘山岳地带的以农业为主的民族，主要分布于阿坝藏族羌族自治州沿岷江上游的茂县、汶川、理县、松潘、黑水和绵阳市的北川、平武等县（见图 2.1、表 2.6）。

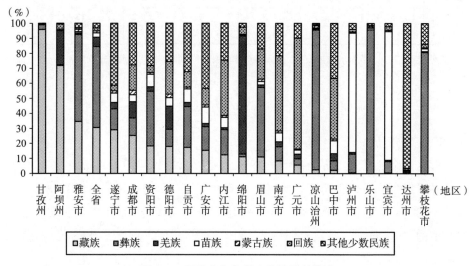

图 2.1　四川省各市州少数民族的构成

　　资料来源：四川省人口普查办公室、四川省统计局编：《四川省 2010 年人口普查资料》，中国统计出版社 2012 年版，表 1－6。

表 2.6　　　　　四川省各市州少数民族分布（占全省人口比例）

	藏族	彝族	羌族	苗族	蒙古族	回族	其他少数民族
全省	100	100	100	100	100	100	100
成都市	2.16	0.56	4.58	3.51	11.29	19.99	21.44
自贡市	0.06	0.05	0.04	0.26	0.15	0.47	0.94
攀枝花市	0.03	5.36	0.04	2.40	1.50	3.33	15.26
泸州市	0.04	0.35	0.06	35.25	0.37	1.08	1.92
德阳市	0.11	0.04	0.48	0.31	0.68	1.87	1.42
绵阳市	1.16	0.07	39.72	0.39	0.89	7.01	2.58
广元市	0.04	0.02	0.10	0.16	0.16	7.14	0.59
遂宁市	0.06	0.02	0.04	0.10	0.13	0.12	0.73
内江市	0.06	0.04	0.03	0.28	0.18	2.35	1.00
乐山市	0.08	5.79	0.08	1.13	0.55	1.46	1.28
南充市	0.05	0.03	0.09	0.30	0.26	4.03	1.12
眉山市	0.09	0.22	0.05	0.19	0.32	2.47	1.29
宜宾市	0.04	0.27	0.03	47.22	0.29	2.18	1.19
广安市	0.04	0.02	0.02	0.25	0.13	0.38	0.94
达州市	0.02	0.01	0.03	0.15	0.13	0.35	25.05
雅安市	1.87	1.75	0.25	0.27	4.08	0.66	1.57
巴中市	0.00	0.00	0.00	0.01	0.01	0.09	0.05
资阳市	0.05	0.05	0.04	0.19	0.07	0.17	0.66
阿坝州	32.73	0.03	53.20	0.17	0.47	25.70	1.38
甘孜州	57.12	1.10	1.02	0.14	1.25	2.13	1.72
凉山州	4.21	84.22	0.09	7.29	77.10	17.01	17.87

　　资料来源：四川省人口普查办公室、四川省统计局编：《四川省 2010 年人口普查资料》，中国统计出版社 2012 年版，表 1-6。

2.3　禀赋与城镇化、城乡发展一体化：密度—距离—分割

2.3.1　密度—距离—分割

　　考察一个地区的经济地理特征有多个视角，本节利用世界银行《2009 年世界发展报告》提出的密度—距离—分割框架，分析四川民族地区的经济地理特征。《2009 年世界发展报告》的主题是"重塑世界经济地理"，根据发展在空间上的非均衡性，提出经济发展在空间上可以以密度（Density）、距离（Distance）和分割（Division）这三个特征来界定[1]。密度指的是单位陆地面

　　① 世界银行：《2009 年世界发展报告：重塑世界经济地理》，清华大学出版社 2009 年版，第 6～7 页。

积经济活动的强度，反映了经济的集中程度；距离是指商品、服务、劳务、资本、信息和观念穿越空间的难易程度，它虽与物理距离有关，但主要指的是与发达地区、经济核心区和市场的距离，包括时间距离、交易成本等；分割指地区之间商品、资本、人员和知识流动的限制因素，也就是阻碍经济一体化有形和无形的障碍，虽与边界相关，但不是全部，区域经济一体化过程中的各种障碍（或经济壁垒）是造成分割的主要因素。密度—距离—分割为分析一个地区的空间结构提供了一个分析框架。下面利用这一框架分析四川民族地区的空间结构。

1. 密度

密度反映了单位土地面积上经济活动的强度，可以用单位面积上的地区生产总值、单位面积上的人口与就业等来刻画。2012 年，四川民族地区的相关密度（见表 2.7）。可以看出四川民族地区的人口密度和经济密度都低于四川省的平均水平，更低于四川省的经济核心区（成都市、德阳市和绵阳市）。同时与四川相对发达地区比较，四川民族地区经济活动的集聚程度明显偏低。

表 2.7　　　　　　　　四川民族地区的密度（2012 年）

地区	人口密度 （人/平方公里）	人均地区生产总值（元）	经济密度 （万元/平方公里）	就业密度 （人/平方公里）
四川省	187.17	29608.00	491.16	98.72
仁和区	130.86	57857.00	879.76	71.97
米易县	101.72	43207.00	432.87	68.46
盐边县	64.55	48481.00	313.67	38.70
叙永县	242.52	13075.00	256.87	122.50
古蔺县	267.59	14845.00	332.38	116.99
北川羌族自治县	78.15	15835.00	102.79	45.82
平武县	30.80	16381.00	46.89	21.53
金口河区	88.63	53816.00	442.77	50.84
峨边彝族自治县	63.05	20682.00	120.46	36.33
马边彝族自治县	89.38	14383.00	107.01	45.07
珙县	372.93	25429.00	838.82	243.06
筠连县	340.76	30712.00	811.82	200.00
兴文县	343.48	16740.00	458.29	191.81
屏山县	206.12	11871.00	201.59	125.86
宣汉县	310.93	19627.00	464.01	148.68

续表

地区	人口密度 （人/平方公里）	人均地区生产总值（元）	经济密度 （万元/平方公里）	就业密度 （人/平方公里）
荥经县	85.35	32997.00	274.95	59.52
汉源县	138.19	15325.00	209.47	100.42
石棉县	46.30	42367.00	200.13	25.54
宝兴县	18.95	35126.00	64.97	11.72
汶川县	24.74	45762.00	112.86	15.63
理县	10.65	32143.00	34.99	7.53
茂县	27.24	23636.00	61.08	17.30
松潘县	8.96	17402.00	14.93	5.30
九寨沟县	12.67	22217.00	33.96	8.82
金川县	13.40	11853.00	14.44	7.26
小金县	14.54	11738.00	16.39	9.60
黑水县	14.93	24425.00	35.87	9.22
马尔康县	8.44	28286.00	24.92	5.57
壤塘县	6.14	14098.00	8.19	4.10
阿坝县	7.28	9719.00	6.86	3.40
若尔盖县	7.38	15372.00	11.12	4.62
红原县	5.36	17864.00	9.47	2.91
康定县	9.75	31096.00	35.68	8.38
泸定县	40.18	18782.00	74.35	18.57
丹巴县	13.10	15590.00	21.76	12.07
九龙县	9.75	37236.00	34.62	6.28
雅江县	6.62	12857.00	8.64	7.44
道孚县	7.94	9714.00	7.73	5.26
炉霍县	10.22	8614.00	8.86	5.06
甘孜县	9.31	8997.00	8.51	5.68
新龙县	5.95	11156.00	6.64	2.72
德格县	7.71	6513.00	4.87	5.17
白玉县	5.20	17625.00	9.66	3.37
石渠县	4.37	7287.00	2.42	1.88
色达县	5.47	7495.00	4.76	3.42
理塘县	4.83	10257.00	5.24	2.84
巴塘县	6.62	16007.00	10.03	5.91
乡城县	5.98	18180.00	12.03	3.39
稻城县	4.37	14407.00	6.24	2.46
得荣县	8.92	16300.00	14.81	5.11

续表

地区	人口密度 （人/平方公里）	人均地区生产总值（元）	经济密度 （万元/平方公里）	就业密度 （人/平方公里）
西昌市	239.26	45325.00	1258.65	171.40
木里藏族自治县	10.41	17445.00	17.05	6.72
盐源县	46.02	21084.00	88.60	28.11
德昌县	91.51	24468.00	229.79	54.82
会理县	102.03	43864.00	420.91	71.33
会东县	128.91	29554.00	334.28	82.99
宁南县	113.98	22387.00	234.21	77.02
普格县	96.59	12480.00	103.05	49.82
布拖县	107.95	13674.00	131.38	58.90
金阳县	121.61	14805.00	154.86	59.17
昭觉县	111.56	7859.00	71.51	59.38
喜德县	98.82	10954.00	81.93	48.10
冕宁县	87.27	22182.00	175.03	54.67
越西县	148.94	12095.00	143.15	77.93
甘洛县	102.04	13994.00	125.92	57.19
美姑县	99.11	7973.00	67.09	47.65
雷波县	89.02	19811.00	149.67	56.96
四川民族地区	39.74	20651.85	82.07	23.20

注：人口密度和人均地区生产总值计算用的人口数是年末户籍人口。

资料来源：《中国区域经济统计年鉴》（2011）、《四川统计年鉴》（2013）。

2. 距离

　　距离实际上反映的是一个地区与另一个地区在空间上的区位关系，包括位置关系、地缘政治关系、地缘经济关系以及交通、信息关系等等。相应地就有物理距离、政治距离、经济距离、信息距离等。这里重点考察的是民族地区与发达地区和大市场的经济距离。

　　从经济距离看一个地区与另一个地区间的区位关系，重点在于这个地区与发达地区和经济中心的距离关系。如果一个地区远离经济中心，意味着交通落后，信息闭塞，远离大市场，市场潜力小。相反，如果一个地区接近经济中心和大市场，交通方便，运输成本低，市场潜力大。四川民族地区绝大多数地区离四川省的经济核心区（成都—德阳—绵阳经济带）较远，处于四川经济的核心—边缘结构中的边缘区。例如，甘孜州得荣县城距成都的公路里程 1306 公里，是四川省距成都最远的县域。图 2.2 绘出了四川各县距成都的公路距离。简单地把各县城（区）首府距成都的距离与其经济发展水平指标（人均地区生产总值）进行拟合，如图 2.3 所示，看来距离政治经济核心区的距离，确实能在一定程度上解释一个地区的发展水平，距离核心区近，能够及时获得来自核心区的发展溢出（development Spillover），促进本地区的发展。四川民族地区远离政治经济核心区，得自这些地区的正的溢出效应弱，也是其经济不发达的一个原因。

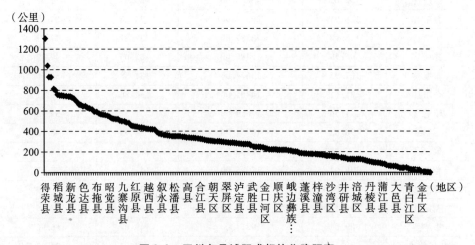

图 2.2　四川各县城距成都的公路距离

资料来源：本报告作者绘制。

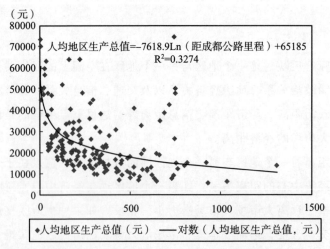

图 2.3　四川省各县域距成都的公路里程与经济发展间的拟合关系

资料来源：本报告作者绘制。

距离的另一个重要方面是毗邻效应。如果与一个地区毗邻的均是发达地区，那么该地区得到发达地区的正溢出效应强，对于自己的发展是有利的。若毗邻的均是不发达地区，该地区获得的溢出效应弱，呈现出"贫困的空间聚集"。与四川民族地区相毗邻的地区大多是经济发展水平偏低的地区。从区域内看，区内的贫困地区呈现出集中连片的空间集聚特点。《中国农村扶贫开发纲要》（2011～2020 年）划定的连片特困地区绝大多数在民族地区和革命老区[①]，如秦巴山区、乌蒙山区、四省藏区等，它们在空间上集中连片。

3. 分割

四川民族地区的分割首先来自其自然地理环境的复杂和破碎。例如，四川民族地区集中分布的川西北高原，海拔 4000～5000 米，90% 以上是山地和高原。这样的地表结构，使得四川民族地区的"区域开发成本"很高。例如，在山区修公路，每公里的成本是平原地区的 5～10 倍[②]。

分割的另一个表现是各地区区内平均距离，区内平均距离越大，分割越严重。区内平均距离的计算公式是：

$$d_{ii} = 0.75 \cdot \sqrt{A_i}$$

式中，A_i 是区域 i 的面积。计算结果表明，由于地域辽阔，四川民族地区区内平均距离大，例如石渠县区内距离达 118 公里，远大于四川省平均县域内的距离（34 公里）。简单地把四川省各县域内部距离与经济发展水平指标（人均生产总值，GDP）进行回归（见图 2.4），它们间具有显著的对数负相关关系，随着内部距离的扩大，人均生产总值 GDP 逐渐变小。

此种地理上的分割带来经济上的分割。据全国第二次农业普查资料，四川省有乡镇 4400 个（乡 2588 个，镇 1812 个），其中民族乡镇 232 个，丘陵乡镇 2067 个，山区乡镇 2061 个，扶贫重点县的乡镇 1229 个。只有 5.5% 的乡镇有火车站，10.2% 的乡镇有码头，27.3% 的乡镇有二级及以上公路通过，乡政府所在地距县城在 1 小时车程内的乡镇占 60.6%。位于四川民族地区的乡镇大多位于山区、丘陵和扶贫重点县，从这些地区乡镇的通达性看，绝大多数乡镇没有火车站、没有码头、没有二级公路通过，离一级公路或高速公路出入口的

---

① 中国农村扶贫开发纲要（2011～2020），新华网，2011 - 12 - 01。

② 此外，研究表明，陆地海拔每升高 1000 米，人体劳动能力就因缺氧而下降 10% 左右，正常人在海拔 4000 米以上地区工作时的劳动能力比在近海平原处工作时下降 39.7%；海拔每升高 1000 米，内燃机功率就下降 8%～13%，油耗增加 6%。

距离大于 50 公里，有许多乡镇，特别是民族地区的乡镇，到达县政府的时间大多在 1 小时以上，有的乡镇甚至达 2 个小时。

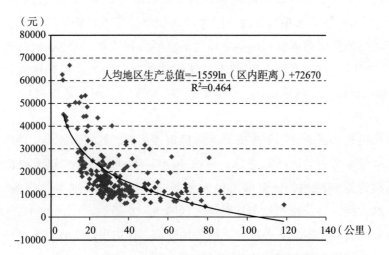

图 2.4 四川省各县域内部距离与经济发展间的关系

（纵坐标：人均地区生产总值（元）；横坐标：区内距离（公里））

资料来源：本报告作者绘制。

从四川民族地区的城镇化水平和城镇体系结构看，目前，四川民族地区城镇化水平低，经济活动和人口的集聚程度不高。2012 年，四川省常住人口城镇化率为 43.53%，而民族地区集中分布的阿坝藏族羌族自治州、甘孜藏族自治州和凉山彝族自治州的城镇化率均低于全省平均水平，最低的甘孜州自治州城镇化率仅 24.41%，其次是凉山州，为 29.57%，稍高的阿坝州也只有 33.37%。

同时，四川民族地区绝大多数聚落人口规模小、密度低。据统计，2012 年阿坝藏族羌族自治州、甘孜藏族自治州和凉山彝族自治州共有县级市 1 个，镇 143 个。目前，四川民族地区聚落规模小、密度低，从两个方面制约着发展，一是聚落规模越小，本地市场规模越小，要素自给能力越差，在同等需求强度的情况下，本地需求通过外部交易满足的比率将越大。这将增加交易成本以及本地经济的外部漏损，本地市场需求转化为本地生产能力的能力较差，从而对城镇化和城乡发展一体化起着限制作用。二是聚落规模小，无法实现内部规模经济和外在规模经济，从而规模报酬递增程度低，而报酬递增是发展的重要引擎。

除了上述的分割外，四川民族地区还面临行政区边界的分割和文化上的分割。行政区边界的分割表现明显的主要在行政区间的边缘地带。

2.3.2 空间结构对城镇化、城乡发展一体化及经济发展的约束

从空间结构看，四川民族地区密度低、距离远、分割较为严重，空间格局不经济，成为制约这些地区城乡发展一体化和经济发展的重要因素。图2.5把2012年四川民族地区67个县域的经济密度、就业密度与城乡发展一体化指数进行拟合，可以看出空间结构对城乡一体化的作用。

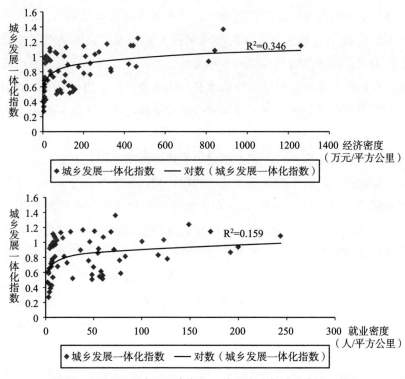

图 2.5 四川民族地区经济密度、就业密度与城乡发展一体化

资料来源：本报告作者绘制。

首先，密度低，集聚力弱，抑制了经济增长。《2009年世界银行发展报告》指出："发展活动并非给所有地区都带来经济繁荣；市场青睐于某些地区，而忽视另一些地区。然而，使生产活动分散化并不一定促进繁荣。"[1] 理

———————————

[1] 世界银行：《2009年世界发展报告》，清华大学出版社2009年版，前言。

论研究也表明，经济活动的空间聚集和经济增长的过程总是相伴相生的，增长促进的聚集，聚集加速了增长①。四川民族地区密度低，城镇化水平低，城镇体系不完善，缺乏大城市，结果本地市场效应小，集聚力弱，而远离大市场，区内距离大，地理分割导致经济分割，形成分散力，这对于这些地区的发展是不利的。

其次，远离大市场，对外部市场的获得难度大。根据亚当·斯密在《国富论》中论述的经济发展第一定律，"劳动生产力上最大的增进，以及运用劳动时所表现得更大的熟练、技巧和判断力，似乎都是分工的结果"，而"分工受市场范围的限制"②。而一个地区的市场范围受运输成本和市场需求容量的影响。研究表明，市场范围和运输成本呈现负向关系，而且运输成本对市场范围的负效应在边际上是递增的。运输成本是和距离及分割密切相关的。四川民族地区由于远离省内经济核心区，更远离全国经济核心区，区际运输成本高，市场获得小，市场规模难以扩大。

再其次，市场规模小，限制了四川民族地区的工业化。工业化是区域经济发展的必经之道，这对于经济不发达的四川民族地区也是如此。但是这些地区由于自然地理空间结构（地理第一性）上处于不利状态，市场获得不足，市场规模小，虽然具有发展资源型工业的比较优势，但制造业发展的比较优势不足，而且运输成本高，加上分割和集聚力低的影响，西部大开发以来制造业比重不仅没有上升，反而呈现出下降的"去工业化"态势③。

最后，区内运输成本高，抑制了区内经济一体化的形成。由于四川民族地区内部地理结构的非经济性，人口和经济活动的空间高度分散，一方面任何连接边缘地带与中心城市的基础设施建设所需要的投资都十分巨大，如果没有中央政府和其他地区政府的支持和援助，这些基础设施是难以完成的；另一方面使地区内部的教育、卫生和能源等设施难以形成规模经济，更无法实现生产部门和工业企业的规模报酬递增效应；再者这些地区区内距离大，社会经济活动

①　Baldwin, Richard E. , Martin, Philippe, 2004. Agglomeration and regional growth. In: Henderson, Vernon J. , Thisse, Jacques – Francois（Eds. ）, Handbook of Regional and Urban Economics, Vol. 4: Cities and Geography. Elsevier, North – Holland.

②　[英] 亚当·斯密著，郭大力王亚南译：《国民财富的性质和原因的研究》（上卷），商务印书馆 1994 年版，第 5、16 页。

③　郑长德，《西部民族地区工业结构的逆向调整与政策干预研究》，载《兰州商学院学报》2011年第 6 期，第 31～39 页。

的交易成本（主要是运输成本）高，抑制了产品竞争力的提升；另外，由于这些地区的边缘、分散和贫穷，造成生产要素的边际生产率低，从而区外的生产要素受利润最大化驱动，难以流入，而区内已有生产要素（包括资本、劳动等）还不断流出。所有这些，都极大地抑制了四川民族地区区内的经济一体化。

总之，密度低、距离远和地区分割共同作用，阻挠了四川民族地区的发展，特别是制造业的发展，抑制了城镇化的推进和城乡发展一体化。

3. 四川民族地区城镇化的历程与特征

3.1　四川民族地区城镇化历程概览

20 世纪 50 年代以来，四川民族地区的城镇化大体上经过了如下几个阶段[①]：

3.1.1　零星布局

20 世纪 50 年代，四川民族地区陆续建立了凉山彝族自治州（1952 年）、甘孜藏族自治州（1955 年）、阿坝藏族自治州（1953 年）和木里藏族自治县（1953 年）、茂汶羌族自治县（1958 年撤并入阿坝）。其中 1955 年西康省藏区自治州划归四川省，改名为甘孜藏族自治州，辖 8 县和 2 个办事处。1953 年茂县专区改为四川省藏族自治区，辖 10 县。1953 年四川省藏族自治区改名为阿坝藏族自治州，辖 12 县。1955 年凉山彝族自治州由西康省划归四川省，辖 11 县。1950 年正式成立峨边县人民政府，隶属于川南行署乐山专区。1955 年峨边县转为隶属凉山彝族自治州，委托乐山专区代管。1949 年马边县人民政府成立，属川南行署乐山专区管辖。随着原属于西康省的凉山彝族自治州划归四川省领导，自 1956 年起马边县划归凉山彝族自治州，由乐山专区代管。1950 年北川县人民政府成立。1952 年北川县人民政府所在地由现北川羌族自治县禹里乡（原治城）搬至曲山镇。2003 年国务院批准撤销北川县，设立北川羌族自治县。后几经调整，形成了现在"三州三县"的局面。这一时期没

---

① 钟海燕：《四川民族地区城镇布局与四川城市群协调发展研究》，四川省软科学项目报告（编号：2008ZR0028）。

有市的建制，只有一些零星分布的集镇。①

新中国成立之初的四川民族地区处于自然经济状态，区域经济发展水平较低，城镇基础设施落后，城镇经济活动具有"资源指向型"特征，城镇职能以农村型的商品型集镇为主，城镇产业布局具有零、松散和自然分布特点，第二、第三产业分布存在较多的空白点。由于城镇布局零星，经济活动被隔离成相对孤立的小单元，集镇交易频率和规模有限，四川民族地区城镇与其他地区的经济联系少，商品生产和交换的经济集聚现象不明显，缺乏增长极，处于低水平均衡状态。

3.1.2 "三线"布局

"三线"建设始于 1964 年，终于 1980 年。从 1964 年到 1980 年的 17 年间，国家在"三线"地区累计投资 2000 多亿元，建成国有企业近 3 万家，形成 45 个专业生产科研基地和 30 个各具特色的新兴工业城市。国家把沿海和内地的一批大型工业企业搬迁到四川民族地区，同时还在调整全国工业布局中，又安排了一批新的重点建设项目。使四川民族地区形成了一定规模的工业基地，生产力布局有了明显改善，为建立较为完整的工业经济体系奠定了基础。

"三线"建设时期，催生了一批资源型工业城市，如德阳、绵阳、攀枝花，出于战备部署和计划经济需要，伴随重点建设和"三线"建设有明确的产业聚集组团。这些城市虽然不属于四川民族地区范畴，但由于地域临近，经济活动具有关联性，带动了四川民族地区城镇发展。如 1965 年以攀枝花矿区为中心设立渡口市，发展矿山资源，建立钢铁基地，逐步带动了周边小城镇发展。攀西资源综合开发区从矿产资源的分布与开发利用来看，主要集中在沿安宁河谷及成昆铁路一线，自四川民族地区的冕宁至攀枝花市。

依托国家投资建立起的以资源开发为主的大量"三线"企业虽然为落后的四川民族地区嵌入了现代工业，但与当地落后的农业和传统工业彼此孤立，没有很好地带动地方经济发展，形成典型的农村人口滞留农村，资本流入城镇的二元结构。

3.1.3 改革开放后布局

改革开放后，四川民族地区城镇空间有了很大的发展。在地方政府力量为主的多元力量推动下，四川民族地区城镇化水平不断提高。农民在市场力诱导

---

① 史为乐：《中华人民共和国政区沿革（1949～2002）》，人民出版社 2006 年版。

下自发地向非农产业和城镇转移，乡镇企业崛起，城镇交易活动频率和规模不断扩大，一些交易集散地发展形成了一些贸易型城镇。1983 年阿坝藏族自治州更名为阿坝藏区羌族自治州。1979 年西昌县部分地区设市，1986 年撤销西昌县建制并入西昌市，由此在四川民族地区产生了市的建制。1984 年国务院撤销马边县，建立马边彝族自治县，并从凉山彝族自治州划出，正式划归乐山地区管辖。1985 年国务院撤销乐山地区，建立乐山市，实行市管县体制，马边彝族自治县随之属乐山市管辖。1984 年国务院建立峨边彝族自治县，隶属乐山地区。1985 年以后，隶属乐山市。几经调整，甘孜州辖 18 县 26 镇，州府康定。阿坝州辖 13 县 31 镇，州府马尔康。凉山州辖 16 县 75 镇，州府西昌市①。

1998 年长江特大洪灾发生后，作为长江上游生态屏障，四川民族地区城镇的经济功能定位不断弱化，环境保护功能不断得以加强。1998 年启动天然林资源保护工程。1999 年启动退耕还林工程。许多以"森林工业"、"木头财政"为主导产业的城镇开始转型。1999 年西部大开发战略实施后，国家加大了对四川民族地区城镇布局力度。这一时期撤乡并镇，小城镇数量增加。到 2012 年底，四川民族地区有县级市 1 个，即西昌市，阿坝、甘孜和凉山 3 个自治州有镇 143 个，其中阿坝州 33 个，甘孜州 29 个，凉山州81 个。

3.2　四川民族地区城镇化的基本特点

3.2.1　城镇化水平：乡村人口比重高，城镇化率低

2010 年第六次人口普查表明，四川省城镇人口占总人口的比例（城镇化率）为 40.22%。四川民族地区城镇化水平总体水平低，县域间差异很大。四川民族地区 67 个县市区的总体城镇化率只有 26.12%。在 67 个县市区中，只有 6 个县的城镇化率在 40% 以上，很多地区的城镇化率低于 20%，甚至不足10%。大体上根据城镇化率，可以把 67 个县市区划分为如下几类：

（1）城镇化率在 50% 以上：2 个，西昌市、九寨沟县；

（2）城镇化率在 40%～50%：4 个，马尔康县、仁和区、康定县、珙县；

（3）城镇化率在 30%～40%：12 个，金口河区、汶川县、荥经县、茂县、

---

① 史为乐：《中华人民共和国政区沿革（1949～2002）》，人民出版社 2006 年版。

德昌县、理县、金川县、石棉县、宁南县、会理县、泸定县、理塘县；

（4）城镇化率在20%～40%：14个，宣汉县、红原县、冕宁县、北川羌族自治县、宝兴县、松潘县、米易县、峨边彝族自治县、平武县、叙永县、筠连县、兴文县、越西县、木里藏族自治县；

（5）城镇化率在10%～20%：28个，喜德县、甘洛县、盐边县、会东县、阿坝县、雷波县、炉霍县、黑水县、巴塘县、道孚县、古蔺县、盐源县、丹巴县、汉源县、若尔盖县、小金县、稻城县、甘孜县、乡城县、雅江县、马边彝族自治县、九龙县、金阳县、色达县、得荣县、布拖县、屏山县、普格县；

（6）城镇化率在10%以下：7个，壤塘县、昭觉县、石渠县、德格县、白玉县、新龙县、美姑县。

城镇化率的这几种类型和2000年比较，进展还是比较大的，如图3.1所示。

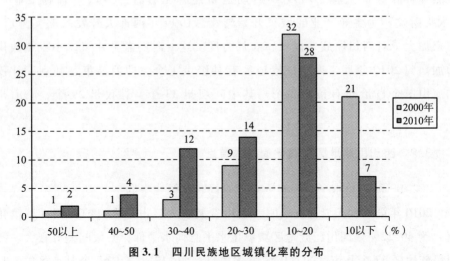

图3.1　四川民族地区城镇化率的分布

资料来源：本报告作者根据《2000年全国人口普查分县资料》、《中国2010年人口普查分县资料》数据计算绘制。

3.2.2　城镇化与非农业户口人口比重：非农业户口人口比重低于常住人口的城镇化率

上面分析的城镇化率是城镇人口占常住人口的比例，考虑到一部分常住人口并未享受到与具有城镇户口的居民同等的社会福利，所以这个城镇化率实际上高估了这些地区的城镇化水平。若按户籍人口计算，四川民族地区的城镇化率更低了（见图 3.2）。比如西昌市常住人口城镇化率达到了 65.51%，可非农业户口人口比重却只有 27.12%。只有壤塘县、新龙、九龙、丹巴、得荣等几个县的城镇化率小于非农业人口比重。图 3.2 除了说明城镇化率和非农业户口人口比重的差异外，还说明了这两者间具有显著的正相关性关系。

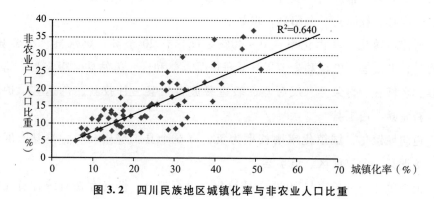

图 3.2　四川民族地区城镇化率与非农业人口比重

资料来源：本报告作者根据《中国 2010 年人口普查分县资料》数据计算绘制。

3.2.3　城镇体系

到目前为止，四川民族地区在行政区划上只有一个县级市，即西昌市，其余为建制镇。《中国建制镇统计年鉴》（2012）统计了四川省 2011 年的 1859 个建制镇，其中四川民族地区有 266 个，这 266 个建制镇，按镇区人口规模，最大的是宣汉县东乡镇，人口超过 11 万，最少的是黑水县芦花镇，只有 300 人。

3.2.4　城镇化率的增长：增长速度快，县域间差异大

根据 2000 年和 2010 年各县域城镇化率，可以计算出 2000～2010 年 10 年四川民族地区城镇化的增长情况。2000 年四川省人口城镇化率为 27.09%，2010 年达到 40.22%，增长率为 48.47%。同期四川民族地区城镇化率由 2000 年的 15.59% 提高到 2010 年的 26.12%，增长率为 67.54%，快于四川省的平均水平。各县之间城镇化率的增长率相差甚大，最高的是会理县，达到 305.96%，最低的道孚县，为 37.72%。按照增长率高低，可以把 67 个县市区划分为如下几种类型：

超高速城镇化，城镇化率增长率超过 100%，有 11 个县：会理、北川羌族自治县、喜德县、越西县、会东县、茂县、雷波县、宣汉县、理塘县、德昌县、木里藏族自治县。

高速城镇化，城镇化率增长率在 67% ~ 100%，有 15 个县：米易县、理县、松潘县、宁南县、金川县、德格县、盐边县、泸定县、若尔盖县、叙永县、马边彝族自治县、九寨沟县、荥经县、盐源县、稻城县。

中速城镇化，城镇化率在 40% ~ 67%，有 15 个县：西昌市、汶川县、昭觉县、石渠县、雅江县、冕宁县、筠连县、布拖县、石棉县、九龙县、古蔺县、阿坝县、红原县、金阳县、珙县。

低速城镇化，城镇化率在 0 ~ 40% 之间，有 20 个县：黑水县、小金县、兴文县、平武县、巴塘县、宝兴县、丹巴县、仁和区、美姑县、康定县、马尔康县、乡城县、得荣县、汉源县、峨边彝族自治县、甘孜县、色达县、炉霍县、新龙县、白玉县。

逆向城镇化，城镇化率增长率为负，有 6 个县：普格县、甘洛县、屏山县、壤塘县、金口河区、道孚县。

把城镇化率增长率与 2000 年城镇化率进行拟合，两者存在有统计意义的负相关性（见图 3.3），这说明尽管各地区城镇化水平相差很大，但存在着某种收敛关系。

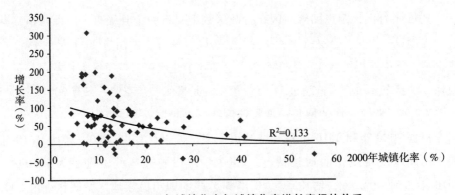

图 3.3　2000 年城镇化率与城镇化率增长率间的关系

资料来源：本报告作者根据《2000 年全国人口普查分县资料》、《中国 2010 年人口普查分县资料》数据计算绘制。

3.3　四川民族地区城镇化的动力机制

3.3.1　地理禀赋与城镇化

一个地区的地理禀赋对人口与生产要素的空间集聚具有基础性的作用。四川民族地区 67 个县市区地处盆周山区，地势起伏大，侵蚀作用强，地表破碎，限制了城镇规模和数量的扩展，对这些地区城镇化的推进是不利的。这里选取了四川民族地区各县城距四川省经济核心区——成都市的公路距离、各县域内部的距离、各县城的海拔高度（仅限于阿坝藏族羌族自治州、甘孜藏族自治州、凉山彝族自治州的 48 个县市）、各县城 2010 年人口密度等能够反映地理禀赋的指标，把这些指标与城镇化率进行拟合，结果见图 3.4 和图 3.5。可以看出，距成都市的距离与城镇化率间存在明显的负相关关系，距成都市越远，城镇化率越低；区内距离与城镇化率间不存在统计上的关系，说明城镇化率的高低与一个地区区域的幅员大小关系不大；县域海拔高度与城镇化率间呈现出明显的负相关关系，前提条件不变的情况下，县城海拔越低，城镇化率可能会越高；人口密度与城镇化率间不存在有统计意义的关系。

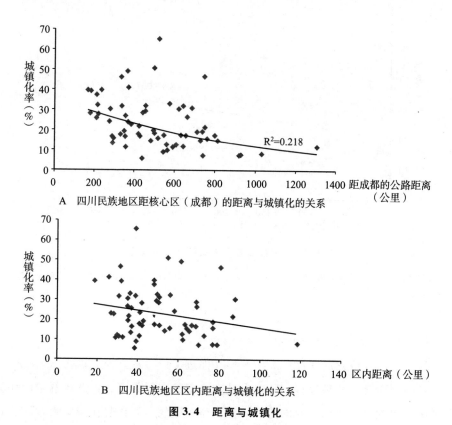

A　四川民族地区距核心区（成都）的距离与城镇化的关系

B　四川民族地区区内距离与城镇化的关系

图 3.4　距离与城镇化

资料来源：本报告作者根据《中国 2010 年人口普查分县资料》、《四川统计年鉴》及相关县域地方志资料计算绘制。

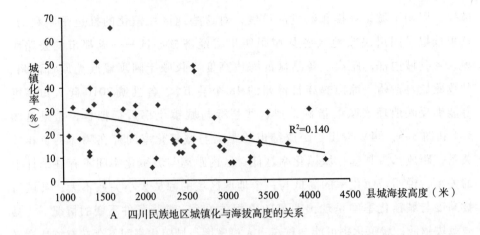

A 四川民族地区城镇化与海拔高度的关系

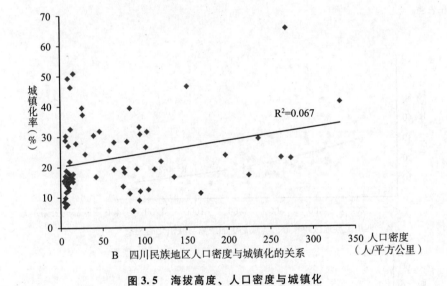

B 四川民族地区人口密度与城镇化的关系

图 3.5   海拔高度、人口密度与城镇化

资料来源：本报告作者根据《中国 2010 年人口普查分县资料》、《四川统计年鉴》及相关县域地方志资料计算绘制。

3.3.2   经济发展与城镇化

城镇化与经济发展间存在双向的相互促进关系，一方面城镇化意味着生产要素的空间集聚，这种集聚实际上也是生产率的空间集聚，也意味着生产要素从低生产率部门向高生产率部门的转移，城镇化的主要优势在于集聚效应，包括从生产、流通、创新到基础设施、公共服务和居民生活上的集聚效应，从而提高经济的生产率，促进经济发展。另一方面，随着经济发展，居民收入水平的提高，本地市场效应和价格指数效应产生的吸引力，会进一步吸引生产要素和人口的集聚，从而会提高城镇化的水平。若以人均地区生产总值代表经济发展水平，图3.6对四川民族地区人均地区生产总值与城镇化率进行拟合表明，两者间存在显著的正相关关系。

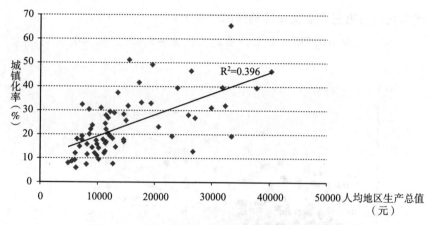

图 3.6 四川民族地区经济发展与城镇化间的关系

资料来源：本报告作者根据《中国2010年人口普查分县资料》、《四川统计年鉴》资料计算绘制。

3.3.3 产业结构与城镇化

城镇化意味着资源从农业部门向非农业部门（特别是现代部门）的空间转移，包括劳动力就业的非农化和土地用途的非农化，劳动力人口从农业部门向非农部门的转移，在绝大多数情况下，伴随的是就业的空间集聚和随迁人口的集聚，这种转移和集聚本质上是资源从生产率低的部门向生产率高的部门转移，因此与城镇化平行的是产业结构的变化，表现为非农业产值占比的增加、农业产值占比的下降和就业结构中非农就业比重的上升。基于数据的可得性，这里以2010年的数据为例，分析城镇化与产业结构的关系，城镇化数据来自2010年人口普查资料，产业结构数据来自《中国区域经济统计年鉴》（2011年）和《四川统计年鉴》（2011年）。

图3.7绘出了四川民族地区67个县市区2010年城镇化率和反映产业结构的几个指标的拟合关系，可以看出：

第一，城镇化率与第三产业增加值占地区生产总值的比重间不存在具有统计意义的关系。一个可能的解释是以服务业为主的第三产业，从产值方面看，存在着所谓"鲍莫尔病"，即伴随经济发展，服务业的价格增加的速度远快于其吸收就业的增加速度。

第二，城镇化率与非农就业，特别是与第三产业就业间的关系显著。具体地，城镇化率与非农业就业比重间的关系为：

$$城镇化率 = 0.899 \times 非农就业比例 + 13.51，R^2 = 0.490$$

城镇化率与第三产业就业比例间的关系为：

$$城镇化率 = 0.595 \times 第三产业就业比重 + 9.935，R^2 = 0.550$$

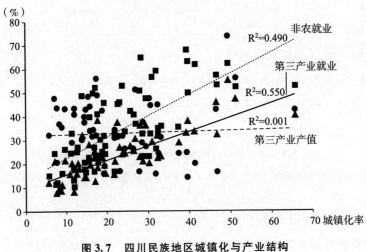

图 3.7　四川民族地区城镇化与产业结构

资料来源：本报告作者根据《中国 2010 年人口普查分县资料》、《四川统计年鉴》、《中国区域经济统计年鉴》资料计算绘制。

考虑到城镇化是就业与人口的空间集聚，而在初始发展阶段，就业的集聚是人口集聚的前提，因此，第三产业的发展是四川民族地区城镇化的主要产业支撑。

工业化是产业结构变化的核心。下面分析四川民族地区城镇化与工业化的关系。2010 年四川民族地区总体的工业化率（工业化率用地区生产总值中工业增加值的占比代表）为 42.97%，超过 26.12% 的城镇化率。图 3.8 是四川民族地区 67 个县市区城镇化与工业化的关系。拟合关系表明，在统计上，67 个县市区的城镇化与工业化间呈现出倒"U"形的关系。

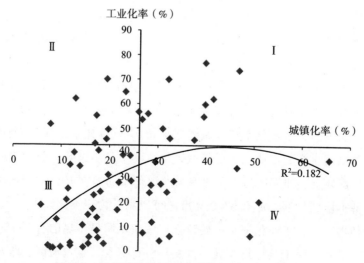

图 3.8　四川民族地区县域城镇化与工业化的关系

资料来源：本报告作者根据《中国 2010 年人口普查分县资料》、《四川统计年鉴》、《中国区域经济统计年鉴》资料计算绘制。

如果以四川民族地区总体的城镇化率和工业化率为基准，可以把 67 个县市区划分为如下四种类型：

Ⅰ：城镇化率大于 26.12%，工业化率大于 42.97%，这可看成是城镇化率和工业化率都较高的双高型区域，有 11 个：金口河区、仁和区、石棉县、珙县、汶川县、宝兴县、荥经县、米易县、会理县、理县、茂县；

Ⅱ：城镇化率小于 26.12%，工业化率大于 42.97%，这可看成是城镇化不足的区域，有 9 个：盐边县、筠连县、九龙县、峨边彝族自治县、古蔺县、白玉县、甘洛县、会东县、盐源县；

Ⅲ：城镇化率低于 26.12%，工业化率低于 42.97%，这可看成是城镇化和工业化双低型区域，有 33 个：黑水县、金阳县、叙永县、兴文县、布拖县、马边彝族自治县、喜德县、平武县、越西县、屏山县、雷波县、丹巴县、普格县、美姑县、汉源县、木里藏族自治县、小金县、巴塘县、昭觉县、乡城县、道孚县、若尔盖县、炉霍县、得荣县、阿坝县、稻城县、新龙县、甘孜县、色达县、雅江县、德格县、壤塘县、石渠县；

Ⅳ：城镇化率超过 26.12%，工业化率小于 42.97%，这可看成是工业化不足的区域，有 14 个：西昌市、九寨沟县、马尔康县、康定县、德昌县、金川县、宁南县、泸定县、理塘县、宣汉县、红原县、冕宁县、北川羌族自治县、松潘县。

这四种类型县市区的分布说明，总体上四川民族地区存在城镇化不足和工业化不足双重不足现象。

从城镇化与工业化的对比看，67个县市区中有37个工业化率超过城镇化率，城镇化滞后于工业化，其中盐边县工业化率超过城镇化率50.58个百分点，最小的汉源县，工业化率超过城镇化率0.09个百分点；有30个县市区工业化率低于城镇化率，工业化滞后于城镇化，其中马尔康县工业化滞后于城镇化42.77个百分点。如果认为工业化率与城镇化率的差在10%之内属于城镇化与工业化基本协调的话，那么67个县市区可以划分为三类：

第一种类型是，工业化率超过城镇化，城镇化明显不足的有28个县市区：盐边县、九龙县、白玉县、筠连县、古蔺县、石棉县、金口河区、峨边彝族自治县、甘洛县、宝兴县、仁和区、米易县、金阳县、盐源县、会东县、黑水县、布拖县、珙县、马边彝族自治县、汶川县、会理县、兴文县、荥经县、叙永县、屏山县、理县、美姑县、喜德县；

第二种类型，是城镇化与工业化基本适应，有24个：普格县、茂县、宣汉县、越西县、雷波县、丹巴县、平武县、昭觉县、汉源县、小金县、冕宁县、泸定县、巴塘县、北川羌族自治县、乡城县、德昌县、新龙县、木里藏族自治县、德格县、石渠县、宁南县、壤塘县、得荣县、道孚县；

第三种类型，是城镇化率超过工业化，工业化明显不足，有15个：色达县、若尔盖县、康定县、甘孜县、炉霍县、稻城县、雅江县、阿坝县、红原县、松潘县、理塘县、金川县、西昌市、九寨沟县、马尔康县。

3.3.4 人口特征与城镇化

城镇化更直观的表现就是人口向城镇的集中，结果是城镇规模的扩大和城镇数量的增加，城镇化率提高。而人口是否向城镇集聚，除了城镇的福利水平产生的吸引力外，人口本身的一些特征也是城镇化过程中的重要力量。这里分析了四川民族地区县域层面上的人口受教育程度、年龄结构、性别比等特征对四川民族地区城镇化的影响。

图3.9和图3.10显示，人口受教育程度与城镇化间有显著的稳定关系。人口平均受教育年限与城镇化率间呈现出强的正相关关系，而15岁及以上人口的文盲率与城镇化率之间有显著的负相关关系。这很好理解，一方面城镇的非农职业对受教育程度的门槛要求比传统农业高，因此激发到城镇的人口去接

受教育；另一方面，农村中那些受教育程度高的人口迁移到城镇的动力大；再者在城镇的教育供给无论是数量还是质量远比农村高。

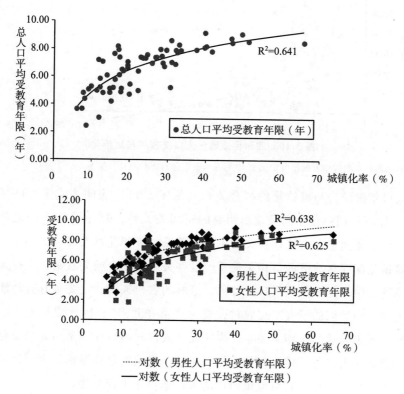

图 3.9　四川民族地区人口受教育年限与城镇化

资料来源：本报告作者根据《中国 2010 年人口普查分县资料》计算绘制。

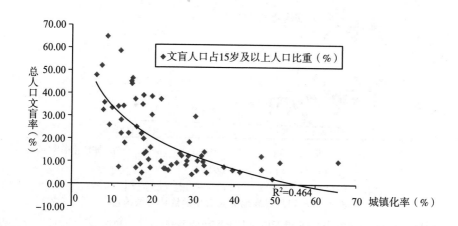

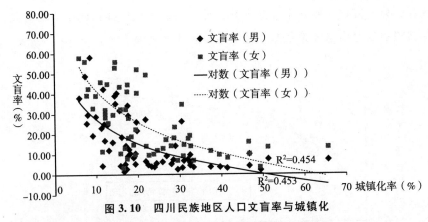

图 3.10　四川民族地区人口文盲率与城镇化

资料来源：本报告作者根据《中国 2010 年人口普查分县资料》计算绘制。

人口年龄结构与城镇化的拟合关系（见图 3.11）表明，成年人口（15～64 岁）比例与城镇化率间呈现出明显的正相关关系，65 岁及以上的老年人口比例与城镇化间存在有统计意义的正相关关系，少年儿童人口（0～14 岁）比例与城镇化间存在显著的负相关关系。这些关系所隐含的关系是，在目前的城镇化率统计中，是按常住人口统计的，进城的农村人口，主要是有劳动能力的成年人口，而他们的子女留在农村，成为"留守儿童"，因此成年人口与城镇化率间呈现出显著的正相关关系，少年儿童人口与城镇化间是明显的负相关关系。至于老年人口与城镇化间的正相关关系，反映的是在城镇，由于执行计划生育政策比农村严格，具有城镇户口的人口老年化进程加快。

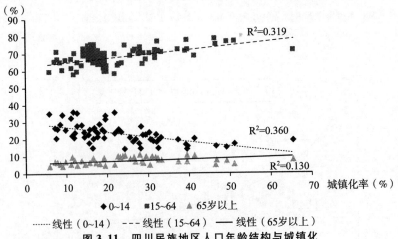

图 3.11　四川民族地区人口年龄结构与城镇化

资料来源：本报告作者根据《中国 2010 年人口普查分县资料》计算绘制。

性别比与城镇化的关系如图 3.12 所示，拟合关系反映四川民族地区县域性别比与城镇化间呈现出有统计意义的正相关关系。这反映了城镇男女平等的程度比农村高。

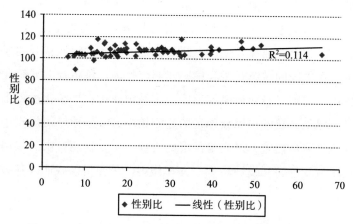

图 3.12 四川民族地区县域人口性别比与城镇化间的关系

资料来源：本报告作者根据《中国 2010 年人口普查分县资料》计算绘制。

人口的民族构成与城镇化间关系比较复杂，简单的线性拟合关系存在统计上有意义的负相关关系，统计上显著的拟合呈现出比较复杂的关系，如图 3.13 所示。考虑到少数民族在历史和地理上的关系以及经济文化类型的关系，少数民族比重占比高的地区，城镇化率一般较低。

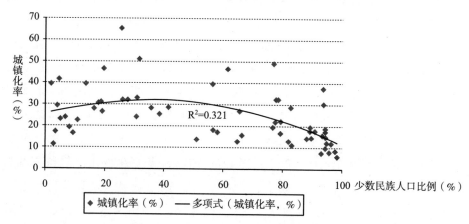

图 3.13 四川民族地区民族构成与城镇化

资料来源：本报告作者根据《中国 2010 年人口普查分县资料》计算绘制。

4. 四川民族地区建制镇调查分析

建制镇是指经省、自治区、直辖市人民政府批准设立的一级行政区域，包括县（市）人民政府驻在镇。根据《统计上划分城乡的规定》，镇区是指在城区以外的县人民政府驻地和其他镇，政府驻地的实际建设连接到的居民委员会和其他区域。在中国的城镇化过程中，建制镇作为一种重要的城镇化模式，具有重要的作用。特别对于四川民族地区，小城镇建设在城镇化过程中具有十分重要的意义。但是，在四川民族地区的建制镇中，一些建制镇规模小，布局比较分散，经济集聚功能差，对当地经济的支撑、带动作用有限。如何推动小城镇在民族地区后发赶超和发展转型中发挥作用，是四川民族地区各级地方政府应特别关注的。

4.1　四川民族地区建制镇的数量与分布

4.1.1　建制镇的数量和规模分布

《中国建制镇统计年鉴》（2012）统计的四川民族地区建制镇为 266 个，总人口 5816656 人，占当年县域总人口（1347.7 万人，不包括壤塘①）的 43.16%，其中镇区人口 1837638 人，占建制镇总人口的 31.59%。建制镇行政区域总面积 4643355 公顷，占县域总面积（不包括壤塘）17.22%。

四川民族地区建制镇面积大，人口规模小。2011 年平均每个建制镇占地 17456.22 公顷，人口 21867.13 人，其中镇区人口平均每个建制镇为 6908.41 人。同年，四川省平均每个建制镇占地 7372.67 公顷，每个建制镇平均总人口 30639.67 人，其中每个建制镇拥有镇区人口 7877.96 人。由于规模小，影响力建制镇的集聚能力和对区域经济的带动能力。当然，四川民族地区 266 个建制镇，差异很大。以镇区人口为例，宣汉县东乡镇镇区人口超过 11 万，镇区人口在 5 万以上的还有叙永县叙永镇、宣汉县南坝镇；而镇区人口最少的是黑水县芦花镇，镇区人口在 400 人以下的还有西昌市安哈镇、攀枝花市仁和区福田镇、平武县大印镇。图 4.1 根据建制镇镇区人口规模，把建制镇划分为巨型镇（镇区人口超过 10 万人）、大型镇（镇区人口在 5 万 ~ 10 万人之间）、中型镇

---

① 缺壤塘县的建制镇资料。下文的分析不包括壤塘县。

（镇区人口在 1 万～5 万人之间）、小型镇（镇区人口在 5000～10000 人之间）、微型镇（镇区人口在 5000 人以下），可见四川民族地区镇区人口在 5000 人以下的微型建制镇最多。不过，2011 年与 2004 年比较，四川民族地区小型镇增加了 12 个，大型镇增加了 1 个，巨型镇从无到有（见图 4.1）。

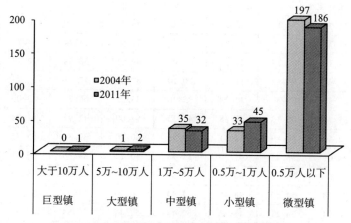

图 4.1　四川民族地区建制镇镇区人口规模分布

资料来源：《2012 年中国建制镇统计年鉴》、《2005 年中国建制镇资料》。

从分布上看，2011 年四川民族地区每万平方公里有建制镇 7.88 个，同年四川省建制镇密度为 38.33 个/万平方公里，显然民族地区建制镇密度大大低于四川省的平均水平。如果不包括少数民族地区待遇县，只考虑民族区域自治地方，建制镇密度更低，每万平方公里只有 4.93 个建制镇。从分布上看，川西北的甘孜州和阿坝州，建制镇数量少，密度低，川南、川北及其他享受少数民族待遇的县，建制镇数量多，密度大。

4.1.2　建制镇与城镇化

据第 6 次人口普查，2010 年四川省城镇化率为 40.22%，其中市的贡献率（市人口/城镇人口）为 49.21%，镇的贡献率（镇人口/城镇人口）为 50.79%。因此，四川省市和镇容纳的城镇人口几乎各占一半。但各地区变化差异很大（见表 4.1），少数民族人口集中的 3 个自治州，镇的贡献率最大，阿坝和甘孜两州，迄今没有设市，镇对城镇化的贡献为 100%。比较静态地看，2000～2010 年，全省新增的城镇人口中，城市占 36.93%，镇占 63.07%，其中凉山州新增城镇人口中，镇占 82.07%，阿坝和甘孜新增的全为镇人口。

表 4.1　　　　　　　　城镇化的结构分解：市与镇

地区	2000 年			2010 年			边际贡献 (2000 ~ 2010 年)	
	城镇化率	市贡献率	镇贡献率	城镇化率	市贡献率	镇贡献率	市	镇
全省	27.09	54.73	45.27	40.22	49.21	50.79	36.93	63.07
成都市	53.72	75.29	24.71	65.75	71.56	28.44	64.76	35.24
自贡市	28.36	62.75	37.25	41.02	49.62	50.38	2.27	97.73
攀枝花市	55.94	88.87	11.13	60.10	82.89	17.11	52.25	47.75
泸州市	26.50	52.57	47.43	35.26	39.22	60.78	3.00	97.00
德阳市	31.74	56.12	43.88	41.32	57.09	42.91	61.08	38.92
绵阳市	32.59	57.49	42.51	39.85	60.70	39.30	95.73	4.27
广元市	24.01	38.41	61.59	32.98	40.14	59.86	55.33	44.67
遂宁市	25.67	39.52	60.48	36.88	38.46	61.54	35.39	64.61
内江市	28.58	54.55	45.45	37.84	36.80	63.20	− 62.81	162.81
乐山市	26.04	54.17	45.83	39.47	50.46	49.54	42.64	57.36
南充市	20.99	44.67	55.33	35.91	37.24	62.76	25.00	75.00
眉山市	18.79	33.04	66.96	33.06	26.83	73.17	16.82	83.18
宜宾市	24.60	32.76	67.24	33.55	34.23	65.77	40.14	59.86
广安市	16.64	33.73	66.27	29.07	31.97	68.03	27.05	72.95
达州市	15.45	32.46	67.54	32.71	23.50	76.50	14.52	85.48
雅安市	23.32	36.71	63.29	34.62	35.53	64.47	33.02	66.98
巴中市	12.35	40.33	59.67	28.47	34.95	65.05	30.81	69.19
资阳市	16.61	55.03	44.97	30.72	43.42	56.58	17.20	82.80
阿坝藏族羌族自治州	18.01	0.00	100.00	30.10	0.00	100.00	0.00	100.00
甘孜藏族自治州	14.90	0.00	100.00	19.22	0.00	100.00	0.00	100.00
凉山彝族自治州	14.65	33.74	66.26	27.52	25.51	74.49	17.93	82.07

资料来源：作者根据《四川省 2000 年人口普查资料》和《四川省 2010 年人口普查资料》相关数据计算得到。

从市、镇对城镇化的贡献和城镇化率的关系看，2010 年普查数据表明，城镇化率高的地区，市容纳人口的比例高。图 4.2 显示，随着城镇化率的提高，城区吸纳人口的能力越强，镇区对人口的集聚功能越弱。

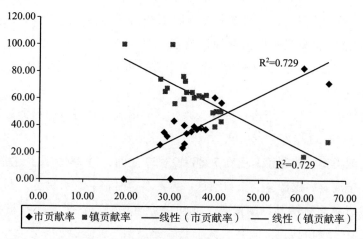

图 4.2 四川省各地区城镇化与市对城镇化的贡献率关系（2010 年）

资料来源：根据表 4.1 绘制。

另外，如图 4.3 所揭示，四川民族地区 66 个县市区（不包括壤塘）城镇化率与建制镇密度间呈现出幂函数的关系，且统计上显著，因此建制镇密度的提高，在其他条件不变的情况下，能够提升城镇化水平。

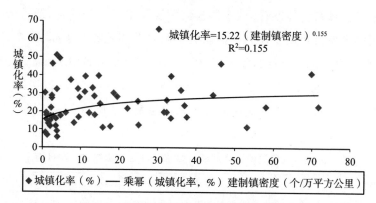

图 4.3 四川民族地区建制镇密度与城镇化

资料来源：根据表 4.1 绘制。

4.1.3 建制镇的区域差异

从建制镇密度看，四川民族地区 66 个县中，2011 年密度最大的筠连县为

71.66 个/万平方公里，其次是珙县 69.87 个/平方公里，兴文 57.97 个/万平方公里，屏山 53.19 个/平方公里；密度最小的理塘 0.73 个/万平方公里，石渠 0.80 个/万平方公里，德格、若尔盖、阿坝和白玉等县，建制镇密度都不足 1 个/万平方公里。按照四川民族地区建制镇平均密度（7.88 个/万平方公里）和四川省建制镇平均密度（38.33 个/万平方公里），可以把四川民族地区划分为如下几种类型：

高密度类型：包括筠连、珙县、兴文、屏山、仁和与宣汉 6 个县区，建制镇密度大于 38.33 个/平方公里；

中密度类型：建制镇密度在 7.88～38.33 之间，有 28 个县，包括古蔺县、叙永县、宁南县、汉源县、金口河区、米易县、甘洛县、喜德县、西昌市、金阳县、峨边彝族自治县、越西县、北川羌族自治县、泸定县、布拖县、普格县、平武县、汶川县、雷波县、冕宁县、德昌县、盐边县、荥经县、会理县、宝兴县、盐源县、理县、马边彝族自治县；

低密度类型：有 32 个县建制镇密度在 7.88 个/万平方公里以下，包括茂县、会东县、黑水县、马尔康县、美姑县、九寨沟县、石棉县、昭觉县、金川县、金县、得荣县、道孚县、稻城县、康定县、红原县、松潘县、木里藏族自治县、炉霍县、丹巴县、色达县、乡城县、九龙县、甘孜县、雅江县、巴塘县、新龙县、白玉县、阿坝县、若尔盖县、德格县、石渠县、理塘县。

从民族区域自治地方看，《中国建制镇统计年鉴（2012）》统计的 2011 年四川省民族区域自治地方建制镇数量为：阿坝藏族羌族自治州 30 个，甘孜藏族自治州 27 个，凉山彝族自治州 76 个，其中木里藏族自治县 3 个，北川羌族自治县 6 个，峨边彝族自治县 6 个，马边彝族自治县 2 个。根据镇区人口规模，各民族区域自治地方建制镇的等级结构如表 4.2 所示。

表 4.2　　四川民族区域自治地方建制镇等级结构（建制镇数量，2011 年）

规模	阿坝州	甘孜州	凉山州	北川县	峨边县	马边县	木里县
0.1 万人以下	6	7	6		1		
0.1 万～0.5 万人	15	14	53	2	4	1	3
0.5 万～1 万人	5	6	9				
1 万～2 万人	2		4			1	
2 万人以上	2		4	2	1		

资料来源：《中国建制镇统计年鉴》（2012）。

4.1.4　城关镇

建制镇中县（市）人民政府驻在地，即是城关镇。城关镇一般的是一个县的政治经济文化中心，起着对县域的辐射作用和集聚作用。2011 年统计表明，四川民族地区（包括民族区域自治地方和享受民族政策待遇县）有 67 个县（市区）。因此有 67 个城关镇。在统计的 65 个城关镇中（不包括壤塘县的壤柯镇和西昌市），镇区人口规模最大的宣汉县东乡镇，超过 11 万人；最少的黑水县芦花镇，镇区人口只 300 人。从民族区域自治地方看，阿坝州人口最多的城关镇是茂县的凤仪镇，镇区人口 28000 多人，最少的黑水县芦花镇，仅300 人；甘孜州镇区人口最多的城关镇是道孚县的鲜水镇，人口在 6700 人以上，炉霍县人口不足 1000 人；凉山州除西昌外，镇区人口最大的德昌县的德州镇，人口近 40000 人，最少的是昭觉县新城镇，镇区人口只有 1000 多人。这些统计说明，第一，对于民族区域自治地方来说，城关镇不一定就是县域镇区人口最多的镇，也不一定是县域的经济中心；第二，四川民族地区城关镇规模总体上偏小，集聚能力弱，而且相差很大。

4.2　建制镇的人口与经济发展

4.2.1　建制镇的人口特征

根据 2010 年人口普查数据，四川民族地区 67 个县市区的 268 个镇的人口总体特征是：总人口 5346598 人，其中居住本地、户口所在地总人口 4488057人，占普查总人口的 83.94%；人口性别比为 106.55，人口年龄结构是：0 ~ 14 岁占 21.58%，15 ~ 64 岁占 69.89%，65 岁及以上占 8.53%，属于老年型人口。但 268 个镇人口特征差异很大。例如，居住本地、户口所在地人口比例，最高的达到 99.66%（大印镇），最低的不足 30%（姑咱镇，29.49%）。性别比最高的是映秀镇（180.14，受汶川大地震影响），新都桥镇（144.7）、薛城镇（141.14）在 140 以上，最低的姑咱镇（80.46）、卓克基镇（94.24）。从年龄结构看，老年人口比重最高的是金河镇（17.05%），君塘镇、通口镇、陇东镇也在 15% 以上；最低的是新城镇（2.75%），老年人口占比在 4% 以下的还有姑咱镇、壤柯镇、尼呷镇、漳扎镇、巴普镇、斯觉镇、吉米镇、达扎寺镇、普雄镇、香巴拉镇。

从建制镇等级结构看，根据建制镇镇区人口规模（2011），可以对四川民族区域自治地方建制镇的等级结构作如下的划分，见表 4.3. 可以看出，四川民族区域自治地方建制镇总体规模偏小，数量偏少，集聚能力低，难以带动区域经济发展和城乡发展一体化。

表4.3　四川民族区域自治地方建制镇等级结构（建制镇镇区人口，2011）

规模	阿坝州	甘孜州	凉山州	北川县	峨边县	马边县	木里县
0.1万人以下	2.51	5.56	1.09	1.30	1.38		
0.1万~0.5万人	19.31	51.64	36.11	7.95	20.69	15.72	100.00
0.5万~1万人	23.44	42.80	15.79	14.90	0.00		
1万~2万人	23.58		17.53	0.00	0.00	84.28	
2万人以上	31.17		29.48	75.85	77.93		
首位度	1.39	1.01	1.38	1.06	8.68	3.26	

资料来源：作者根据《中国建制镇统计年鉴》（2012）相关数据计算。

4.2.2　建制镇的就业结构

《中国建制镇统计年鉴》提供的各建制镇的经济统计指标不多，只有从业人员数和二三产业从业人员数。这里从县域和建制镇两个方面进行分析。

从劳动力就业看，2011年，四川民族地区66个县市区266个建制镇，第二产业和第三产业就业人数占从业人数的45.90%，其中最高的丹巴县，达到90.49%，康定、九寨沟、松潘、若尔盖等县的建制镇，第二、第三产业从业人员占从业人员的80%及以上；最低的是乡城县，只有3.19%，建制镇第二、第三产业从业人员占从业人员的比例不足20%的县有11个：雅江、昭觉、甘洛、得荣、德格、盐源、炉霍、阿坝、喜德、红原、布拖。建制镇从业人员中第二、第三产业占比在50%以上的县市区29个，45.9%~50%的县市区4个，45.90%以下的县市区33个，其中40%~45.9%的有5个，30%~40%的有11个，20%~30%的县市区有5个。从66个县建制镇第二、第三产业从业人员比例可以看出，四川民族地区建制镇从业人员中第二、第三产业占比总体上是偏低的。

从建制镇二、三产业从业人员占比与各县市区城镇化率间的关系看，如图4.4所示，两者间不具有统计上有意义的拟合关系。这在一定程度上说明四川民族地区建制镇的发展缺乏强有力、持续发展的产业支撑。

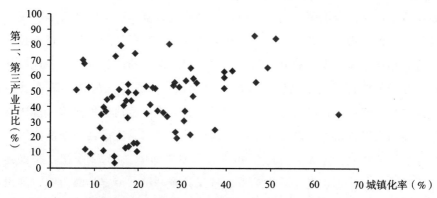

图4.4　四川民族地区建制镇第二、第三产业从业人员比例与县域城镇化间的关系

对266个建制镇的分析，发现各建制镇从业人员中二、三产业占比差异很大，占比最高的超过90%，占比最低的不足3%。大体上，可以把266个建制镇划分为如下几种类型：

二、三产业从业人员占比超过90%的有3个镇：松潘县进安镇、丹巴县章谷镇、康定县炉城镇。

二、三产业从业人员占比在80%～90%之间的有6个镇：九寨沟县漳扎镇、珙县洛表镇、攀枝花市仁和区仁和镇、康定县新都桥镇、西昌市马道镇、会东县会东镇。

二、三产业从业人员占比在70%～80%之间的有17个镇：若尔盖县达扎寺镇、攀枝花市仁和区金江镇、汶川县映秀镇、九寨沟县永乐镇、叙永县叙永镇、宣汉县东乡镇、德昌县德州镇、马尔康县马尔康镇、甘孜县甘孜镇、米易县垭口镇、珙县珙泉镇、北川羌族自治县安昌镇、雷波县锦城镇、会理县太平镇、会理县通安镇、兴文县周家镇、新龙县如龙镇。

二、三产业从业人员占比在60%～70%之间的有20个镇：筠连县大雪山镇、乐山市金口河区永和镇、康定县姑咱镇、叙永县马岭镇、道孚县鲜水镇、白玉县建设镇、宝兴县陇东镇、金川县金川镇、平武县响岩镇、石棉县新棉镇、木里藏族自治县乔瓦镇、珙县巡场镇、攀枝花市仁和区前进镇、汶川县漩口镇、石渠县尼呷镇、荥经县花滩镇、理县杂谷脑镇、古蔺县古蔺镇、稻城县金珠镇、盐边县桐子林镇。

二、三产业从业人员占比在50%～60%之间的有33个镇：宣汉县胡家镇、珙县上罗镇、珙县王家镇、叙永县天池镇、筠连县筠连镇、北川羌族自治县通口镇、宣汉县南坝镇、珙县底洞镇、筠连县沐爱镇、金阳县天地坝镇、松潘县川主寺镇、筠连县镇、舟镇、黑水县芦花镇、荥经县严道镇、叙永县赤水镇、会理县益门镇、宝兴县灵关镇、古蔺县观文镇、筠连县维新镇、宣汉县天生镇、北川羌族自治县永昌镇、宣汉县樊哙镇、汉源县大树镇、筠连县巡司镇、汉源县九襄镇、宣汉县双河镇、宣汉县黄金镇、色达县色柯镇、盐边县红格镇、美姑县巴普镇、宣汉县新华镇、越西县越城镇、宣汉县毛坝镇。

第二、三产业从业人员占比在40%～50%之间的，有52个镇：宣汉县大成镇、马边县民建镇、宣汉县土黄镇、宣汉县峰城镇、泸定县磨西镇、屏山县龙华镇、汶川县水磨镇、乐山市金口河区金河镇、宣汉县五宝镇、宣汉县柏树镇、宣汉县芭蕉镇、珙县孝儿镇、汶川县威州镇、米易县得石镇、会理县黎溪镇、屏山县福延镇、叙永县后山镇、宣汉县华景镇、宣汉县君塘镇、雷波县汶水镇、北川羌族自治县永安镇、西昌市太和镇、珙县洛亥镇、泸定县冷碛镇、古蔺县二郎镇、兴文县石海镇、会理县鹿厂镇、九龙县呷尔镇、平武县龙安镇、兴文县古宋镇、叙永县两河镇、古蔺县水口镇、小金县日隆镇、西昌市安宁镇、盐边县永兴镇、盐边县渔门镇、古蔺县大村镇、马尔康县松岗镇、攀枝花市仁和区同德镇、古蔺县太平镇、宣汉县普光镇、峨边县五渡镇、泸定县泸桥镇、越西县乃托镇、屏山县大乘镇、会东县铅锌镇、古蔺县永乐镇、兴文县莲花镇、屏山县中都镇、古蔺县龙山镇、平武县古城镇、盐源县泸沽湖镇。

第二、三产业从业人员占比在30%～40%之间的，有43个镇：米易县撒莲镇、叙永县分水镇、平武县南坝镇、冕宁县城厢镇、平武县豆叩镇、兴文县焚王山镇、兴文县共乐镇、叙永县水尾镇、峨边县毛坪镇、汉源县皇木镇、米易县攀莲镇、宣汉县清溪镇、峨边县沙坪镇、北川羌族自治县曲山镇、汶川县卧龙镇、兴文县太平镇、筠连县双腾镇、马边县荣丁镇、普格县普基镇、古蔺县石宝镇、木里藏族自治县茶布朗镇、汉源县宜东镇、攀枝花市仁和区布德镇、北川羌族自治县擂鼓镇、峨边县黑竹沟镇、宝兴县穆坪镇、理县米亚罗镇、屏山县新安镇、金阳县对坪镇、越西县普雄镇、筠连县蒿坝镇、叙永县摩尼镇、屏山县新市镇、古蔺县德耀镇、叙永县落卜镇、巴塘县夏邛镇、峨边县大堡镇、米易县普威镇、古蔺县双沙镇、理塘县高城镇、宁南县白鹤滩镇、汉源县清溪镇、黑水县卡龙镇。

第二、三产业从业人员占比在20%～30%之间的，有35个镇：峨边县新林镇、石渠县洛须镇、冕宁县泸沽镇、宁南县披砂镇、叙永县江门镇、平武大桥镇、兴文县九丝城镇、布拖县特木里镇、茂县凤仪镇、西昌市黄联镇、茂县叠溪镇、筠连县腾达镇、理县薛城镇、平武县水晶镇、攀枝花市仁和区福田镇、喜德县两河口镇、攀枝花市仁和区大田镇、盐源县盐井镇、普格县螺髻山镇、道孚县八美镇、越西县中所镇、金阳县芦稿镇、德昌县永郎镇、米易县白马镇、屏山县富荣镇、稻城县香格里拉镇、汉源县富林镇、布拖县龙潭镇、攀枝花市仁和区平地镇、汉源县富庄镇、汉源县乌斯河镇、米易县丙谷镇、德昌县乐跃镇、红原县邛溪镇、汶川县绵池镇。

第二、三产业从业人员占比在10%～20%之间的，有40个镇：宁南县葫芦口镇、宁南县华弹镇、喜德县光明镇、屏山县锦屏镇、雷波县黄琅镇、西昌市礼州镇、喜德县红莫镇、阿坝县阿坝镇、古蔺县丹桂镇、喜德县米市镇、盐源县平川镇、泸定县兴隆镇、冕宁县漫水湾镇、喜德县冕山镇、金川县观音桥镇、冕宁县沙坝镇、红原县刷经寺镇、小金县美兴镇、甘洛县田坝镇、宁南县竹寿镇、冕宁县大桥镇、茂县南新镇、木里藏族自治县瓦厂镇、普格县荞窝镇、喜德县洛哈镇、越西县新民镇、炉霍县新都镇、宁南县松新镇、理县古尔沟镇、西昌市佑君镇、西昌市川兴镇、色达县翁达镇、甘洛县新市坝镇、冕宁县复兴镇、德格县更庆镇、甘洛县普昌镇、马尔康县卓克基镇、得荣县松麦镇、西昌市安哈镇、盐源县梅雨镇。

第二、三产业从业人员占比在10%以下的，有17个镇：盐源县黄草镇、金阳县派来镇、昭觉县新城镇、甘洛县海棠镇、平武县平通镇、甘洛县吉米镇、雅江县河口镇、盐源县树河镇、雷波县西宁镇、布拖县拖觉镇、甘洛县玉田镇、平武县大印镇、盐源县卫城镇、喜德县尼波镇、盐源县白乌镇、乡城县香巴拉镇、甘洛县斯觉镇。

5. 四川民族地区的城镇化、城乡一体化与经济发展

5.1 四川民族地区的城镇化与经济发展

民主改革以来，特别是改革开放和西部大开发以来，四川民族地区经济社会得到快速发展，各族人民生活有了根本改善，但是由于自然条件恶劣、发展基础薄弱等原因，该地区目前整体发展水平不高，是四川省的不发达地区。

5.1.1 经济总量不高，人均水平较低

2012 年，四川民族地区 67 个县市区地区生产总值合计 28276509 万元，占四川省全省的 11.84%，其中四川民族区域自治地方合计 15807304 万元，占四川省全省的 6.62%。各县市区间经济总量差异很大，规模最大的西昌市，达到 3340455 万元，最小的炉霍县，只有 40743 万元，两者相差 80 多倍。从经济总规模看，67 个县市区中，地区生产总值遇 100 亿元的有 8 个：西昌市、宜汉县、会理县、仁和区、会东县、古蔺县、盐边县、筠连县；50 亿~100 亿元的有 9 个：珙县、米易县、冕宁县、叙永县、盐源县、兴文县、石棉县、德昌县、汉源县；10 亿~50 亿元的有 32 个：荥经县、汶川县、雷波县、康定县、宁南县、越西县、北川县、屏山县、峨边县、平武县、甘洛县、金口河区、马边县、茂县、金阳县、九龙县、木里县、布拖县、宝兴县、普格县、昭觉县、喜德县、九寨沟县、美姑县、马尔康县、泸定县、理县、黑水县、松潘县、若尔盖县、丹巴县、白玉县；其余 18 个县市区，地区生产总值不足 10 亿元：小金县、金川县、红原县、巴塘县、理塘县、阿坝县、雅江县、甘孜县、乡城县、石渠县、新龙县、壤塘县、道孚县、德格县、稻城县、色达县、得荣县、炉霍县。可以看出，川西北高于藏区的各县，经济规模大都很小。

从人均地区生产总值看，最高的仁和区和金口河区，超过 50000 元，仁和区接近 60000 元，最低的德格县，只有 6500 多元，相差 8.8 倍，这个差距在 2000 年为 5.86 倍。2012 年四川省人均地区生产总值 29608 元，四川民族地区 67 个县市区中，人均地区生产总值超过四川省平均水平的有 14 个，低于四川省平均水平的有 53 个。如果把 67 个县市区的人均地区生产总值相对于四川省的平均水平分成四组（即低于 1/2 的低收入组，1/2~1 的中低收入组，1~1.5 中高收入组，1.5 以上的高收入组），各组的县市区数如图 5.1 所示，2000~2012 年的收入转移矩阵如表 5.1 所示。可以看出，第一，2000 年属于低收入组的 32 个县市区，到 2012 年时，有 59.38% 的县市区依然属于低收入组，有 34.38% 实现了跨越式发展，进入中低收入组，有 6.25% 的县市区跨越到中高收入组。第二，2000 年属于中低收入组的 23 个县市区，到 2012 年有 69.57% 的仍然留在中低收入组，有 21.74% 的县市区倒退回低收入组，有 8.7% 的县跨越到中高收入组。第三，2000 年属于中高收入组的 5 个县市区，到 2012 年有 40% 的保持在中高收入组，有 40% 的跨越到高收入组，有 20% 的县退回到中低收入组。第四，2000 年属于高收入组的 7 个县，有 3 个县（占 42.86%）

保持着高收入组的地位，有 3 个县退回到中高收入组（占 42.86%），有 1 个县退回到中低收入组（占 14.29%）。这些数据均说明，四川民族地区各县市区的经济发展水平的差距在扩大。

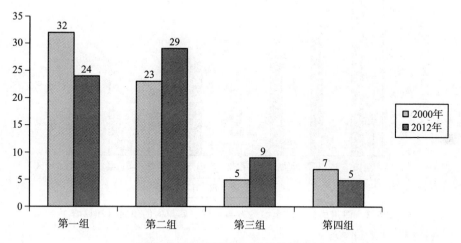

图 5.1　四川民族地区相对收入分组

资料来源；本报告作者绘制。

表 5.1　　　　　　　四川民族地区 2000～2012 年收入转移矩阵

2000 年分组＼2012 年分组	第一组	第二组	第三组	第四组
第一组	0.5938	0.3438	0.0625	0.0000
第二组	0.2174	0.6957	0.0870	0.0000
第三组	0.0000	0.2000	0.4000	0.4000
第四组	0.0000	0.1429	0.4286	0.4286

资料来源：本报告作者计算。

从与全省、全国的差距看，四川民族地区属全省、全国经济发展落后地区，且绝对差距还在扩大（见图 5.2）。与经济发展水平低相关联的城乡居民生活水平较低（见图 5.3）。2012 年农牧民人均纯收入阿坝州为 4662.7 元，甘孜州为 3569.9 元，分别相当于全省的 76.08% 和 58.25%，全国的 66.83%、51.16%，西藏的 95.07%、72.79%。考虑到高寒的自然条件和大量的宗教支出，目前四川省高原藏区农牧民所取得的收入连基本生活也难以保障，其农村整体尚处于贫困状况。

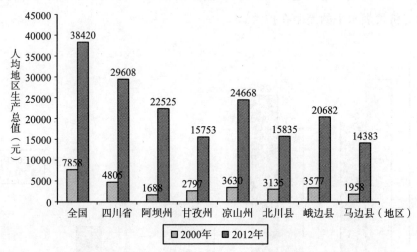

图 5.2　四川民族区域自治地方与全国、四川省的差距（2012 年）

资料来源；本报告作者绘制。

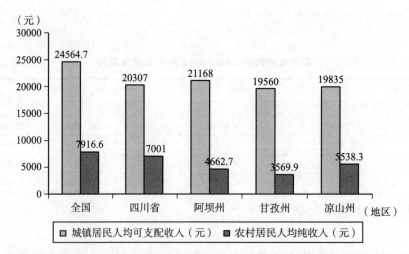

图 5.3　四川民族区域自治地方城乡居民收入与全国、四川省的差距（2012 年）

资料来源：本报告作者根据《四川统计年鉴》（2012）、《中国统计年鉴》（2012）数据计算绘制。

5.1.2　城镇化与经济发展

从城镇化与经济发展的关系看，如前所论述，这两者间存在双向的相互促进的关系。图 5.4 描述的 2012 年四川民族地区 67 个县市区人均地区生产总值与非农业人口比重的关系，显然，城镇化率高的地方，经济发展水平也高，而城镇化率低的地方，经济发展水平偏低的概率很大。

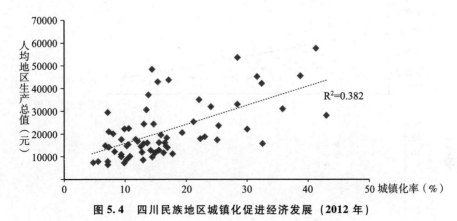

图 5.4 四川民族地区城镇化促进经济发展（2012 年）

资料来源：本报告作者绘制。

一个地区的经济发展，从驱动力看，可以是以要素投入驱动为主或者以要素生产率驱动为主或者二者兼顾。这可以从经济发展中劳动力就业与地区生产总值的产业结构中看出。利用地区生产总值中非农业产值比例与劳动力就业结构中非农业就业比例，可以计算出一个地区的技术选择系数，这个系数可以在一定程度上反映出一个地区的经济发展方式，或者说反映一个地区驱动经济增长的动力和比较优势的发挥程度，定义为：

技术选择系数 = 地区生产总值中非农业产值比例 ÷ 非农业就业比例

技术选择系数越大，表明经济增长对资本投入的依赖越大，对就业的吸纳能力越有限。图 5.5 绘出了四川民族地区技术选择系数与人均地区生产总值和城镇化指标间的关系。基本结论是：四川民族地区的经济增长主要是靠投资驱动的，对劳动力的吸纳能力有限，这也可以从一个地区户籍人口与常住人口间的差异反映出来，四川民族地区 67 个县市区中有 46 个常住人口小于户籍人口，表明有人口和劳动力不在本地就业但保留本地户籍；一般地，技术选择系数较低的地区，对就业的吸纳较高，经济发展水平也较高，反之则反；同样地，技术选择系数越高的县市区，城镇化越高。因此，要实现城乡统筹和一体化，在经济发展上要加强劳动密集型产业的发展。

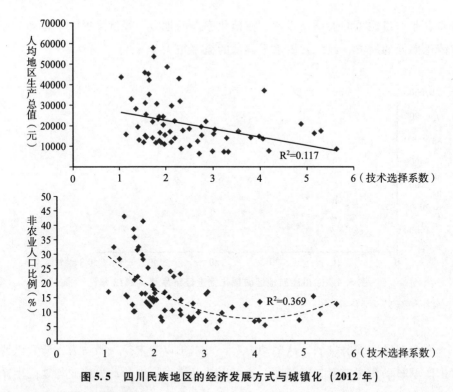

图 5.5　四川民族地区的经济发展方式与城镇化（2012 年）

资料来源：本报告作者绘制。

5.2　四川民族地区的城镇化与产业结构

5.2.1　四川民族地区产业结构的一般特征

表 5.2 列出了 2012 年四川民族区域自治地方地区生产总值和劳动力在第一产业、第二产业和第三产业的分布，可以看出，第一，目前在地区生产总值结构中，非农业产业（第二、第三产业）产值占比大，呈现出二—三—一的比例关系，不过与全国和四川省比较，第一产业比重依然较大；第二，从工业增加值占比看，阿坝州为 39.84%，甘孜州为 26.91%，凉山州为 40.38%，北川县为 24.67%，峨边县为 58.73%，马边县为 38.51%，同年全国工业增加值比重为 38.48%，四川省为 44.19%，需要指出的是四川民族区域自治地方优势资源突出，已有的第二产业，尤其是工业，是基于资源开发形成的，制造业发展程度很低。不过总体上看，这里的资源开发程度较低。例如，水电装机容量仅占技术可开发量的 5% 左右，且以中小型电站为主，电力主要是直接输出。矿产资源勘探落后，开发以小规模、粗放型为

主，基本没有深加工环节，产品附加值大量流失。大部分旅游景区处于原始待开发状态，已开发景区档次较低、规模偏小，配套基础设施不完善，接待能力有限。第三，把产值结构与就业结构比较，发现在就业结构中，第一产业就业的比重大大高于第一产业的产值比重，平均而论，四川民族区域自治地方第一产业提供的就业超过了50%以上，这种就业结构滞后于产值结构的现象，体现出结构变化的"非典型"现象，是二元经济的典型表现，不过从2000～2012年的变化看，第一产业就业比重下降的幅度要超过第一产业产值下降的幅度（马边县除外），这说明西部大开发战略实施以来，给四川民族区域自治地方带来了很大的结构变化。第四，在非农业就业中，第三产业成为吸纳就业的主体。

表 5.2　　　　　　　四川民族区域自治地方产业结构（2012 年）

	地区生产总值结构			就业结构			二元结构指数
	第一产业	第二产业	第三产业	第一产业	第二产业	第三产业	
2012 年							
全国	10.09	45.32	44.59	33.60	30.30	36.10	0.24
四川省	13.81	51.66	34.53	41.50	25.70	32.80	0.34
阿坝州	15.50	50.12	34.38	57.74	8.15	34.11	0.50
甘孜州	24.62	38.92	36.46	74.45	3.93	21.61	0.98
凉山州	19.49	52.36	28.15	64.82	12.44	22.74	0.67
北川县	25.26	42.04	32.70	34.68	26.54	38.78	0.42
峨边县	13.27	60.72	26.01	55.17	15.63	29.20	0.43
马边县	25.31	45.53	29.16	56.42	7.36	36.22	0.66
2000 年							
全国	15.1	45.9	39	50.00	22.50	27.50	0.42
四川省	23.6	42.4	34	59.60	14.50	25.90	0.68
阿坝州	28.71	35.63	35.66	74.54	5.99	19.47	1.09
甘孜州	29.46	28.28	42.26	82.41	2.93	14.66	1.40
凉山州	39.05	29.03	31.93	83.03	4.32	12.65	1.77
北川县	45.65	26.53	27.82	81.42	7.60	10.99	1.92
峨边县	26.07	47.95	25.98	68.63	12.16	19.21	0.88
马边县	53.71	18.84	27.44	78.84	5.97	15.18	2.08

资料来源：本报告作者根据《四川统计年鉴》（2001，2013）、《中国统计年鉴》（2013）数据计算绘制。

5.2.2　四川民族地区的二元经济特征

二元经济结构是欠发达经济体的基本经济结构特征。对于不发达地区，经济发展实质上就是经济结构从以传统产业为主到以现代产业为主的结构演进过程。四川民族地区现代社会经济的发展，是在实现了一个历史性跨越后开始的，即在自然的社会历史进程中，由于先进生产率与先进生产关系的切入，其自然性运动过程中断，实现了跳跃式的跨越。其时间标志是1950年前后中国共产党在这里取得政权及随后的民主改革和社会主义改造。从那以后，在全国经济一个时期总的发展模式的支配下，四川民族地区相继建立了一系列现代工业企业，这样四川民族地区社会中既体现了新型社会机制和新经济形态的一面，又保留了原有社会经济机制的诸多形态，形成了一种特殊的双重二元结构。一方面是社会运行机制的二元性；另一方面是经济结构的二元性，此种双重二元结构在边远的民族地区表现特别明显。

关于发展中国家经济二元性系统的理论源于美国著名的经济学家阿瑟·刘易斯（Lewis，1954）。二元经济结构体现了现代工业部门和传统农业部门的经济差异程度，二元经济转换通常可用农业与非农业的劳动力相对比重和产值相对比重来衡量。在这里我们用二元结构指数（dI）来测度四川民族地区各县域的经济结构的二元性。二元结构指数是一个综合反映一个经济体二元结构状况的指标。令 A_g 表示第一产业的产值比重，a_g 为第一产业的就业比重，则定义二元结构指数为：

$$dI = \sqrt{\frac{A_g \times a_g}{(1 - A_g)\ (1 - a_g)}}$$

dI 越大，表明二元结构程度越高。对四川及四川民族区域自治地方二元结构指数的计算结果表明（见表5.2），与四川省比较，四川民族区域自治地方经济结构的二元性程度高，不过自2000年以来，经济结构的二元化程度有了较大改进。

从67个县市区看，各地区经济结构的二元程度相差很大，对2012年计算表明：甘孜州的炉霍县、石渠县、色达县、甘孜县等经济结构的二元化程度最高，二元结构指数超过2.0；马尔康县、荥经县、会理县、金口河区、仁和区、汶川县等县经济结构的二元化程度最低，二元结构指数在0.25以下。

5.2.3　城镇化、结构变化与经济增长

图 5.6 反映的是 2012 年四川民族地区 67 个县市区的城镇化与地区生产总值构成的关系，关系比较明确的是城镇化与第一产业产值比重呈现出显著的负相关关系，与第二产业、工业和第三产业产值比重间的关系不很明确，拟合较好的"U"形关系。

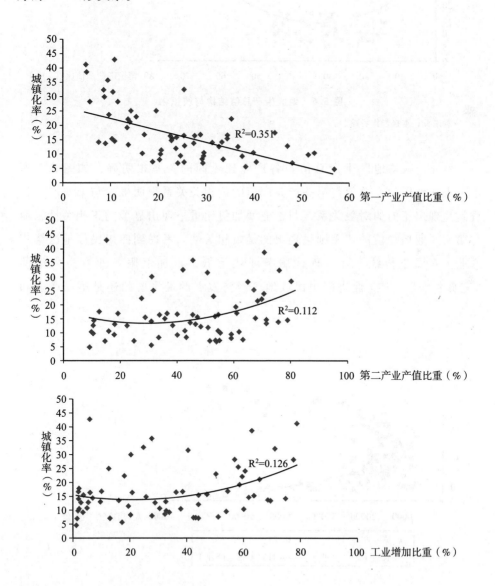

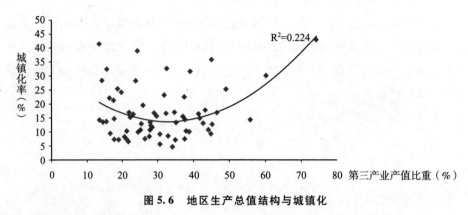

图 5.6　地区生产总值结构与城镇化

资料来源：本报告作者绘制。

另外，人均地区生产总值与各产业比重间的关系很明确，如图 5.7 所示。人均地区生产总值与第一产业产值的负相关关系很明确，与第二产业比重间呈现出正向的对数关系，与工业增加值比重呈现出显著的正相关性，而与第三产业增加值的比重则呈现出的是负相关性。考虑到四川民族地区第三产业大多属于传统产业，现代服务业比重低，再加上服务业本身内生的"鲍莫尔病"，因此促进四川民族地区经济发展的最主要的还是第二产业和工业。

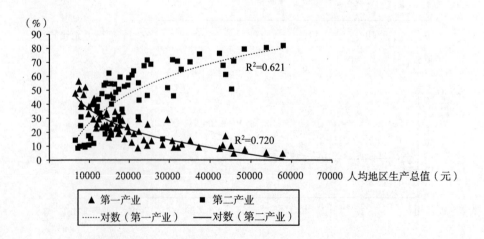

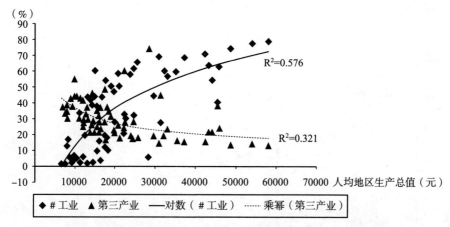

图 5.7　四川民族地区产业结构与人均地区生产总值（2012 年）

资料来源：本报告作者绘制。

再从城镇化、经济发展与就业结构的关系看，拟合关系如图 5.8 所示。显然，城镇化率与第一产业就业呈现出显著的负相关性，与第二产业和第三产业就业呈现出正相关性，特别是和第三产业就业的正相关性更强（$R^2 = 0.518$）；人均地区生产总值与第一产业就业呈现出显著的负相关性，与第二产业就业和第三产业就业呈现出正相关性。这些关系既与直观一致，同时也符合一般的经济发展规律，不过由于四川民族地区总体经济发展水平低，二元经济典型，有些关系不很强烈。

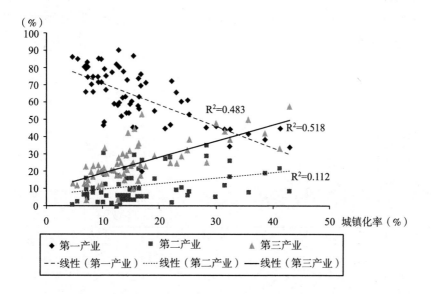

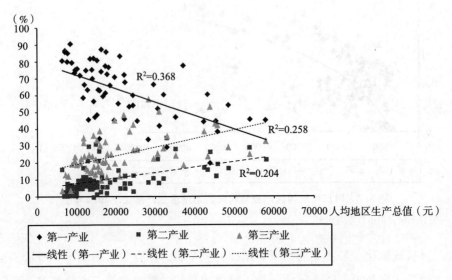

图5.8　四川民族地区城镇化、经济发展与就业结构（2012年）

资料来源：本报告作者绘制。

　　再看看经济结构二元化程度的影响。如图5.9所示，该图很直观地揭示了四川民族地区二元结构对城镇化、反贫困、缩小城乡差距和经济发展的影响。二元结构对城镇化、经济发展有抑制和限制作用，而对贫困的发生和扩大城乡收入差距有促进。因此，在经济发展同时，改进二元经济结构，是实现城乡发展一体化的重要途径。

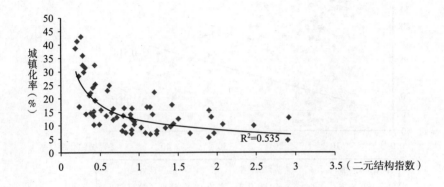

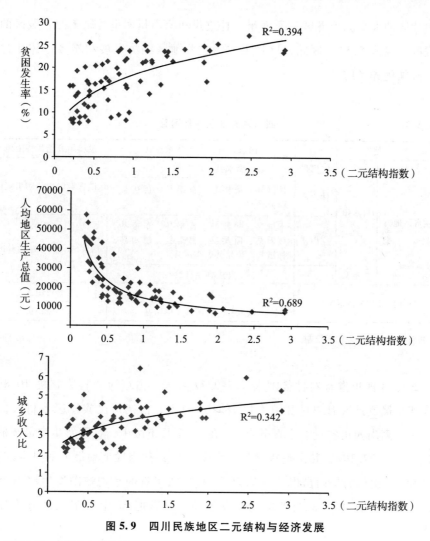

图 5.9　四川民族地区二元结构与经济发展

资料来源：本报告作者绘制。

5.3　城镇化与农村减贫

5.3.1　四川民族地区农村贫困的一般特征

四川民族地区 67 个县市区既是民族地区（民族区域自治地方或享受少数民族政策待遇），同时又是四川省贫困地区集中分布的地区，例如，四川省有 36 个国家扶贫开发工作重点县，其中位于四川民族地区的有 24 个，67 个县市区绝大多数位于国家连片特困地区，如宣汉县、北川县、平武县属于秦巴山区，叙永县、古蔺县、屏山县属于乌蒙山区，凉山州除木里外的县市均属于乌蒙山片区的大小凉山彝区，阿坝州、甘孜州和凉山州木里县属于四省藏区的四川藏区（见表5.3）。因此，反贫困成为这些地区经济发展和城乡一体化过程中，必须优先考虑。

表 5.3 四川民族地区的贫困县

地区			国家扶贫开发工作重点县	隶属国家连片特困地区
民族自治地方	自治州	阿坝州	小金县、黑水县、壤塘县	四省藏区中的四川藏区
		甘孜州	甘孜县、德格县、石渠县、色达县、理塘县	
		凉山州	木里县、盐源县、普格县、布拖县、金阳县、昭觉县、喜德县、越西县、甘洛县、美姑县、雷波县	乌蒙山（大小凉山彝区）
	自治县		马边彝族自治县	
享受民族政策待遇县			宣汉县	秦巴山区
			叙永县、古蔺县、屏山县	乌蒙山区

资料来源：本报告作者绘制。

2012 年四川省有农村贫困人口 749.77 万人，占当年农村人口的 10.8%，其中四川民族地区有农村贫困人口 184.05 万人，占四川民族地区乡村人口的 16.1%，高出四川省近 6 个百分点①。在 67 个县市区中，贫困发生率最高的是色达县，为 27.3%，其次是喜德县，为 25.9%；贫困发生率最低的是会理县，为 7.6%，次低的是西昌市，为 7.7%。根据四川省的平均贫困发生率 10.8% 和四川民族地区 16.1% 的平均贫困发生率，可以把 67 个县市区划分为如下几类：

贫困发生率高于 16.1% 的高度贫困的县市区有 41 个：色达县、喜德县、峨边县、甘孜县、乡城县、美姑县、甘洛县、昭觉县、炉霍县、德格县、道孚县、木里县、白玉县、理塘县、巴塘县、石渠县、新龙县、越西县、雅江县、布拖县、马边县、稻城县、金阳县、得荣县、普格县、壤塘县、泸定县、宣汉县、黑水县、雷波县、康定县、丹巴县、小金县、理县、盐源县、金川县若尔盖县、九龙县、叙永县、古蔺县、阿坝县。

---

① 据调查，2013 年四川民族区域自治地方的农村贫困发生率分别为：阿坝州 16.41%；凉山州为 11.2%；按照国家扶贫新标准测算，甘孜州贫困人口高达 40 万人，占全州人口总数的 39.22%。

　　贫困发生率介于10.8%~16.1%之间的县市区有14个：屏山县、汶川县、金口河区、平武县、松潘县、茂县、九寨沟县、红原县、北川县、马尔康县、兴文县、珙县、汉源县、筠连县。

　　贫困发生率低于10.8%的县市区有12个：石棉县、宁南县、冕宁县、盐边县、宝兴县、德昌县、荥经县、仁和区、会东县、米易县、西昌市、会理县。

　　根据郑长德等（2013）的研究，四川民族地区的贫困具有：（1）面大、人多、程度深；（2）四川民族地区的贫困，不仅表现在收入贫困上，更表现在受教育程度、基本公共服务的获得等方面，呈现出多维贫困的特点；（3）四川民族地区的贫困具有贫困的代际传递突出的特点；（4）四川民族地区的农村贫困在空间分布上是非均衡的，一方面36个"国家扶贫开发工作重点县"集中于四大片连片特困地区，表现为"贫困的空间集聚"。另一方面，"插花"贫困现象依然存在；（5）老年贫困和儿童贫困严重；（6）贫困在空间上具有乡—城转移的特点；（7）少数民族贫困严重。

5.3.2　城镇化与四川民族地区农村减贫

　　城镇化意味着伴随农村劳动力产业的非农化和居住地由农村向城镇的转移而来的农村人口向城镇的迁移，这种迁移在绝大多数情况下（或者说现阶段的中国），主要是受城镇的机会和福利所吸引，当然这种迁移也可能是贫困从农村向城镇的转移。前面的研究表明，四川民族地区城镇化水平低，质量不高，因多种因素的影响，城镇与农村的福利差异很大，贫困的乡—城转移不显著，所以城镇化与贫困间呈现出负相关关系（见图5.10），说明在四川民族地区推动城镇化是可以有效减轻农村贫困的。

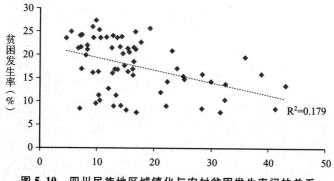

图5.10　四川民族地区城镇化与农村贫困发生率间的关系

资料来源：本报告作者绘制。

5.4 四川民族地区县域经济综合评价

四川省统计局 2014 年 8 月 18 日公布了四川省县级经济综合评价结果。根据县级经济综合评价办法，遵循科学性、客观性和可比性等原则，四川省统计局从经济规模、发展水平、经济结构、发展速度、经济效益等五个方面，对2013 年全省 175 个县、市、区（成都市青羊区、武侯区、金牛区、成华区、锦江区，攀枝花市的东区、西区和自贡市自流井区等 8 个区未纳入评价范围）的经济发展情况进行了综合评价。其中，仁和区入选 2013 年山区先进县，西昌市、会理县、汶川县入选少数民族地区先进县。四川民族地区 67 个县的综合评价结果如表 5.4 所示。可以看出，四川民族地区县域经济整体实力弱，特别是川西北高原藏区和大小凉山彝区的县域经济属于四川省县域经济中整体实力最弱的地区。也要看到的是有些县市区的县域经济整体实力是比较强的，如凉山州西昌市，攀枝花市仁和区和米易县，位于四川省县域经济综合评价前100 的民族地区县市区还有：盐边县、古蔺县、金口河区、珙县、宣汉县、荥经县、汶川县、会理县和会东县。

表 5.4　　　　　　四川民族地区县域经济的综合评价（2013 年）

县市区名称	位次	县市区名称	位次	县市区名称	位次	县市区名称	位次
仁和区	30	汶川县	82	康定县	84	西昌市	15
米易县	39	理县	109	泸定县	111	木里县	139
盐边县	69	茂县	120	丹巴县	142	盐源县	137
叙永县	133	松潘县	135	九龙县	110	德昌县	116
古蔺县	92	九寨沟县	130	雅江县	149	会理县	49
北川县	121	金川县	153	道孚县	170	会东县	93
平武县	131	小金县	155	炉霍县	166	宁南县	117
金口河区	70	黑水县	125	甘孜县	154	普格县	164
峨边县	140	马尔康县	119	新龙县	157	布拖县	160
马边县	152	壤塘县	165	德格县	175	金阳县	168
珙县	89	阿坝县	163	白玉县	147	昭觉县	172
筠连县	112	若尔盖县	158	石渠县	171	喜德县	169
兴文县	126	红原县	150	色达县	167	冕宁县	114
屏山县	145			理塘县	162	越西县	159
宣汉县	57			巴塘县	151	甘洛县	173
荥经县	90			乡城县	143	美姑县	174

县市区名称	位次	县市区名称	位次	县市区名称	位次	县市区名称	位次
汉源县	123			稻城县	146	雷波县	148
石棉县	67			得荣县	156		
宝兴县	101						

资料来源：四川省统计局网站，http://www.sc.stats.gov.cn/sctj/default.htm? status = Info & menu = 20&sub = 1，false。

6. 四川民族地区城乡差距、公共服务配置与城乡一体化

6.1 四川民族地区的城乡差距与城镇化

6.1.1 四川民族地区是四川省城乡收入差距最大的地区

2012 年，四川省城镇居民人均可支配收入为 20307 元，农村居民人均纯收入为 7001 元，城乡收入比为 2.90，同年全国城乡收入比为 3.10。四川民族区域自治地方是四川省城乡收入差距最大的地区，2012 年阿坝州城乡收入比为 4.54，甘孜州为 5.48，凉山州为 3.58。《中国区域经济统计年鉴》（2011）公布了各县级单位的城乡居民收入，分县市区看，四川民族地区是四川省城乡收入差距最大的地区，其中色达县城乡收入比高达 7.09，理塘县、石渠县、甘孜县城乡收入比超过 6.0。在有统计的 179 个县市区中，城乡收入比最大的前 44 个县市区均是民族地区。根据与四川省当年的城乡收入差距 3.01 的关系，可以把 67 个县市区划分为：

高度城乡收入不平等，城乡收入比超过 6.02，有 4 个县：色达县、理塘县、石渠县、甘孜县；

城乡差距较大，城乡收入比在 4.5 ~ 6.02 之间，有 21 个：得荣县、雅江县、壤塘县、稻城县、巴塘县、黑水县、白玉县、峨边彝族自治县、道孚县、康定县、德格县、乡城县、炉霍县、新龙县、丹巴县、甘洛县、布拖县、美姑县、木里藏族自治县、金阳县、马边彝族自治县；

城乡差距中等，城乡收入比在 3.01 ~ 4.5 之间，有 26 个县：小金县、松潘县、九寨沟县、茂县、若尔盖县、金川县、泸定县、阿坝县、昭觉县、九龙县、理县、马尔康县、越西县、普格县、雷波县、喜德县、红原县、汶川县、乐山市金口河区、盐源县、古蔺县、平武县、叙永县、宣汉区、北川羌族自治

县、汉源县；

城乡差距较小，城乡收入比在 3.01 以下，有 16 个县：石棉县、西昌市、筠连县、冕宁县、兴文县、荥经县、宝兴县、盐边县、珙县、宁南县、会东县、米易县、德昌县、屏山县、会理县、攀枝花市仁和区。

6.1.2　经济发展、城镇化与四川民族地区的城乡收入差距

图 6.1 绘出了 2010 年四川民族地区 67 个县市区城乡居民收入比与人均地区生产总值、城镇化率间的关系，可以看出经济发展水平、城镇化与城乡差距间存在明显的负相关关系，经济发展水平高、城镇化率高的县市区，城乡收入比低。加快经济发展、推进城镇化进程是可以缩小城乡差距的。

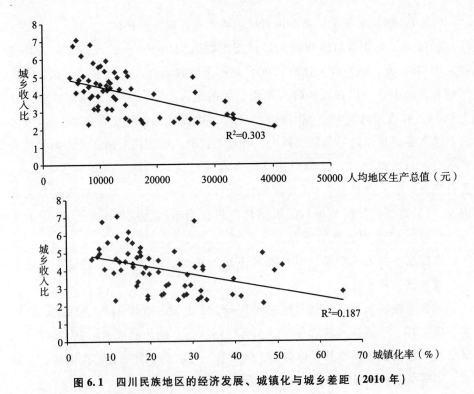

图 6.1　四川民族地区的经济发展、城镇化与城乡差距（2010 年）

资料来源：本报告作者绘制。

6.1.3　四川民族地区产业结构与城乡差距

四川民族地区生产总值中各产业的比重与城乡收入比的关系如图 6.2 所

示，第一产业产值与城乡收入比的关系正相关关系是很好理解的。农民的主要收入来源于农业，农产品由于收入弹性和价格弹性低，而且四川民族地区对产品的加工程度低，对于农民增收有限制。因此，城乡收入差距与第一产业增加值比重呈现出正向关系，第一产业比重高的地区，城乡差距大。第三产业增加值比重与城乡收入比间呈现出的正相关关系，而且关系显著（$R^2 = 0.248$），第三产业产值比重高的地区，城乡差距大（见图 6.2）。一个可能的解释是，四川民族地区第三产业主要是传统服务业，收入弹性小，另外一个可能是旅游业在四川民族地区的一些县中比重高，但旅游业的发展方式对农民增收的作用有限，还有一个可能是部分民族地区受宗教文化的影响显著，宗教支出大，影响农牧民增收。而第二产业比重和工业化率与城乡收入比间呈现出显著的负相关关系，第二产业比重高的地区，工业化程度高的地区，城乡收入比小，说明这些地区城乡差距小。这是因为第二产业，主要是工业和建筑业，规模报酬递增，对于持续增加进城农民工的收入作用显著。

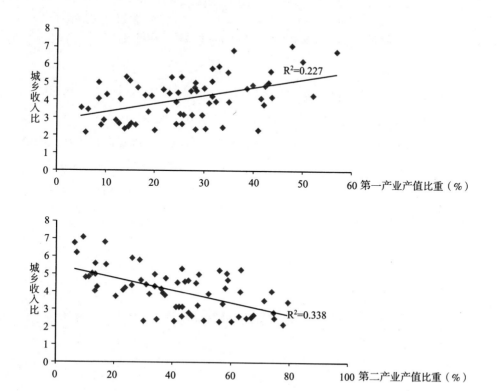

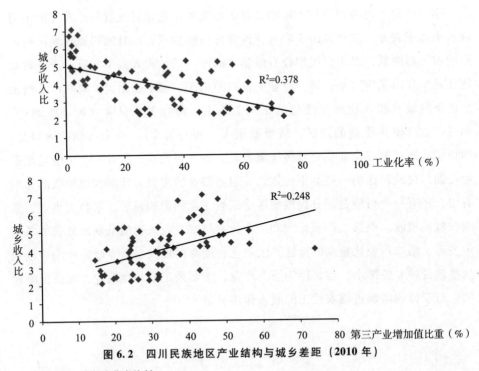

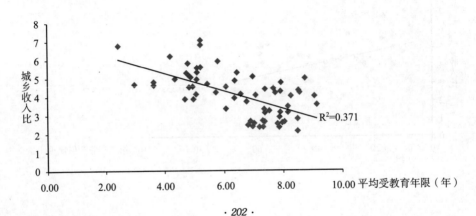

图 6.2　四川民族地区产业结构与城乡差距（2010 年）

资料来源：本报告作者绘制。

6.1.4　教育与四川民族地区城乡差距

城乡差距受人口受教育程度的影响很大，图 6.3 说明，6 岁及以上人口受教育年限与城乡收入比间有很强的负相关关系，受教育年限越高，城乡差距越小；而 15 岁及以上人口的文盲率则与城乡收入比间存在很强的正相关关系。大力发展教育，提高人口的受教育程度，降低文盲率的比例，是缩小城乡收入差距的有效手段。

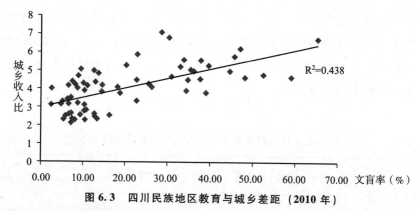

图 6.3　四川民族地区教育与城乡差距（2010 年）

资料来源：本报告作者绘制。

6.1.5　民族构成与四川民族地区城乡差距

图 6.4 表明，少数民族人口占比高的地区，城乡收入比大，城乡差距大。主要的因为在四川民族地区的少数民族由于历史与地理等多方面的原因，经济文化水平总体较低，从事农牧业人口的比重高，受教育程度也较低。因此，大力提高少数民族人口的教育水平，推进少数民族的城镇化，全面提高少数民族的经济文化水平，是缩小四川民族地区城乡差距的重要选择。

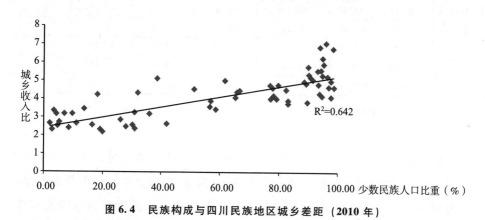

图 6.4　民族构成与四川民族地区城乡差距（2010 年）

资料来源：本报告作者绘制。

6.2　四川民族地区的基本公共服务：基础设施

6.2.1　四川民族地区基础设施供给现状

通过几十年的建设，特别是西部大开发战略的实施，四川民族地区的基础设施建设取得了重要进展。表6.1揭示了截至2012年四川民族区域自治地方各类基础设施的供给情况，单位是拥有各类基础设施的村（行政村或自然村）占全部村（行政村和自然村）的比例。可以看出，目前四川民族地区农村基础设施有了很大的改进。

表6.1 　　　　　四川民族区域自治地方的农村基础设施（2012年）　　　单位：%

	通（水泥/沥青）公路	通电	通广播电视	通宽带网络	通客运班车	饮用入户管道水	有社区服务中心
				行政村			
四川省	69.24	99.99	98.15	44.87	46.38	45.36	28.90
阿坝州	62.33	97.42	93.08	32.38	36.64	78.15	23.91
甘孜州	22.70	73.90	83.95	14.62	17.18	50.84	1.83
凉山州	36.58	93.66	85.08	28.96	39.04	53.82	18.07
北川县	71.79	100.00	100.00	0.00	93.73	74.92	57.05
峨边县	40.31	100.00	79.07	11.63	9.30	94.57	4.65
马边县	66.95	100.00	100.00	24.58	35.59	72.03	4.24
				自然村			
四川省	41.07	86.64	81.62	30.22	21.73	32.38	
阿坝州	36.48	84.58	83.64	16.95	16.84	70.83	
甘孜州	16.27	51.32	68.11	6.76	3.78	42.15	
凉山州	36.12	77.80	66.12	17.16	18.19	31.00	
北川县	0.00	100.00	100.00	9.46	0.00	89.25	
峨边县	6.69	99.77	28.26	4.61	4.04	30.57	
马边县	22.19	100.00	90.09	5.42	14.13	59.84	

资料来源：四川省移民与扶贫局。

　　如果从县域看，2012年四川省公路密度为0.60/平方公里，等级公路比重为79.83%。四川民族地区公路密度为0.27公里/平方公里，其中等级公路比重为78.45%。考虑到民族地区地广人稀，单纯用面积测度交通线路的密度，难以完全反映一个地区的路网密度，如果同时考虑面积和人口，得到综合公路密度，2012年，四川省为162.17，四川民族地区67个县市区平均为427.74，从这个方面看，虽然与全省比较，公路交通还有很大的距离，但从历史与发展的角度看，最近10多年来，四川民族地区的基础设施确有很大的改进。

　　目前虽然县城及重点镇的基础设施获得性得到重大改进，但村组的基础设施供给依然严重不足，特别是行政村和自然村的基础设施建设普遍存在"最后一公里"问题。这极大地制约了县域内的经济一体化进程。从主干道路建设看，高原藏区的阿坝州和甘孜州是四川省未通高速公路的极少数地区之一，立体交通尚未形成，交通方式单一。区内主干道等级低，通行能力不高。

6.2.2　四川民族地区的基础设施与城镇化、经济发展

表6.2、表6.3和表6.4计算了四川民族地区县域、行政村、自然村基础设施供给与城镇化、农村贫困发生率、人均地区生产总值和城乡收入差距间的相关系数。

表6.2　四川民族地区城镇化、经济发展与基础设施改进（县域，2012年）

项目	公路密度	等级公路	综合运输密度	固定电话	移动电话
城镇化率（%）	−0.0598	0.1251	−0.0559	0.7822 **	0.7373 **
样本数	67	67	67	50	50
贫困发生率（%）	−0.2975 *	0.0585	0.2007 *	−0.4789 **	−0.4282 **
样本数	67	67	67	50	50
人均地区生产总值（元）	0.1303	−0.0612	−0.1265	0.5915 **	0.3560 *
样本数	67	67	67	50	50
城乡收入比	−0.4217 **	−0.0989	0.1751	−0.3103 *	−0.2768 *
样本数	67	67	67	50	50

注：**. Correlation is significant at the 0.01 level (2 – tailed).
　*. Correlation is significant at the 0.05 level (2 – tailed).
资料来源：本报告作者绘制。

表6.3　　　　四川民族地区城镇化、经济发展与农村基础设施改进（行政村，2012年）

项目	城镇化率（%）	贫困发生率（%）	人均地区生产总值（元）	城乡收入比
通（水泥/沥青）公路	0.3547 *	−0.5164 **	0.4325 **	−0.4955 **
通电的行政村	0.3023 *	−0.4476 **	0.3541 *	−0.4796 **
通广播电视	0.1826	−0.2369 *	0.1473	−0.2498 *
通宽带网络	0.1942	−0.5557 **	0.2933 *	−0.5278 **
通客运班车	0.2320 *	−0.4990 **	0.3191 *	−0.4733 **
有社区服务中心	0.1765	−0.3394 *	0.2791 *	−0.2619 *
有农家超市	0.2866 *	−0.4768 **	0.2561 *	−0.3851 *
饮用入户管道水	0.3109 *	−0.2258 *	0.2974 *	−0.1374
有经营农家乐	0.3137 *	−0.5203 **	0.5902 **	−0.4455 **

项目	城镇化率（%）	贫困发生率（%）	人均地区生产总值（元）	城乡收入比
有设施农业大棚	0.2191 *	− 0.2876 *	0.3807 *	− 0.2417 *
有设施畜牧业大棚	0.0107	− 0.0096	− 0.0691	0.1340
有农民专业合作经济组织	0.3006 *	− 0.5993 **	0.5322 **	− 0.5613 **
有贫困村互助资金组织	0.0347	− 0.2286 *	0.1116	− 0.2343 *

注：**. Correlation is significant at the 0.01 level（2 – tailed）.

∗. Correlation is significant at the 0.05 level（2 – tailed）.

资料来源：本报告作者绘制。

表 6.4　　　　　　　　四川民族地区城镇化、经济发展与农村基础

设施改进（自然村，2012 年）

项目	城镇化率	贫困发生率（%）	人均地区生产总值	城乡收入比
通（水泥/沥青）公路	0.1638	− 0.5242 **	0.4035 **	− 0.4610 **
通电	0.2406 *	− 0.4006 **	0.3648 *	− 0.4020 **
通广播电视	0.1501	− 0.1741	0.0860	− 0.2178 *
饮用入户管道水	0.4396 **	− 0.2391 *	0.4051 **	− 0.2407 *
通宽带网络	0.2859 *	− 0.5955 **	0.4225 **	− 0.5351 **
通客运班车	0.1945	− 0.6054 **	0.4853 **	− 0.4715 **
有农家超市	0.2877 *	− 0.4617 **	0.3668 *	− 0.3233 *
有农家乐	0.2446 *	− 0.4155 **	0.5470 **	− 0.3616 *

注：**. Correlation is significant at the 0.01 level（2 – tailed）.

∗. Correlation is significant at the 0.05 level（2 – tailed）.

资料来源：本报告作者绘制。

　　表 6.2 显示的县域公路密度、等级公路占比、综合运输密度、每 10000 人拥有的固定电话和移动电话与城镇化率、贫困发生率、人均地区生产总值和城乡收入比间的相关系数。城镇化率和固定电话及移动电话拥有量间呈现出强的正相关关系，这比较直观，但城镇化率和公路密度、等级公路占比间不存在有统计意义的相关关系，这是很有意思的。贫困发生率与固定电话和移动电话拥有量间负相关关系显著，与公路密度间也存在有统计意义的负相关关系，与等级公路的比重间几乎没有关系；人均地区生产总值与固定电话、移动电话拥有量间有显著的正相关关系，与其他几个变量间不存在统计意义的相关关系；城乡收入比与公路密度间负相关关系显著、与固定电话和移动电话拥有量间有明显的负相关关系。因此，从县域角度看，加大通信网络建设，对与促进城镇

化、推动经济发展和减贫及缩小城乡差距作用是很明显的。

表 6.3 显示的是在行政村层面上各种基础设施占行政村比例与城镇化率、农村贫困发生率、人均地区生产总值及城乡收入比间的相关系数。表 6.4 列出的是在自然村层面上各种基础设施建设占自然村比例与城镇化率、农村贫困发生率、人均地区生产总值及城乡收入比间的相关关系。可以看出，农村基础设施的改进对于促进四川民族地区经济发展、推进城镇化、减贫和改善城乡收入分配有重要的意义。

比较表 6.2、表 6.3 和表 6.4，一个有趣的结果是，县域城镇化、减贫、经济发展和缩小城乡差距，加强行政村和自然村基础设施的建设的效果比发展跨区域的交通干线要显著得多。

6.3　四川民族地区的基本公共服务：基础教育与城乡一体化

6.3.1　四川民族地区的基础教育供给

根据第 6 次人口普查资料，2010 年四川省 6 岁及以上人口平均受教育年限为 8.35 年，15 岁及以上人口文盲率为 6.55%，在四川民族地区的 67 个县中，根据人口平均受教育年限和文盲率可以划分为如下几组：

6 岁及以上人口平均受教育年限在 8.35 年以上，15 岁及以上人口文盲率低于 6.55%，2 个县：马尔康县、泸定县；

6 岁及以上人口平均受教育年限在 8.35 年以上，15 岁及以上人口文盲率高于 6.55%，5 个县：汶川县、康定县、九寨沟县、西昌市、仁和区；

6 岁及以上人口平均受教育年限在 8.35 年以下，15 岁及以上人口文盲率低于 6.55%，8 个县：叙永县、荥经县、金口河区、珙县、德昌县、古蔺县、宣汉县、汉源县；

6 岁及以上人口平均受教育年限在 8.35 年以下，15 岁及以上人口文盲率高于 6.55%，有 52 个县：石渠县、布拖县、新龙县、美姑县、甘孜县、德格县、喜德县、白玉县、雅江县、金阳县、道孚县、木里藏族自治县、普格县、昭觉县、乡城县、巴塘县、稻城县、壤塘县、色达县、理塘县、甘洛县、若尔盖县、得荣县、马边彝族自治县、盐源县、雷波县、越西县、炉霍县、黑水县、阿坝县、红原县、会东县、宁南县、冕宁县、会理县、峨边彝族自治县、盐边县、九龙县、屏山县、筠连县、米易县、松潘县、兴文县、北川羌族自治县、平武县、小金县、金川县、石棉县、丹巴县、茂县、宝兴县、理县。

由此可见，从受教育结果看，四川民族地区受教育年限短、文盲率高的县的比重高，而受教育年限长、文盲率低的县很少。从6岁及以上人口受教育结构看，四川民族地区中，未上过学的占13.66%，小学47.91%，初中27.13%，高中7.14%，大学专科3.08%，大学本科及以上占1.09%。各县市区的情况见附表和图6.5。

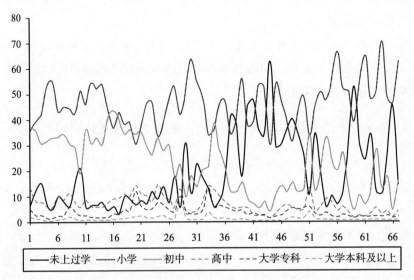

图6.5　四川民族地区人口受教育结构（2010年）

资料来源：本报告作者绘制。

从乡村教育的发展看，据统计，2012年有幼儿园或学前班的行政村的比例，最高的是兴文县和理县，比例为100%，仁和区、米易县和盐边县也比较高，在95%以上，而大量的县市区，或者没有，或者比例很低；学前3年教育毛入园率，有的达到100%，如筠连县、宝兴县、北川县、峨边县、乡城县，绝大多数在50%~90%之间，相当一部分县市区在50%以下，有些县为0；高中阶段教育毛入学率，有的达到100%，如乡城县，绝大多数在50%以上（有48个县），还有29个县不足50%。

从基础教育的供给看，表6.5列出了2012年，四川民族地区基础教育供给情况，并列出了与四川省全省的比较。2000年以来，由于单纯追求规模效应的学校布局调整，四川民族地区各县均不同程度地进行了学校的撤并，结果小学覆盖行政村的比例、普通中学覆盖乡镇的比例大幅度下降，就学半径扩大，基础教育供给的数量受到影响，质量也并未有较大幅度提高①。因此，要实现城乡一体化，基础教育的均衡供给是其中关键的环节之一。

表6.5　　　　　　　四川民族地区的基础教育供给（2012 年）

	小学/行政村（%）	小学密度（所/100 平方公里）	小学平均就学半径（公里）	小学/万人（所）	普通中学/乡镇（%）	小学生/专任教师数（人）	中学生/专任教师数（人）
四川民族地区	33.98	1.13	7.04	2.85	0.44	19.50	16.96
四川省	18.46	1.77	5.64	1.06	1.06	18.39	15.70

资料来源：本报告作者计算。

6.3.2　四川民族地区教育发展与城乡统筹

表6.6 列出了四川民族地区 67 个县市区教育发展与城镇化、贫困、经济发展及城乡收入差距间的相关关系。这些相关关系说明，基础教育的发展，对于推进城镇化、促进经济发展、减缓贫困和缩小收入差距具有重要意义的。虽然发展教育的重要性早有认识，但表6.6 反映的这些相关关系，更具体、更具有指导意义。特别需要指出的是高原藏区，基础教育落后，尤其农牧区教育薄弱，劳动力受教育程度低，部分地方劳动力人口中文盲、半文盲占 30% 以上，严重制约经济发展。

表6.6　四川民族地区教育发展与城镇化、经济发展（相关系数，2012 年）

	城镇化率（%）	贫困发生率（%）	人均地区生产总值	城乡收入比
受教育年限（年）	0.6871 **.	− 0.6858 **.	0.6037 **.	− 0.6387 **.
文盲率（%）	− 0.4732 **.	0.6714 **.	− 0.4805 **.	0.6668 **.
有幼儿园或学前班的行政村（%）	0.1417	− 0.4962 **.	0.4033 **.	− 0.5920 **.
学前 3 年教育毛入园率（%）	0.3300 *	− 0.1602	0.3104 *	− 0.1063
高中阶段教育毛入学率（%）	0.1719	− 0.2100 *	0.3045 *	− 0.1489
未上过学（%）	− 0.4694 **.	0.7008 **.	− 0.4997 **.	0.6968 **.
小学（%）	− 0.5457 **.	0.0658	− 0.3190 *	− 0.0448
初中（%）	0.5483 **.	− 0.7338 **.	0.5737 **.	− 0.7031 **.
高中（%）	0.8537 **.	− 0.5540 **.	0.6465 **.	− 0.4628 **.

① 具体分析参见郑长德，2013 年。

	城镇化率（%）	贫困发生率（%）	人均地区生产总值	城乡收入比
大学专科（%）	0.7342 ** .	− 0.0981	0.3857	− 0.0041
大学本科及以上（%）	0.7387 ** .	− 0.2625 *	0.4252 ** .	− 0.1070
小学/行政村（%）	− 0.1430	− 0.0951	0.0203	− 0.2028 *
学校密度（所/100 平方公里）	− 0.1311	− 0.1592	0.0351	− 0.3144 *
平均就学半径（公里）	0.1299	0.2619 *	− 0.1315	0.4311 ** .
小学校/万人（所）	− 0.2185 *	0.4933 ** .	− 0.4018 ** .	0.4256 ** .
普通中学/乡镇（%）	0.1200	− 0.3994	0.2563 *	− 0.4946 ** .
小学生/教师（人）	− 0.5852 ** .	0.1309	− 0.2204 *	0.0264
中学生/教师（人）	− 0.5347 ** .	0.2412 *	− 0.3407 *	0.1472

注： ** . Correlation is significant at the 0.01 level（2 - tailed）.

  * . Correlation is significant at the 0.05 level（2 - tailed）.

资料来源：本报告作者绘制。

6.3.3 受教育性别差异与经济发展

在中国，受教育程度在男女之间存在差异，这种差异在四川民族地区也存在，而且还比较大。一个普遍的趋势是男性人口受教育年限比女性人口长，而文盲率则女性人口比男性人口高。2010 年普查表明，四川省 6 岁及以上人口中平均受教育年限男性为 8.74 年，女性为 7.96 年，男性是女性的 1.10 倍；15 岁及以上人口文盲率，男性为 3.78%，女性为 9.37%，女性是男性的 2.48 倍（或者说男性的文盲率只相当于女性的 40.34%）。在四川民族地区的 67 个县市区中，受教育年限性别比（男性/女性）在 1.10 以上的有 57 个，超过 67 个县市区的 85% 以上，最大的布拖县为 2.27，最小的康定县为 1.04；文盲率性别比（男性/女性）在 0.40 以上的有 51 个县，占 67 个县的 76% 以上，最高的是新龙县达 0.87，最低的理县 0.30。

图 6.6 把 6 岁及以上人口平均受教育年限的性别比（男性/女性）、15 岁及以上文盲率性别比（男性/女性）与城镇化率、城乡收入比、人均地区生产总值和农村贫困发生率进行了简单的拟合，拟合关系在统计上有意义，而且拟合系数有显著性。这些拟合关系说明，加大女性人口的教育投资，提高其教育水平，对于推动地方经济发展、缩小城乡差距、加快城镇化和减贫是有重要的促进作用的。

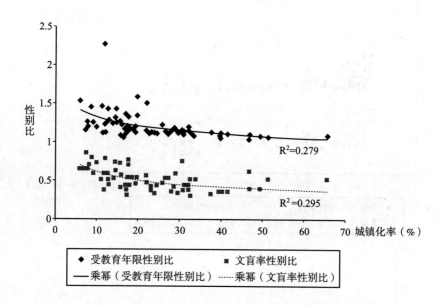

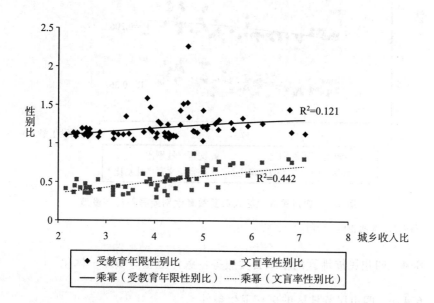

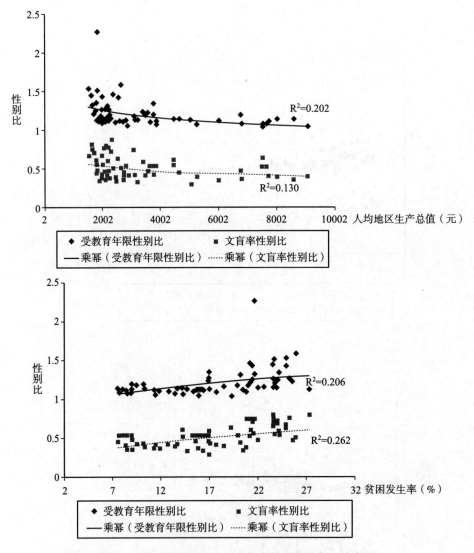

图6.6　四川民族地区人口受教育性别差异与经济发展

资料来源：本报告作者绘制。

6.4　四川民族地区的基本公共服务：医疗卫生与城乡一体化

6.4.1　四川民族地区的医疗卫生条件

2012年，四川省的基本医疗条件是医院卫生院每万人0.76个，每100平方公里有1.26个，医院卫生院床位数是每1000人4.57张，卫生技术人员是每1000人4.82人，平均就医半径1.26公里。与之比较，四川民族地区的医疗卫生条件是：每万人拥有医院卫生院 1.29 个，每 100 平方公里有医院卫生院 0.51 个，医院卫生院床位数是 3.07 张/千人，卫生技术人员是 2.53 人/千人，平均就医半径是 10.46 公里①。因此总体上四川民族地区医疗卫生条件是比较差的（见图 6.7），而且县际差异相当显著（见表 6.7）。特别是高原藏区和贫困山区，医疗卫生严重滞后，普遍存在"无医、无药、无设施、无保障"问题，求医看病难突出，人口身体素质普遍较低、因病死亡率较高、平均寿命较短。农牧区基本公共服务十分落后。

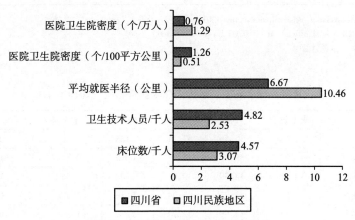

图 6.7　四川民族地区医疗卫生条件

资料来源：本报告作者绘制。

表 6.7　　　　　　　　　四川民族地区医疗卫生条件的县际差异

		N	最小	最大	均值	标准差
床位数（张/千人）		67	1.26	8.88	3.3016	1.56938
卫生技术人员（人/千人）		67	1.14	9.26	3.122	1.6116
平均就医半径（公里）		67	4.98	23.69	10.5119	4.411
医院卫生院密度	个/100 平方公里	67	0.1	2.27	0.8403	0.64366
	个/万人	67	0.41	5.62	2.1973	1.2894

资料来源：作者计算。

6.4.2　四川民族地区的医疗卫生条件与城乡一体化

医疗卫生条件的改善对于城乡一体化具有重要的作用。表 6.8 说明，医疗

---

① 资料来源：作者根据《四川省统计年鉴》（2013）计算。

卫生条件的改进可以促进城镇化和经济发展，减缓贫困。

表 6.8　　四川民族地区医疗卫生条件与经济发展相关系数（2012 年）

	城镇化（%）	城乡收入差距	贫困发生率（%）	人均地区生产总值
床位数（张/千人）	0.6671 **	− 0.1900	− 0.4078 **	0.6494 **
卫生技术人员（人/千人）	0.4463 **	0.2287 *	− 0.0448	0.4055 **
平均就医半径（公里）	− 0.1971	0.6429 **	0.3447 *	− 0.0746
医院卫生院密度（个/100 平方公里）	0.1332	− 0.5152 **	− 0.2599 *	− 0.0165
医院卫生院密度（个/万人）	− 0.2786 *	0.7439 **	0.5098 **	− 0.2116 *

注：**. Correlation is significant at the 0. 01 level（2 – tailed）.

　*. Correlation is significant at the 0. 05 level（2 – tailed）.

资料来源：作者计算。

附表　　　四川民族地区 6 岁及以上人口受教育结构（2010 年）　　　单位：%

	未上过学	小学	初中	高中	大学专科	大学本科及以上
仁和区	6. 64	35. 56	37. 11	13. 28	5. 26	2. 14
米易县	12. 51	39. 72	35. 51	8. 13	2. 77	1. 37
盐边县	14. 99	42. 39	30. 62	8. 01	2. 88	1. 11
叙永县	6. 23	53. 73	31. 74	6. 16	1. 67	0. 48
古蔺县	5. 11	54. 99	32. 74	5. 50	1. 30	0. 36
北川羌族自治县	10. 06	43. 35	33. 11	10. 05	2. 40	1. 03
平武县	8. 21	44. 87	34. 31	8. 84	2. 66	1. 11
金口河区	6. 20	44. 31	30. 36	11. 34	5. 77	2. 02
峨边彝族自治县	15. 82	42. 42	28. 98	7. 65	3. 81	1. 32
马边彝族自治县	20. 76	51. 33	19. 10	5. 73	2. 43	0. 65
珙县	5. 73	45. 91	36. 11	8. 81	2. 53	0. 92
筠连县	6. 49	54. 17	30. 58	6. 17	1. 96	0. 63
兴文县	6. 63	52. 25	32. 69	6. 01	1. 79	0. 63
屏山县	7. 82	53. 45	30. 29	5. 87	1. 86	0. 70
宣汉县	4. 48	44. 06	41. 08	7. 81	1. 93	0. 63
荥经县	6. 15	36. 89	43. 65	8. 98	3. 24	1. 10
汉源县	3. 19	42. 78	40. 32	9. 37	3. 09	1. 25
石棉县	10. 18	38. 32	34. 39	10. 97	4. 83	1. 32
宝兴县	8. 97	38. 57	36. 03	10. 14	4. 56	1. 73
汶川县	6. 76	30. 45	34. 14	14. 29	12. 09	2. 27
理县	8. 44	36. 37	35. 63	10. 93	6. 28	2. 35
茂县	7. 18	46. 24	29. 92	10. 22	4. 70	1. 75

	未上过学	小学	初中	高中	大学专科	大学本科及以上
松潘县	11.96	46.83	26.28	8.09	5.29	1.55
九寨沟县	9.30	33.59	32.65	14.48	7.65	2.33
金川县	13.54	39.02	27.98	10.21	6.62	2.63
小金县	7.66	48.28	29.77	8.62	4.46	1.21
黑水县	17.87	53.00	17.43	5.71	4.24	1.75
马尔康县	6.08	41.62	22.42	12.80	9.93	7.15
壤塘县	30.69	50.14	9.98	3.26	4.47	1.46
阿坝县	11.30	63.48	17.90	3.74	2.81	0.77
若尔盖县	22.52	55.10	14.02	4.23	3.21	0.93
红原县	16.91	49.09	20.49	7.91	4.70	0.90
康定县	12.71	34.41	21.95	13.82	13.26	3.85
泸定县	5.91	35.59	38.46	12.64	5.70	1.69
丹巴县	8.63	46.17	27.48	10.12	6.37	1.23
九龙县	16.02	47.49	21.59	7.75	5.68	1.46
雅江县	41.41	34.45	12.00	6.00	4.90	1.23
道孚县	37.33	41.21	11.71	4.91	4.01	0.84
炉霍县	17.63	55.74	15.38	5.67	4.50	1.08
甘孜县	44.81	37.57	8.71	5.56	2.56	0.78
新龙县	47.50	39.19	7.23	2.55	3.33	0.20
德格县	36.13	53.50	5.38	2.19	2.47	0.33
白玉县	33.50	52.86	7.93	2.46	2.61	0.65
石渠县	62.42	30.05	4.02	1.44	1.78	0.29
色达县	29.25	53.56	11.27	3.19	2.23	0.50
理塘县	30.01	47.49	13.99	5.64	2.60	0.27
巴塘县	36.37	39.43	11.82	6.81	4.49	1.09
乡城县	40.03	31.54	15.39	5.76	5.60	1.69
稻城县	34.17	43.38	11.87	4.54	4.87	1.17
得荣县	26.12	48.95	12.95	4.75	5.54	1.70
西昌市	10.12	33.19	33.73	13.24	5.86	3.86
木里藏族自治县	34.18	44.71	12.48	4.39	3.12	1.12
盐源县	20.45	50.62	19.88	5.82	2.48	0.75
德昌县	6.00	47.52	32.79	9.04	3.63	1.01
会理县	9.92	53.89	25.49	7.86	2.18	0.67
会东县	6.79	66.31	20.09	4.37	1.97	0.47
宁南县	12.28	51.76	26.79	5.69	2.71	0.76
普格县	30.81	51.01	11.78	3.51	2.32	0.57

	未上过学	小学	初中	高中	大学专科	大学本科及以上
布拖县	52.60	39.00	4.90	1.70	1.44	0.37
金阳县	30.81	54.09	10.03	2.40	2.22	0.45
昭觉县	24.22	64.77	6.77	2.30	1.67	0.27
喜德县	33.86	47.97	12.18	3.38	2.03	0.58
冕宁县	11.66	51.46	28.25	5.57	2.28	0.78
越西县	11.11	70.14	13.29	3.10	1.90	0.46
甘洛县	27.22	48.00	17.59	4.14	2.39	0.66
美姑县	45.48	46.29	4.50	1.81	1.46	0.46
雷波县	13.90	62.46	16.08	4.48	2.29	0.78
合计	13.66	47.91	27.13	7.14	3.08	1.09

资料来源：《中国分县人口普查资料（2010）》。

7. 四川民族地区城乡一体化的综合评价

7.1 评价方法

城乡发展一体化内容相当丰富，涉及经济、社会、政治、文化、生态五个方面[①]：一是城乡经济一体化，即由城乡二元经济结构转化为城乡经济协同发展，包括城乡经济主体一体化、城乡产业一体化、城乡市场一体化等内容。二是城乡社会一体化，即由城乡二元社会结构转化为城乡社会协同发展，包括城乡公共服务一体化、城乡社会管理一体化、城乡收入分配一体化等内容。三是城乡政治一体化，即由城乡二元政治结构转化为城乡政治协同发展，包括城乡发展机会均等化、城乡户籍制度一体化、城乡就业制度一体化等内容。四是城乡文化一体化，即由城乡二元文化结构转化为城乡文化协同发展，将自然经济文化、计划经济文化以及低层次的市场经济文化转化为现代市场经济文化，包括城乡理念观念一体化、城乡行为方式一体化、城乡生活方式一体化等内容。五是城乡生态一体化，即由城乡二元生态环境转化为城乡生态环境协同发展，包括城乡环境保护一体化、城乡污染治理一体化、城乡环保意识一体化等内容。

---

① 吴丰华、白永秀：《城乡发展一体化：战略特征、战略内容、战略目标》，载《学术月刊》2013 年第 4 期。

　　本研究报告把城乡发展一体化大体上区分出城乡空间一体化、城乡经济一体化、城乡社会一体化、城乡环境一体化等四个维度。因此一个综合性的测度城乡发展一体化的指数要同时考虑到这几个方面。本节借助于类似科布·道格拉斯的函数形式，构造城乡发展一体化指数（development index of Urban-rural integration，URII），它由四部分组成：城乡一体化的空间效应、城乡一体化的经济发展效应、城乡一体化的社会效应和城乡一体化的环境效应。

$$URIDI = (IS)^{\alpha} \cdot (IE)^{\beta} \cdot (ISO)^{\gamma} \cdot (IEN)^{\lambda},$$

$$0 < \alpha < 1, \ 0 < \beta < 1, \ 0 < \gamma < 1, \ 0 < \lambda < 1 \qquad (7.1)$$

式中，IS 代表的是城乡空间一体化指数，IE 是城乡经济一体化指数，ISO 反映的是城乡社会一体化指数，IEN 是城乡环境一体化指数。α、β、γ 和 λ 是参数，$\alpha + \beta + \gamma + \lambda = 1$，这里取等权重，即 $\alpha = \beta = \gamma = \lambda = 0.25$。

　　在计算城乡空间一体化指数、城乡经济一体化指数、城乡社会一体化指数和城乡环境一体化指数时，这里采用的是相对值，即各指标相对于四川省的平均水平。也就是说这里对四川民族地区县域城乡一体化水平的综合评价是相对于四川省的平均水平而论的。需要指出的是考虑到有些县市区的某个指标值为0，因此在构建分项指标时使用的是算术平均。其中：

　　——城乡空间一体化方面指数主要反映城乡空间联系的紧密性与协调性，我们选择城乡空间集聚、城乡往来便利性、城乡信息化三个分项指标进行评价。其中，城乡空间集聚的基础指标是城镇化水平；城乡往来便利性的基础指标是公路交通网密度、等级公路比重和通（水泥/沥青）公路的行政村比例；城乡信息化的基础指标是通广播电视的行政村比例和通宽带网络的行政村比例。

　　——城乡经济一体化方面指数主要反映城乡部门经济活动的协调性，我们选择城乡经济发展水平、城乡产业结构和城乡居民收入差距三个分项指标进行评价。其中，城乡经济发展水平的基础指标是人均地区生产总值；城乡产业结构的基础指标是二元结构系数；城乡居民收入差距的基础指标是城乡居民人均收入比。

　　——城乡社会一体化方面指数主要反映城乡居民在享受教育、医疗、社会保障等公共服务方面的均衡程度，我们选择城乡教育、城乡医疗、贫困、城乡社会保障四个分项指标进行评价。其中，城乡教育的基础指标是人口受教育年限、文盲率、学前三年教育毛入园率、高中阶段教育毛入学率；城乡医疗的基础指标是每千人医院卫生院床位数和每千人卫生技术人员数；贫困选择的是农村贫困发生率；城乡社会保障的基础指标是乡村人口中参加新型农村合作医疗保险和参加新型农村社会养老保险的人口的比例。

——城乡环境一体化方面指数主要反映了城乡居民在引用安全水、卫生环境等方面的均衡程度，使用的基础指标有：农村安全饮用水普及率、饮用入户管道水的行政村比例、农村卫生厕所普及率、有垃圾填埋场地的行政村比例、有生产生活垃圾集中堆放点的行政村比例。

——反映城乡空间一体化、城乡经济一体化、城乡社会一体化和城乡环境一体化的具体指标体系如表7.1所示。

表7.1　　　　四川民族地区县域城乡发展一体化评价指标体系

目标层	方面指标	分项指标	基础指标	单位	属性
城乡发展一体化	城乡空间一体化	城乡空间集聚	城镇化水平	%	正
		城乡通达性	公路网密度	公里/平方公里	正
			等级公路比重	%	正
			通（水泥/沥青）公路的行政村比例	%	正
		城乡信息化	通广播电视的行政村比例	%	正
			通宽带网络的行政村比例	%	正
	城乡经济一体化	城乡经济发展水平	人均地区生产总值	元	正
			通电的行政村比例	%	正
		产业结构	二元结构系数	—	逆
		城乡收入差距	城乡居民收入比	—	逆
	城乡社会一体化	城乡教育	人口受教育年限	年	正
			文盲率	%	逆
			学前三年教育毛入园率	%	正
			高中阶段教育毛入学率	%	正
		卫生	每千人医院卫生院床位数	张	正
			每千人卫生技术人员	人	正
		贫困	农村贫困发生率	%	逆
		社会保障	参加新型农村合作医疗保险	%	正
			参加新型农村社会养老保险	%	正
	城乡环境一体化	安全饮用水	农村安全饮用水普及率	%	正
			饮用入户管道水的行政村	%	正
		生活环境	农村卫生厕所普及率	%	正
			有垃圾填埋场地的行政村	%	正
			有生产生活垃圾集中堆放点的行政村	%	正

资料来源：本报告作者绘制。

　　方程 (7.1) 中，反映城乡一体化的四个方面的指数，随着时间的推移，其变动方向可能是一致的，如随着时间的变化，*IS*、*IE*、*ISO* 和 *IEN* 都有所改进，说明城乡一体化发展过程更加包容、更加绿色；相反，如果随时间推移，四个指标都减少，说明城乡一体化发展过程不是包容性的，也不是绿色的。另外，随着时间的推移，这四个指数的变动方向不一致，比如，空间一体化和社会一体化可能出现相反方向变动，或者空间一体化和环境一体化可能出现相反方向变动，或者经济一体化与环境一体化间可能出现相反方向变动，这时对城乡一体化发展过程的包容性和绿色的净影响将取决于 α、β、γ 和 λ 及每个因子的相对大小。

　　特别地，IGDI 的增长率（包容性绿色发展指标）可通过对方程 (7.1) 取对数和求微分得到：

$$\text{URIDI 增长率} = \alpha \cdot IS \text{ 增长率} + \beta \cdot IE \text{ 增长率} + \gamma \cdot ISO \text{ 增长率} + \lambda \cdot IEN \text{ 增长率}$$

$$(7.2)$$

方程 (7.1) 可用于计算不同时期的 URIDI，由此可评估城乡一体化发展过程的包容性和绿色程度。给定两个时期的 URIDI 的差可被用于城乡一体化发展过程的包容性和绿色水平。

7.2　四川民族地区县域城乡空间一体化指数

　　根据上面的说明，某个县域城乡空间一体化指数为：

$$\text{城乡空间一体化指数} = [\text{第 } i \text{ 个县域的城镇化率} / \text{四川省城镇化率} +$$
$$\text{第 } i \text{ 个县域的公路网密度} / \text{四川省的公路密度} +$$
$$\text{第 } i \text{ 个县域的等级公路比重} / \text{四川省等级公路}$$
$$\text{比重} + \text{第 } i \text{ 个县域通（水泥 / 沥青）公路的}$$
$$\text{行政村比例} / \text{四川省通（水泥 / 沥青）公路}$$
$$\text{的行政村比例} + \text{第 } i \text{ 个县域通广播电视的}$$
$$\text{行政村比例} / \text{四川省通广播电视的行政村}$$
$$\text{比例} + \text{第 } i \text{ 个县域通宽带网络的行政村比例} /$$
$$\text{四川省通宽带网络的行政村比例}] / 6$$

　　对 2012 年的计算结果表明，城乡空间一体化指数最高的是仁和区，为 1.30，最低的是木里县，只有 0.21. 根据与四川省的比较，可以把 67 个县划分为如下几种类型：

城乡空间一体化程度高于四川省平均水平，城乡空间一体化指数在 1 以上的，有 14 个县市区，它们是：仁和区、叙永县、珙县、宣汉县、屏山县、九寨沟县、松潘县、红原县、汉源县、西昌市、米易县、金口河区、盐边县、荥经县；

城乡空间一体化程度较低，城乡空间一体化指数在 0.75 ~ 1 之间的县市区有 16 个，它们是：筠连县、兴文县、石棉县、冕宁县、古蔺县、汶川县、金川县、会东县、北川县、德昌县、宁南县、理县、马边县、宝兴县、炉霍县、越西县；

城乡空间一体化程度低，城乡空间一体化指数在 0.5 ~ 0.75 之间的县市区有 28 个，它们是：马尔康县、若尔盖县、康定县、白玉县、黑水县、会理县、峨边县、甘孜县、普格县、茂县、小金县、泸定县、昭觉县、美姑县、壤塘县、道孚县、喜德县、雅江县、稻城县、金阳县、甘洛县、丹巴县、雷波县、平武县、理塘县、得荣县、巴塘县、九龙县；

城乡空间一体化程度最低，城乡空间一体化指数在 0.5 以下的县市区有 9 个，它们是：新龙县、盐源县、布拖县、阿坝县、德格县、乡城县、色达县、石渠县、木里县。

7.3 四川民族地区县域城乡经济一体化指数

城乡经济一体化指数定义为：

城乡经济一体化指数 =[第 i 个县域的人均地区生产总值/四川省人均地区

生产总值 + 第 i 个县域通电的行政村比例/四川省

通电的行政村比例 + 四川省二元结构系数/第 i 个

县域二元结构系数/ + 四川省城乡居民收入比/第 i 个

县域城乡居民收入比]/4

据此对四川民族地区 67 个县市区计算表明，城乡经济一体化指数最高的是仁和区，指数为 1.50；最低的是石渠县，指数为 0.25. 根据四川民族地区 67 个县市区城乡经济一体化指数的高低，可以划分为：

城乡经济一体化程度高于四川省平均水平，城乡经济一体化指数在 1 以上的，有 11 个县市区，它们是：仁和区、汶川县、会理县、金口河区、盐边县、西昌市、荥经县、石棉县、米易县、宝兴县、马尔康县；

城乡经济一体化程度较低，城乡经济一体化指数在 0.75 ~ 1 之间的县市区有 21 个，它们是：理县、珙县、筠连县、康定县、九寨沟县、会东县、九龙县、德昌县、茂县、黑水县、宁南县、北川县、宣汉县、冕宁县、古蔺县、兴文县、汉源县、泸定县、叙永县、屏山县、峨边县；

城乡经济一体化程度低，城乡经济一体化指数在 0.5～0.75 之间的县市区有 27 个，它们是：盐源县、平武县、雷波县、金川县、红原县、小金县、马边县、巴塘县、甘洛县、若尔盖县、丹巴县、普格县、喜德县、越西县、阿坝县、乡城县、得荣县、布拖县、木里县、道孚县、稻城县、白玉县、美姑县、炉霍县、昭觉县、金阳县；

城乡经济一体化程度最低，城乡经济一体化指数在 0.5 以下的县市区有 8 个，它们是：壤塘县、雅江县、德格县、新龙县、甘孜县、理塘县、色达县、石渠县。

7.4　四川民族地区县域城乡社会一体化指数

城乡社会一体化指数定义为：

城乡社会一体化指数 = [第 i 个县域人口受教育年限/四川省人口受教育年限 + 四川省文盲率/第 i 个县域文盲率 + 第 i 个县域学前三年教育毛入园率/四川省学前三年教育毛入园率 + 第 i 个县域高中阶段教育毛入学率/四川省高中阶段教育毛入学率 + 第 i 个县域每千人医院卫生院床位数/四川省每千人医院卫生院床位数 + 第 i 个县域每千人卫生技术人员/四川省每千人卫生技术人员 + 四川省农村贫困发生率/第 i 个县域农村贫困发生率 + 第 i 个县域参加新型农村合作医疗保险比例/四川省参加新型农村合作医疗保险比例 + 第 i 个县域参加新型农村社会养老保险比例/四川省参加新型农村社会养老保险比例]/9

据此对四川民族地区 67 个县市区计算表明，城乡社会一体化指数最高的是仁和区，指数为 1.50；最低的是石渠县，指数为 0.25. 根据四川民族地区 67 个县市区城乡社会一体化指数的高低，可以划分为如下几种类型（见表 7.2）。

表 7.2　　　　　　　　四川民族地区城乡社会一体化分异（2012 年）

城乡社会一体化指数	县市区数	县市区名称
大于 1.0	7	康定县、马尔康县、西昌市、石棉县、仁和区、汉源县、德昌县
0.75～1.0	33	米易县、北川县、珙县、荥经县、宣汉县、九寨沟县、盐边县、乡城县、炉霍县、宝兴县、金口河区、古蔺县、宁南县、黑水县、丹巴县、茂县、泸定县、汶川县、金川县、会理县、巴塘县、兴文县、小金县、理县、筠连县、得荣县、稻城县、屏山县、平武县、会东县、冕宁县、九龙县、白玉县
0.50～0.75	21	松潘县、红原县、峨边县、道孚县、甘孜县、叙永县、雅江县、若尔盖县、德格县、马边县、布拖县、木里县、盐源县、阿坝县、越西县、壤塘县、理塘县、石渠县、新龙县、色达县、雷波县
0.50 以下	6	普格县、甘洛县、昭觉县、金阳县、喜德县、美姑县

资料来源：本报告作者计算。

7.5　四川民族地区县域城市环境一体化指数

城乡环境一体化指数定义为：

$$城乡环境一体化指数 = [第 i 个县域农村安全饮用水普及率／四川省安全$$
$$饮用水普及率＋第 i 个县域饮用农村入户管道$$
$$水的行政村／四川省饮用入户管道水的行政村＋$$
$$第 i 个县域农村卫生厕所普及率／四川省农村卫生$$
$$厕所普及率＋第 i 个县域有垃圾填埋场地的行政村$$
$$比例／四川省有垃圾填埋场地的行政村＋第 i 个$$
$$县域有生产生活垃圾集中堆放点的行政村比例／$$
$$四川有生产生活垃圾集中堆放点的行政村]／5$$

据此对四川民族地区 67 个县市区计算表明，城乡环境一体化指数最高的是茂县，指数为 2.64；最低的是色达县，指数为 0.15. 根据四川民族地区 67 个县市区城乡环境一体化指数的高低，可以划分为如表 7.3 所示。

表 7.3　　　　　　　　四川民族地区城乡环境一体化分异（2012 年）

城乡社会一体化指数	县市区数	县市区名称
大于 1.0	25	茂县、宣汉县、小金县、若尔盖县、理县、金川县、峨边县、叙永县、盐边县、仁和区、宝兴县、北川县、汶川县、金口河区、米易县、石棉县、红原县、九寨沟县、松潘县、珙县、荥经县、西昌市、汉源县、壤塘县、得荣县
0.75～1.0	21	泸定县、马尔康县、平武县、筠连县、阿坝县、道孚县、马边县、冕宁县、九龙县、普格县、甘孜县、康定县、德昌县、兴文县、会理县、乡城县、黑水县、甘洛县、古蔺县、金阳县、巴塘县

城乡社会一体化指数	县市区数	县市区名称
0.50~0.75	7	丹巴县、炉霍县、会东县、喜德县、昭觉县、宁南县、屏山县
0.50 以下	14	越西县、白玉县、美姑县、雷波县、稻城县、木里县、雅江县、新龙县、布拖县、盐源县、理塘县、德格县、石渠县、色达县

资料来源：作者计算。

7.6　四川民族地区县域城乡发展一体化指数

根据式（7.1），计算四川民族地区 67 个县的城乡发展一体化指数，结果见本章附表 5。计算结果表明，四川民族地区县市区中，2012 年城乡发展一体化水平最高的是攀枝花市的仁和区，为 1.3633，最低的是石渠县，为 0.2699，可以看出四川民族地区县域城乡发展一体化程度相差很大，基本特点是：

享受民族政策待遇县的城乡发展一体化程度高，民族区域自治地方城乡发展一体化程度低；少数民族比例高的县市区，城乡发展一体化程度低，少数民族比例低的县市区，城乡发展一体化程度高；安宁河流域地区的城乡发展一体化程度高，高原藏区、大小凉山彝区城乡发展一体化程度低；距四川省经济核心区成都市越近的县市区，城乡发展一体化程度高，相反距离越远的地区，城乡发展一体化程度低；海拔低的县市区城乡发展一体化程度高，海拔高的地区城乡发展一体化程度低。

根据城乡发展一体化指数，可以把 67 个县市区城乡发展一体化程度划分为：

城乡发展一体化指数大于 1，城乡发展一体化程度高于四川省平均水平的有 18 个县市区，占 67 个县市区的 26.87%，具体县市区见图 7.1A。

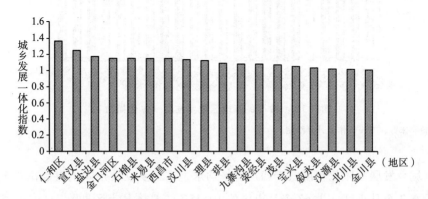

图 7.1A　四川民族地区城乡发展一体化指数

资料来源：本报告作者计算绘制。

城乡发展一体化指数在 0.75~1 之间，城乡发展一体化程度低于四川省平均水平的有 20 个县市区，占 67 个县市区的 29.85%，具体县市区见图 7.1B。

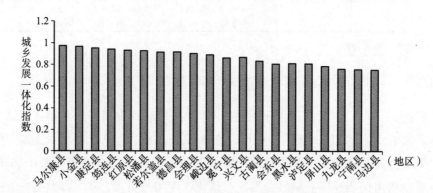

图 7.1B 四川民族地区城乡发展一体化指数

资料来源：本报告作者计算绘制。

城乡发展一体化程度低于四川省平均水平，城乡发展一体化指数在 0.5~0.75 之间的有 22 个县市区，占 67 个县市区的 32.84%，具体县市区见图 7.1C。

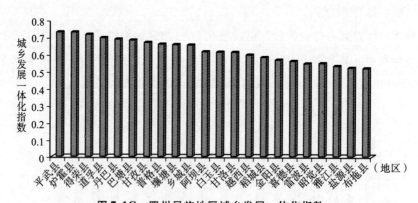

图 7.1C 四川民族地区城乡发展一体化指数

资料来源：本报告作者计算绘制。

城乡发展一体化程度低于四川省平均水平，城乡发展一体化指数在 0.5 以下的有 7 个县市区，占 67 个县市区的 10.45%，具体县市区见图 7.1D。

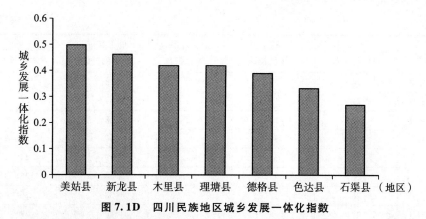

图 7.1D　四川民族地区城乡发展一体化指数

资料来源：本报告作者计算绘制。

表 7.4 列出了四川民族地区 67 个县市区城乡发展一体化的排序。

表 7.4			四川民族地区城乡发展一体化排序（由高到低）		
地区	城乡空间 一体化指数	城乡经济 一体化指数	城乡社会 一体化指数	城乡环境 一体化指数	城乡发展 一体化指数
仁和区	1	1	5	10	1
宣汉县	2	23	12	2	2
盐边县	3	5	14	9	3
金口河区	4	4	18	14	4
石棉县	5	8	4	16	5
米易县	6	9	8	15	6
西昌市	7	6	3	22	7
汶川县	8	2	25	13	8
理县	9	12	31	5	9
珙县	10	13	10	20	10
九寨沟县	11	16	13	18	11
荥经县	12	7	11	21	12
茂县	13	22	23	1	13
宝兴县	14	10	17	11	14
叙永县	15	30	46	8	15
汉源县	16	26	6	23	16
北川县	17	25	9	18	17
金川县	18	38	27	6	18
马尔康县	19	11	2	27	19

地区	城乡空间一体化指数	城乡经济一体化指数	城乡社会一体化指数	城乡环境一体化指数	城乡发展一体化指数
小金县	20	39	30	3	20
康定县	21	15	1	37	21
筠连县	22	14	32	28	22
红原县	23	37	43	17	23
松潘县	24	33	41	19	24
若尔盖县	25	44	47	4	25
德昌县	26	18	7	38	26
会理县	27	3	26	40	27
峨边县	28	32	42	7	28
冕宁县	29	24	39	32	29
兴文县	30	27	29	39	30
古蔺县	31	28	19	44	31
会东县	32	17	35	49	32
黑水县	33	21	21	42	33
泸定县	34	29	24	26	34
屏山县	35	31	36	53	35
九龙县	36	19	38	34	36
宁南县	37	20	20	52	37
马边县	38	40	50	33	38
平武县	39	36	37	29	39
炉霍县	40	57	16	48	40
得荣县	41	48	33	25	41
道孚县	42	53	44	30	42
丹巴县	43	47	22	47	43
巴塘县	44	41	28	46	44
甘孜县	45	64	45	36	45
普格县	46	45	62	35	46
壤塘县	47	60	56	24	47
乡城县	48	51	15	41	48
阿坝县	49	50	54	31	49
白玉县	50	55	40	55	50
甘洛县	51	42	63	43	51
越西县	52	43	55	54	52
稻城县	53	54	34	58	53
金阳县	54	59	65	45	54

地区	城乡空间一体化指数	城乡经济一体化指数	城乡社会一体化指数	城乡环境一体化指数	城乡发展一体化指数
喜德县	55	46	66	50	55
雷波县	56	35	61	56	56
昭觉县	57	58	64	51	57
雅江县	58	61	48	60	58
盐源县	59	34	53	63	59
布拖县	60	49	51	61	60
美姑县	61	56	67	57	61
新龙县	62	63	59	62	62
木里县	63	52	52	59	63
理塘县	64	65	57	64	64
德格县	65	62	49	65	65
色达县	66	66	60	67	66
石渠县	67	67	58	66	67

资料来源：本报告作者计算。

7.7　四川民族区域自治地方城乡发展一体化综合评价

根据上面提出的方法，对 2012 年四川省 3 个自治州和 4 个自治县城乡发展一体化综合评价，结果如下。

7.7.1　城乡空间一体化

如表 7.5 所示。可以看出，各自治地方在城乡空间一体化方面，存在的主要限制。如阿坝州主要表现在城乡通达性方面的公路密度和城乡信息化方面的通宽带网络；木里县各项指标都很低，特别是信息化和通达性方面，成为县域城乡一体化的主要因素。

表 7.5　　　　四川民族区域自治地方的城乡空间一体化水平

地区	城乡空间集聚	城乡通达性			城乡信息化		城乡空间一体化指数
	城镇化率	公路密度（公里/平方公里）	等级公路	通（水泥/沥青）公路的行政村	通广播电视的行政村	通宽带网络的行政村	
阿坝州	0.8242	0.2570	1.1703	0.9002	0.9484	0.7215	0.8036
甘孜州	0.5385	0.3010	1.0415	0.3278	0.8554	0.3258	0.5650
凉山州	0.4349	0.6236	0.9086	0.5277	0.8657	0.6446	0.6675

地区	城乡空间集聚	城乡通达性			城乡信息化		城乡空间一体化指数
	城镇化率	公路密度（公里/平方公里）	等级公路	通（水泥/沥青）公路的行政村	通广播电视的行政村	通宽带网络的行政村	
北川县	1.1735	1.3821	0.4600	1.0368	1.0189	0.0000	0.8452
峨边县	0.6954	0.6712	1.1144	0.5822	0.8056	0.2591	0.6880
马边县	0.5940	0.4643	1.2527	0.9670	1.0189	0.5477	0.8074
木里县	0.4201	0.2551	0.4229	0.1023	0.0451	0.0197	0.2109

资料来源：本报告作者计算。

7.7.2 城乡经济一体化

如表7.6所示。可以看出，经济发展总体水平低和产业结构的二元化程度是经济一体化的主要限制。

表7.6 四川民族区域自治地方的城乡经济一体化水平

地区	城乡经济发展水平		产业结构	城乡收入差距	城乡经济一体化指数
	人均地区生产总值	通电的行政村比例	二元结构系数	城乡收入比	
阿坝州	0.7608	0.9744	0.6733	0.6389	0.7618
甘孜州	0.5321	0.7391	0.3454	0.5294	0.5365
凉山州	0.8332	0.9354	0.5046	0.8099	0.7708
北川县	0.5348	1.0001	0.7956	0.9618	0.8231
峨边县	0.6985	1.0001	0.7766	0.5756	0.7627
马边县	0.4858	1.0001	0.5088	0.6316	0.6566
木里县	0.5892	0.6549	0.3589	0.6587	0.5654

资料来源：本报告作者计算。

7.7.3 城乡社会一体化

如表7.7所示，贫困和文盲率成为四川民族区域自治地方城乡社会一体化的主要限制因素。另外，医疗卫生事业发展水平总体偏低，也是重要的制约因素。

表7.7　　　　　　　　　　四川民族区域自治地方的城乡社会一体化水平

地区	教育				医疗卫生		贫困	社会保障		城乡社会一体化指数
	受教育年限（年）	文盲率	学前三年教育毛入园率	高中阶段教育毛入学率	床位数（张/千人）	卫生技术人员（人/千人）	贫困发生率（%）	参加新型农村合作医疗保险	参加新型农村社会养老保险	
阿坝州	0.9090	0.5287	1.1881	0.5863	0.8517	0.9132	0.3593	1.0203	0.8418	0.7998
甘孜州	0.6922	0.2171	0.7420	0.9412	0.6678	0.8966	0.2629	1.0183	0.9393	0.7086
凉山州	0.7677	0.3392	0.4630	0.6861	0.7097	0.6589	0.4932	0.9938	0.8493	0.6623
北川县	0.8850	0.6403	1.2086	1.1171	0.9298	0.6345	0.7883	0.8971	1.5928	0.9659
峨边县	0.8347	0.6961	1.2086	0.9677	0.4405	0.4026	0.4219	0.9518	0.4876	0.7124
马边县	0.7246	0.2900	0.7397	0.8891	0.5671	0.2922	0.5047	0.9279	0.7170	0.6280
木里县	0.5904	0.1739	0.2997	0.7731	0.5819	0.4059	0.4557	1.0753	1.0670	0.6026

资料来源：本报告作者计算。

7.7.4　城乡环境一体化

如表7.8所示，垃圾处理机、自来水普及率和厕所普及率是四川民族区域自治地方城乡环境一体化的主要限制。

表7.8　　　　　　　　　四川民族区域自治地方的城乡环境一体化水平

地区	安全饮用水		生活环境			城乡环境一体化指数
	自来水普及率	饮用入户管道水的行政村	厕所普及率	有垃圾填埋场地的行政村	有生产生活垃圾集中堆放点的行政村	
阿坝州	1.2865	1.7227	0.7878	2.9285	1.6720	1.6795
甘孜州	0.9989	1.1208	0.5723	0.1910	0.3475	0.6461
凉山州	0.6676	1.1865	0.6591	0.2852	0.7118	0.7021
北川	1.0784	1.6516	0.8784	3.6914	0.3942	1.5388
峨边县	0.4894	2.0849	1.0338	2.9289	2.0522	1.7178
马边县	0.7257	1.5880	0.8833	0.2135	1.4022	0.9625
木里	0.3606	1.3071	0.1894	0.0557	0.2733	0.4372

资料来源：本报告作者计算。

7.7.5　四川民族区域自治地方城乡一体化的综合评价

如表7.9和图7.2所示。可以看出，四川民族区域自治地方城乡发展一体化水平最高的是北川羌族自治县，其次是阿坝藏族羌族自治州，余下依次是峨边彝族自治县、马边彝族自治县、凉山彝族自治州、甘孜藏族自治州和木里县。

表7.9 四川民族区域自治地方城乡发展一体化综合评价

项目	城乡空间 一体化指数	城乡经济 一体化指数	城乡社会 一体化指数	城乡环境 一体化指数	城乡发展 一体化指数
阿坝州	0.8036	0.7618	0.7998	1.6795	0.9523
甘孜州	0.565	0.5365	0.7086	0.6461	0.6104
凉山州	0.6675	0.7708	0.6623	0.7021	0.6994
北川县	0.8452	0.8231	0.9659	1.5388	1.0084
峨边县	0.688	0.7627	0.7124	1.7178	0.8952
马边县	0.8074	0.6566	0.628	0.9625	0.7524
木里县	0.2109	0.5654	0.6026	0.4372	0.4210

资料来源：本报告作者计算。

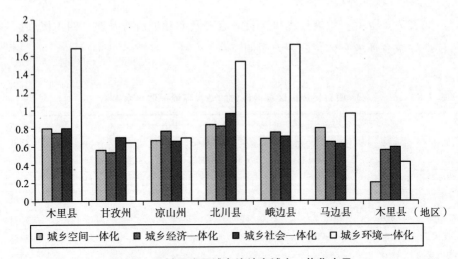

图7.2 四川民族区域自治地方城乡一体化水平

资料来源：本报告作者绘制。

从具体地区看，图7.3绘制了各民族区域自治地方城乡一体化指数的雷达图，从中可以很直观地看出各地区在城乡发展一体化在空间、经济、社会、环境四个维度方面的表现，也可以看出各地区在城乡发展一体化方面存在的主要限制。

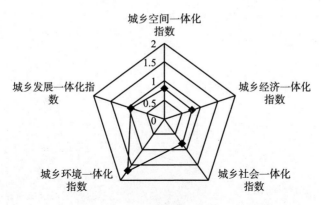

a. 阿坝州

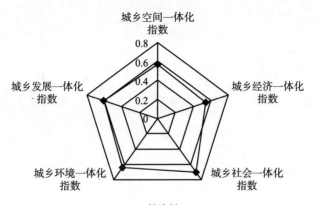

b. 甘孜州

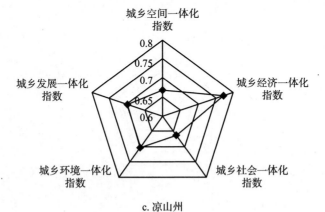

c. 凉山州

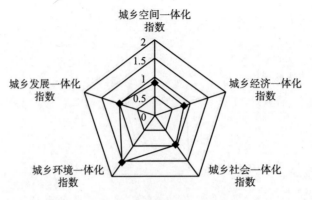

d. 北川县

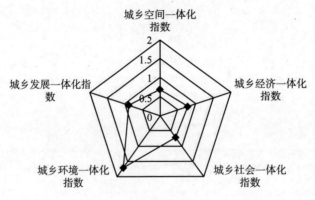

e. 峨边县

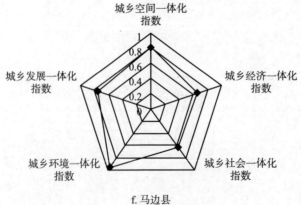

f. 马边县

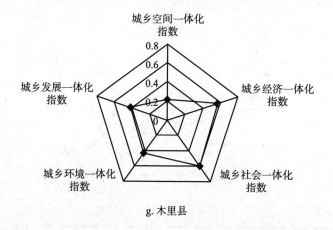

g. 木里县

图7.3 四川民族区域自治地方城乡发展一体化水平的雷达图

资料来源：本报告作者绘制。

7.8 四川民族地区城乡发展一体化决定因素分析

7.8.1 禀赋与城乡一发展体化

禀赋对一个地区的城乡发展一体化有重要影响。根据数据资料的可得性和完整性，同时选择没有进入一体化指数中的影响因素，这里简单考虑了距四川省经济核心区成都市的公路距离和区内距离、人口密度和少数民族人口比重等因素对城乡发展一体化的影响。如图7.4的拟合关系说明远距离和高海拔高度

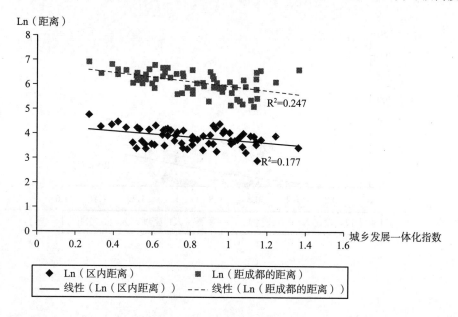

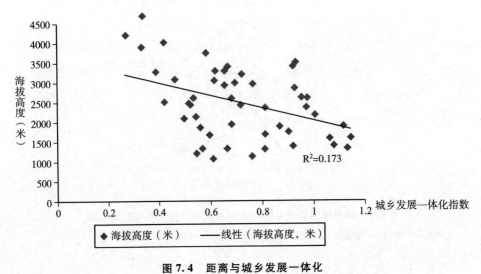

图 7.4　距离与城乡发展一体化

资料来源：本报告作者绘制。

确实对城乡发展一体化有限制性的影响；人口密度有正的影响（见图 7.5），但这种影响只有在人口密度相差很大时才显著；少数民族人口占比的影响，如前所述，在很多情况下是和距离、海拔高度的影响叠加的。

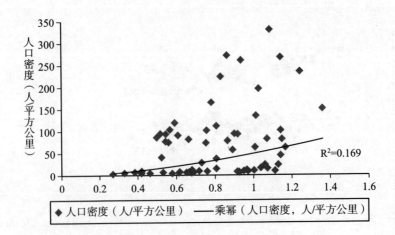

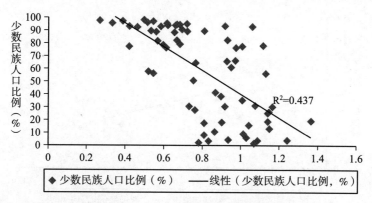

图7.5 人口、民族与城乡发展一体化

资料来源：本报告作者绘制。

7.8.2 工业化、民营经济对城乡发展一体化的影响

工业化是经济发展的动力，也是城镇化和城乡发展一体化的重要动力。图7.6清楚地说明，工业化和城乡发展一体化间呈现出显著的正相关拟合关系。因此，发展工业是实现城乡发展一体化的重要路径。

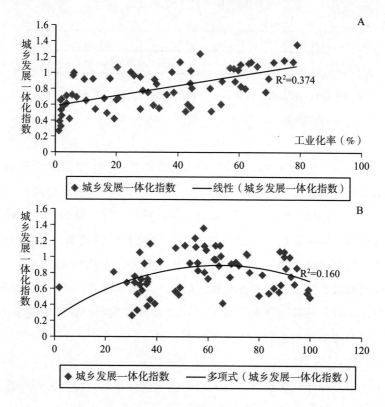

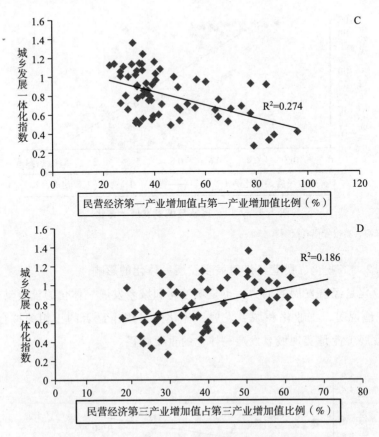

图 7.6　工业化、民营经济与四川民族地区城乡发展一体化

资料来源；本报告作者绘制。

　　民营经济是四川民族地区县域经济的重要组成部分，统计数据表明，人均民族经济增加值高的地区，经济发展水平也高，人均民营经济增加值与人均地区生产总值间呈现出很强的正相关关系。但民营经济中工业增加值占地区工业增加值的比例与城乡发展一体化指数间的拟合关系比较复杂，呈现出倒"U"形的关系，但民营经济第一产业增加值占地区第一产业增加值比例、民营经济第三产业增加值占地区第三产业增加值的比例与城乡发展一体化指数间明确的关系说明，民营经济第三产业的发展对于推动城乡发展一体化有重要贡献的。当然，民营经济的贡献还取决于发展的方式。

7.8.3　经济发展方式

　　图 7.7 拟合的是代表经济发展方式的技术选择系数与城乡发展一体化指数

间的关系，两者间呈现出明显的负相关关系，因此根据技术选择系数的含义，技术选择系数越大，表明经济增长对资本投入的依赖越大，对就业的吸纳能力越有限，对城乡发展一体化的推动就越弱。因此转变经济发展方式，是实现城乡发展一体化的重要方面。

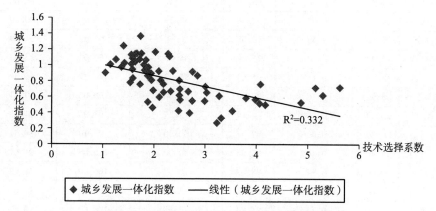

图7.7 经济发展方式与城乡发展一体化指数

资料来源：本报告作者绘制。

附表1　　　　　　　　四川民族地区城乡空间一体化基础数据

地区	城镇化率（％）	公路密度（公里/平方公里）	等级公路（％）	通（水泥/沥青）公路的行政村（％）	通广播电视的行政村（％）	通宽带网络的行政村（％）
四川省	27.61	0.60	79.83	69.24	98.15	44.87
仁和区	41.20	0.56	73.10	96.30	100.00	92.59
米易县	15.10	0.66	43.40	89.77	98.86	88.64
盐边县	14.20	0.55	69.82	71.34	96.34	80.49
叙永县	15.40	1.01	65.87	100.00	100.00	100.00
古蔺县	10.20	0.83	47.05	18.96	100.00	82.53
北川县	32.40	0.83	36.72	71.79	100.00	0.00
平武县	16.30	0.26	67.62	5.24	100.00	13.71
金口河区	28.30	0.54	97.52	78.05	100.00	39.02
峨边县	19.20	0.40	88.96	40.31	79.07	11.63
马边县	16.40	0.28	100.00	66.95	100.00	24.58
珙县	21.10	1.75	93.55	85.50	100.00	23.66
筠连县	13.30	1.13	68.75	100.00	100.00	13.58
兴文县	12.00	0.92	100.00	60.34	100.00	32.49

地区	城镇化率（%）	公路密度（公里/平方公里）	等级公路（%）	通（水泥/沥青）公路的行政村（%）	通广播电视的行政村（%）	通宽带网络的行政村（%）
屏山县	12.60	1.11	89.20	64.37	100.00	82.76
宣汉县	15.70	0.97	87.45	98.78	93.08	86.15
荥经县	28.30	0.38	93.87	67.62	92.38	60.00
汉源县	10.30	0.63	91.88	55.24	100.00	100.00
石棉县	32.30	0.42	70.63	66.30	95.65	51.09
宝兴县	22.00	0.18	75.44	85.45	100.00	23.64
汶川县	38.60	0.17	95.69	95.73	76.07	15.38
理县	23.90	0.16	97.24	100.00	100.00	7.41
茂县	25.20	0.25	84.79	14.77	93.96	21.48
松潘县	25.00	0.09	97.67	100.00	95.10	89.51
九寨沟县	29.90	0.16	95.86	80.00	100.00	96.67
金川县	16.20	0.24	98.69	70.64	100.00	48.62
小金县	14.80	0.23	100.00	31.34	100.00	15.67
黑水县	14.50	0.34	91.04	72.58	100.00	2.42
马尔康县	42.90	0.17	95.73	20.00	87.62	10.48
壤塘县	16.70	0.10	94.07	46.67	100.00	1.67
阿坝县	9.20	0.08	83.33	19.54	57.47	8.05
若尔盖县	13.00	0.12	99.13	88.54	100.00	10.42
红原县	22.20	0.11	81.63	97.06	100.00	100.00
康定县	35.70	0.16	88.50	21.28	96.60	21.28
泸定县	23.00	0.36	87.88	11.03	100.00	9.66
丹巴县	16.40	0.27	86.96	3.31	100.00	7.18
九龙县	13.60	0.20	92.08	9.52	92.06	1.59
雅江县	14.00	0.21	72.66	82.30	35.40	12.39
道孚县	14.30	0.22	91.78	3.16	86.71	32.28
炉霍县	12.80	0.31	83.30	7.60	100.00	70.18
甘孜县	10.30	0.29	98.62	82.19	57.53	10.50
新龙县	17.60	0.13	100.00	6.04	49.66	10.74
德格县	7.10	0.11	84.07	4.68	100.00	0.00
白玉县	9.30	0.19	100.00	89.10	100.00	9.62
石渠县	4.60	0.07	22.47	10.91	53.94	7.27
色达县	9.80	0.13	70.99	7.46	69.40	8.96
理塘县	10.60	0.12	95.38	26.17	83.18	10.28
巴塘县	13.50	0.22	81.01	0.00	91.80	15.57
乡城县	16.70	0.12	30.59	13.48	100.00	4.49

续表

地区	城镇化率（%）	公路密度（公里/平方公里）	等级公路（%）	通（水泥/沥青）公路的行政村（%）	通广播电视的行政村（%）	通宽带网络的行政村（%）
稻城县	12.50	0.37	96.86	0.00	100.00	11.29
得荣县	15.40	0.48	70.62	0.00	99.21	0.00
西昌市	31.50	0.55	66.89	97.40	95.24	56.28
木里县	11.60	0.15	33.76	7.08	4.42	0.88
盐源县	7.30	0.27	71.78	15.79	100.00	2.83
德昌县	12.90	0.38	78.94	45.26	100.00	61.31
会理县	16.90	0.47	54.00	25.41	69.31	46.20
会东县	7.00	0.50	84.70	72.64	100.00	46.54
宁南县	10.50	0.56	69.86	44.80	64.00	72.00
普格县	8.20	0.47	87.53	32.03	100.00	18.95
布拖县	7.10	0.49	59.22	7.37	95.79	3.68
金阳县	6.70	0.93	75.27	10.17	44.63	2.82
昭觉县	7.00	0.38	72.49	59.70	99.25	6.72
喜德县	9.20	0.50	88.93	11.18	100.00	10.59
冕宁县	9.80	0.27	89.62	90.52	85.34	66.81
越西县	8.30	0.36	92.08	34.95	92.04	44.64
甘洛县	7.30	0.43	78.63	22.03	100.00	4.41
美姑县	5.50	0.62	78.76	17.12	100.00	12.33
雷波县	8.00	0.53	77.80	1.42	50.89	28.47

资料来源：作者根据《四川省统计年鉴》、四川省扶贫与移民局调查数据计算。

附表 2　　　　　　　城乡经济一体化指数基础数据

地区	人均地区生产总值	通电的行政村比例	二元结构系数	城乡收入比
四川省	29608	99.99	0.34	2.90
仁和区	57857	100.00	0.20	2.09
米易县	43207	100.00	0.42	2.31
盐边县	48481	96.34	0.31	2.51
叙永县	13075	100.00	0.50	3.05
古蔺县	14845	100.00	0.42	3.22
北川县	15835	100.00	0.42	3.02
平武县	16381	100.00	0.91	3.35
金口河区	53816	100.00	0.22	3.32
峨边县	20682	100.00	0.43	5.04
马边县	14383	100.00	0.66	4.59

地区	人均地区生产总值	通电的行政村比例	二元结构系数	城乡收入比
珙县	25429	100.00	0.36	2.49
筠连县	30712	100.00	0.42	2.59
兴文县	16740	100.00	0.67	2.57
屏山县	11871	100.00	0.90	2.26
宣汉县	19627	100.00	0.51	3.09
荥经县	32997	100.00	0.23	2.52
汉源县	15325	100.00	0.49	2.97
石棉县	42367	100.00	0.27	2.74
宝兴县	35126	100.00	0.38	2.50
汶川县	45762	100.00	0.18	2.31
理县	32143	100.00	0.40	2.73
茂县	23636	100.00	0.43	3.59
松潘县	17402	100.00	0.62	3.58
九寨沟县	22217	100.00	0.29	3.73
金川县	11853	97.25	0.68	3.23
小金县	11738	100.00	0.65	3.90
黑水县	24425	100.00	0.38	4.34
马尔康县	28286	99.05	0.25	3.45
壤塘县	14098	55.00	1.11	4.73
阿坝县	9719	95.40	1.34	3.56
若尔盖县	15372	100.00	1.93	3.85
红原县	17864	100.00	1.20	3.32
康定县	31096	92.34	0.27	4.45
泸定县	18782	91.03	0.59	2.86
丹巴县	15590	72.93	0.81	3.86
九龙县	37236	92.06	0.58	3.41
雅江县	12857	46.02	0.89	4.43
道孚县	9714	86.71	1.17	3.92
炉霍县	8614	100.00	2.91	4.24
甘孜县	8997	72.15	2.07	4.81
新龙县	11156	49.66	1.42	3.80
德格县	6513	78.36	1.96	3.87
白玉县	17625	53.85	1.39	3.97
石渠县	7287	9.09	2.90	5.29
色达县	7495	69.40	2.46	5.94
理塘县	10257	60.75	1.44	5.20

续表

地区	人均地区生产总值	通电的行政村比例	二元结构系数	城乡收入比
巴塘县	16007	91.80	0.80	3.95
乡城县	18180	100.00	1.14	6.39
稻城县	14407	87.10	1.50	4.32
得荣县	16300	99.21	1.89	4.63
西昌市	45325	99.13	0.30	2.60
木里县	17445	65.49	0.94	4.40
盐源县	21084	97.17	1.08	3.18
德昌县	24468	100.00	0.71	2.25
会理县	43864	100.00	0.23	2.26
会东县	29554	100.00	0.90	2.13
宁南县	22387	100.00	0.94	2.29
普格县	12480	96.08	1.23	3.67
布拖县	13674	96.32	1.22	4.41
金阳县	14805	55.93	1.15	4.35
昭觉县	7859	89.18	1.65	3.96
喜德县	10954	100.00	1.03	3.96
冕宁县	22182	90.52	0.81	2.44
越西县	12095	89.62	0.90	3.81
甘洛县	13994	100.00	0.83	4.39
美姑县	7973	100.00	1.89	4.34
雷波县	19811	93.59	0.78	3.71

资料来源：作者根据《四川省统计年鉴》、四川省扶贫与移民局调查数据计算。

附表3　　　　**四川民族地区城乡社会一体化指数基础数据**

地区	受教育年限（年）	文盲率	学前三年教育毛入园率	高中阶段教育毛入学率	床位数（张/千人）	卫生技术人员（人/千人）	贫困发生率（%）	参加新型农村合作医疗保险（%）	参加新型农村社会养老保险（%）
四川省	8.35	6.55	82.74	77.61	4.57	4.82	10.8	87.42	36.87
仁和区	8.45	6.92	90	95	7.02	3.99	8.4	95.26	27.84
米易县	7.33	13.32	85	93	3.42	3.03	8.1	94.31	48.88
盐边县	6.99	16.21	83	89	3.76	2.09	9	96.35	46.00
叙永县	7.32	6.34	38	55	2.60	1.86	16.4	98.21	6.55
古蔺县	7.34	5.05	70	70	2.18	1.66	16.4	107.93	41.07
北川县	7.39	10.23	100	86.7	4.25	3.06	13.7	78.43	58.73

地区	受教育年限（年）	文盲率	学前三年教育毛入园率	高中阶段教育毛入学率	床位数（张/千人）	卫生技术人员（人/千人）	贫困发生率（%）	参加新型农村合作医疗保险（%）	参加新型农村社会养老保险（%）
平武县	7.50	8.59	61	80.8	2.98	3.10	15.6	9.80	53.87
金口河区	8.15	6.06	75.8	88	2.75	2.13	15.8	77.37	38.48
峨边县	6.97	9.41	100	75.1	2.01	1.94	25.6	83.21	17.98
马边县	6.05	22.59	61.2	69	2.59	1.41	21.4	81.12	26.44
珙县	7.79	5.58	69	85	4.12	3.01	11.9	93.11	41.73
筠连县	7.30	7.04	100	85	2.45	1.93	11.3	96.32	5.04
兴文县	7.36	6.97	78	74	2.76	1.64	12.8	88.82	32.66
屏山县	7.18	7.92	67	76	1.76	1.31	16	114.58	33.06
宣汉县	7.89	4.61	99	82	2.34	1.90	20.5	90.19	50.54
荥经县	8.05	6.32	88.6	51.16	4.36	4.05	8.5	84.26	29.49
汉源县	8.15	2.35	56	83	2.80	2.42	11.4	88.08	40.36
石棉县	7.85	10.60	86.8	46.8	8.88	3.78	10.3	97.93	61.71
宝兴县	7.94	9.13	100	86.4	2.93	4.44	9	87.68	4.22
汶川县	9.13	6.90	68	80	4.37	3.48	15.9	99.02	2.72
理县	8.25	8.57	98	82.5	3.63	3.39	17	9.09	35.48
茂县	7.90	7.77	66.6	76.75	3.72	3.24	14.7	88.82	26.55
松潘县	7.36	12.91	59	60	2.93	2.41	15.4	94.85	29.12
九寨沟县	8.50	10.01	72.01	68.33	4.60	4.15	14.3	100.00	42.33
金川县	7.73	14.52	61.3	81	3.42	3.04	16.9	91.81	45.79
小金县	7.65	7.30	40	50	4.47	2.16	17.7	96.43	45.91
黑水县	6.44	20.09	99	98	3.55	1.97	20.2	93.61	47.91
马尔康县	9.03	2.48	33	40.2	8.14	8.32	13.5	100.00	24.13
壤塘县	5.18	33.76	0	38	2.98	4.31	21	92.30	21.85
阿坝县	6.54	10.93	32.5	20.4	2.68	2.25	16.2	86.88	19.56
若尔盖县	5.72	25.52	39.6	41.3	2.51	2.75	16.9	90.95	39.65
红原县	6.75	18.62	45.65	47.07	3.64	4.22	14.2	92.23	20.80
康定县	8.72	12.64	92	73.6	8.41	9.26	19.3	94.16	82.48
泸定县	8.55	6.28	60	40	3.09	4.52	20.8	86.56	40.76
丹巴县	7.90	8.84	55.6	63.4	3.34	4.18	18.5	81.21	49.37
九龙县	7.06	18.18	17	96	2.83	3.20	16.9	125.94	32.88
雅江县	4.77	45.62	17	68	2.54	3.88	21.6	88.57	41.84
道孚县	4.86	35.39	40	80	2.93	3.96	23.8	94.90	36.19
炉霍县	6.36	13.68	98	99	4.17	4.57	24	95.55	37.94

续表

地区	受教育年限（年）	文盲率	学前三年教育毛入园率	高中阶段教育毛入学率	床位数（张/千人）	卫生技术人员（人/千人）	贫困发生率（%）	参加新型农村合作医疗保险（%）	参加新型农村社会养老保险（%）
甘孜县	4.18	46.92	99.51	99.81	3.12	4.24	25.3	89.75	3.01
新龙县	3.61	52.32	27	0	2.29	4.14	22.6	90.50	31.39
德格县	4.35	36.07	40	95.62	1.52	2.71	23.9	89.11	38.09
白玉县	4.74	32.77	99.6	60	3.93	4.26	23.6	87.44	34.86
石渠县	2.42	65.09	56	98	1.26	2.18	23.5	89.32	4.02
色达县	5.18	28.49	99.4	45.9	2.78	2.98	27.3	24.51	2.71
理塘县	5.20	30.17	13	24	2.15	3.79	23.6	94.21	24.65
巴塘县	5.08	39.56	95	97	3.19	4.54	23.6	92.78	42.95
乡城县	5.06	44.47	100	100	4.10	5.83	24.9	90.56	45.75
稻城县	5.10	37.70	60	82	3.56	5.38	21.4	88.58	43.17
得荣县	5.78	22.67	35.95	92.5	3.77	5.38	21.3	94.02	37.17
西昌市	8.46	10.22	50	90	7.12	6.69	7.7	90.57	57.17
木里县	4.93	37.66	24.8	60	2.66	1.96	23.7	94.00	39.35
盐源县	6.06	22.49	30	67	1.97	1.27	17	59.79	37.69
德昌县	7.82	5.18	57.8	91.2	4.73	3.28	8.9	92.09	48.66
会理县	6.97	10.40	51.78	47.7	2.82	2.33	7.6	93.29	44.34
会东县	6.76	7.34	33	80	2.36	1.35	8.4	92.66	28.30
宁南县	6.85	12.78	55.4	63.2	3.38	2.83	10.2	94.64	51.15
普格县	4.95	34.27	36.9	24.6	2.14	1.62	21.1	82.09	22.39
布拖县	2.98	58.88	80	73	1.81	1.58	21.6	85.96	38.68
金阳县	4.79	34.63	36.12	36.2	2.88	1.55	21.4	78.65	7.87
昭觉县	5.04	26.25	27.1	39.29	1.63	1.14	24.1	91.73	16.11
喜德县	4.67	38.91	38.42	37.41	1.67	1.57	25.9	74.98	11.43
冕宁县	6.91	12.62	39.6	81.9	2.60	2.00	9.5	96.28	29.35
越西县	6.33	10.19	30.19	31.35	2.05	1.80	22	79.74	22.64
甘洛县	5.42	30.82	0	41	2.35	2.09	24.2	95.03	15.46
美姑县	3.62	48.17	26	22.32	1.59	1.23	24.9	91.71	12.72
雷波县	6.33	14.34	34.2	19.2	1.84	1.46	19.9	87.27	14.40

资料来源：作者根据《四川省统计年鉴》、四川省扶贫与移民局调查数据计算。

附表4　　　　　　　　　　**城乡环境一体化指数基础数据**

地区	自来水普及率（%）	厕所普及率（%）	饮用入户管道水的行政村（%）	有垃圾填埋场地的行政村（%）	有生产生活垃圾集中堆放点的行政村（%）
四川省	44.01	86.91	45.36	15.88	45.33
仁和区	65.36	91.43	100.00	39.51	43.21
米易县	86.96	90.44	94.32	22.73	30.68
盐边县	27.35	71.52	82.32	56.10	65.85
叙永县	32.64	79.91	82.25	43.29	100.00
古蔺县	27.07	79.9	80.30	0.37	23.79
北川羌族自治县	47.46	76.34	74.92	58.62	17.87
平武县	54.33	74.89	100.00	1.21	22.58
金口河区	37.49	89.88	100.00	19.51	100.00
峨边县	21.54	89.85	94.57	46.51	93.02
马边县	31.94	76.77	72.03	3.39	63.56
珙县	43.77	90.77	50.38	7.25	100.00
筠连县	43.12	92.3	47.33	11.52	47.74
兴文县	30.26	94.88	43.88	19.41	18.99
屏山县	36.57	82.06	29.12	0.38	7.66
宣汉县	46.83	77.18	91.45	98.37	100.00
荥经县	76.36	90.42	35.24	0.95	100.00
汉源县	54.79	76.38	100.00	0.48	57.14
石棉县	88.52	80.58	84.78	4.35	80.43
宝兴县	95.74	82.44	69.09	16.36	103.64
汶川县	74.36	83.55	17.95	38.46	100.00
理县	62.72	83.44	100.00	100.00	32.10
茂县	72.51	73.57	100.00	100.00	100.00
松潘县	31.1	82.37	97.20	1.40	100.00
九寨沟县	69.61	71.06	100.00	0.00	96.67
金川县	62.25	72.96	77.06	70.64	70.64
小金县	67.8	74.33	90.30	100.00	67.16
黑水县	37.54	47.86	74.19	7.26	25.81
马尔康县	68.36	81.46	57.14	0.95	48.57
壤塘县	22.37	56.6	75.00	10.00	93.33
阿坝县	27.82	47.75	43.68	25.29	50.57
若尔盖县	49.05	41.48	93.75	100.00	100.00
红原县	40.71	42.68	64.71	29.41	97.06
康定县	77.8	65.36	76.60	4.26	4.26

续表

地区	自来水普及率（％）	厕所普及率（％）	饮用入户管道水的行政村（％）	有垃圾填埋场地的行政村（％）	有生产生活垃圾集中堆放点的行政村（％）
泸定县	88.71	82.65	82.76	0.69	8.28
丹巴县	60.54	73.24	62.98	0.00	4.42
九龙县	80.51	54.86	100.00	0.00	3.17
雅江县	56.28	27.83	22.12	0.00	1.77
道孚县	59.61	61	87.97	13.92	0.00
炉霍县	41.38	70.36	77.19	0.00	9.36
甘孜县	27.52	51.28	44.75	10.50	81.74
新龙县	17.52	79.22	26.85	0.67	0.67
德格县	10.57	37.41	5.26	0.58	0.58
白玉县	19.07	57.48	17.95	9.62	10.90
石渠县	2.73	2.14	10.91	1.82	19.39
色达县	4.51	15.7	6.72	0.00	14.18
理塘县	9.22	44.11	17.76	0.47	4.21
巴塘县	58.81	33	91.80	0.00	2.46
乡城县	44.87	27.65	100.00	6.74	5.62
稻城县	26.44	16.71	64.52	0.00	0.00
得荣县	39.89	52.13	76.38	0.00	90.55
西昌市	59.82	78.5	61.47	5.19	80.52
木里藏族自治县	15.87	16.46	59.29	0.88	12.39
盐源县	22.19	52.38	20.65	0.00	8.10
德昌县	39.38	90.01	46.72	1.46	63.50
会理县	24.27	83.17	71.95	1.98	51.49
会东县	25.22	62.75	95.60	0.00	0.00
宁南县	41.51	82.98	21.60	4.00	4.00
普格县	21.05	34.65	27.45	38.56	38.56
布拖县	18.23	9.4	19.47	10.53	14.74
金阳县	11.63	11.05	42.37	18.64	62.15
昭觉县	21.16	18.88	76.49	0.00	18.66
喜德县	18.99	37.47	76.47	0.00	21.18
冕宁县	14.34	82.53	78.88	1.72	75.00
越西县	26.93	45.56	35.99	0.35	23.18
甘洛县	18.15	49.28	100.00	0.00	36.12
美姑县	10.01	15.01	41.10	9.25	18.15
雷波县	35.26	56.51	8.54	0.00	29.89

资料来源：作者根据《四川省统计年鉴》、四川省扶贫与移民局调查数据计算。

附表5　　　　　　　　　四川民族地区城乡发展一体化指数

地区	城乡空间 一体化指数	城乡经济 一体化指数	城乡社会 一体化指数	城乡环境 一体化指数	城乡发展 一体化指数
四川省	1.00	1	1	1	1.0000
仁和区	1.30	1.50	1.08	1.64	1.3633
米易县	1.08	1.13	0.97	1.44	1.1426
盐边县	1.02	1.21	0.91	1.65	1.1667
叙永县	1.29	0.77	0.67	1.68	1.0283
古蔺县	0.91	0.80	0.86	0.77	0.8333
北川县	0.85	0.82	0.97	1.54	1.0101
平武县	0.54	0.70	0.78	0.97	0.7313
金口河区	1.03	1.30	0.86	1.51	1.1483
峨边县	0.69	0.76	0.71	1.72	0.8946
马边县	0.81	0.66	0.63	0.96	0.7541
珙县	1.27	0.99	0.96	1.16	1.0878
筠连县	1.00	0.99	0.80	0.97	0.9362
兴文县	0.97	0.80	0.82	0.88	0.8650
屏山县	1.20	0.77	0.78	0.52	0.7824
宣汉县	1.26	0.82	0.94	2.47	1.2445
荥经县	1.01	1.18	0.95	1.16	1.0705
汉源县	1.10	0.80	1.07	1.12	1.0134
石棉县	0.97	1.18	1.09	1.37	1.1434
宝兴县	0.80	1.06	0.87	1.59	1.0407
汶川县	0.90	1.42	0.83	1.53	1.1287
理县	0.83	1.00	0.80	2.32	1.1141
茂县	0.67	0.85	0.84	2.64	1.0601
松潘县	1.11	0.74	0.73	1.22	0.9248
九寨沟县	1.15	0.93	0.93	1.35	1.0765
金川县	0.89	0.69	0.83	1.99	1.0036
小金县	0.67	0.67	0.81	2.43	0.9695
黑水县	0.73	0.85	0.85	0.81	0.8085
马尔康县	0.74	1.04	1.19	0.98	0.9733
壤塘县	0.61	0.49	0.56	1.10	0.6551
阿坝县	0.43	0.59	0.59	0.97	0.6173
若尔盖县	0.74	0.61	0.65	2.43	0.9189
红原县	1.11	0.69	0.71	1.37	0.9290
康定县	0.74	0.97	1.25	0.91	0.9506
泸定县	0.65	0.78	0.84	1.00	0.8078

续表

地区	城乡空间一体化指数	城乡经济一体化指数	城乡社会一体化指数	城乡环境一体化指数	城乡发展一体化指数
丹巴县	0.56	0.61	0.85	0.74	0.6808
九龙县	0.51	0.90	0.77	0.95	0.7612
雅江县	0.60	0.48	0.65	0.43	0.5327
道孚县	0.61	0.56	0.70	0.97	0.6940
炉霍县	0.79	0.52	0.90	0.73	0.7208
甘孜县	0.68	0.45	0.69	0.93	0.6657
新龙县	0.49	0.47	0.51	0.39	0.4626
德格县	0.43	0.48	0.65	0.17	0.3886
白玉县	0.74	0.53	0.77	0.47	0.6138
石渠县	0.24	0.25	0.52	0.17	0.2699
色达县	0.41	0.39	0.51	0.15	0.3326
理塘县	0.54	0.44	0.53	0.25	0.4212
巴塘县	0.52	0.65	0.83	0.76	0.6795
乡城县	0.42	0.59	0.90	0.82	0.6539
稻城县	0.59	0.56	0.79	0.44	0.5821
得荣县	0.54	0.59	0.79	1.04	0.7153
西昌市	1.09	1.19	1.15	1.14	1.1419
木里县	0.21	0.57	0.60	0.44	0.4216
盐源县	0.49	0.73	0.59	0.35	0.5213
德昌县	0.85	0.90	1.04	0.89	0.9173
会理县	0.70	1.31	0.83	0.87	0.9021
会东县	0.87	0.93	0.78	0.68	0.8094
宁南县	0.85	0.85	0.85	0.54	0.7589
普格县	0.68	0.61	0.49	0.95	0.6629
布拖县	0.49	0.59	0.63	0.39	0.5163
金阳县	0.57	0.50	0.47	0.77	0.5667
昭觉县	0.64	0.52	0.47	0.56	0.5440
喜德县	0.61	0.61	0.44	0.60	0.5598
冕宁县	0.93	0.82	0.77	0.96	0.8665
越西县	0.75	0.61	0.56	0.49	0.5952
甘洛县	0.57	0.63	0.48	0.80	0.6094
美姑县	0.63	0.53	0.40	0.46	0.4979
雷波县	0.55	0.70	0.50	0.46	0.5455

资料来源：作者计算。

8. 四川民族地区城镇化与城乡一体化的战略思考

8.1 四川区域发展总体格局中的民族地区

统筹城乡，实现城乡发展一体化，对于促进四川民族地区的经济社会全面发展，实现全面小康，具有重要的战略意义。四川民族地区城乡发展一体化的实现路径、模式要考虑四川民族地区的禀赋特点、发展阶段特点，要考虑四川民族地区在四川乃至全国的重要战略地位。

四川民族地区在四川省乃至全国的发展中具有重要的地缘战略、地缘政治、地缘经济、地缘文化和地缘生态地位[①]。根据《全国主体功能区规划》、《四川省国民经济和社会发展十二五规划》和《四川省主体功能区规划及实施政策研究》，到 2020 年四川全省将形成以五大经济区、四大城市群、四个生态功能区、三类重点扶持地区、四类优势资源开发为重点的总体格局。五大经济区是成都经济区、川南经济区、攀西经济区、川东北经济区、川西北生态经济区；四大城市群是成都平原城市群、川南城市群、川东北城市群和攀西城市群；四个生态功能区是若尔盖高原湿地生态功能区、川滇森林及生物多样性生态功能区、秦巴生物多样性生态功能区和大小凉山水土保持和生物多样性生态功能区；民族地区、贫困地区和革命老区构成三类重点扶持区域；强化清洁能源、优势矿产、旅游资源和水资源四类优势资源的合理开发利用。四川民族地区在四川区域发展的总体格局中的地位，如表 8.1 所示。

表 8.1 　　　　　　　　　　　四川民族地区在四川区域格局中的地位

经济区	民族地区	城市群	生态功能区	优势资源与发展方向
攀西	凉山彝族自治州；攀枝花仁和区、米易县、盐边县；雅安市石棉县、汉源县、宝兴县、荥经县；乐山市金口河区、峨边彝族自治县，马边彝族自治县	攀西	若尔盖草原湿地生态功能区、川滇森林及生物多样性生态功能区、大小凉山水土保持和生物多样性生态功能区	矿产（钒钛、稀土）、水能、特色农业、旅游资源
川西北生态经济区	阿坝藏族羌族自治州；甘孜藏族自治州			以保护生态环境、发展生态经济作为主攻方向

---

① 具体见本报告第 2 部分。

续表

经济区	民族地区	城市群	生态功能区	优势资源与发展方向
川东北	宣汉县；北川羌族自治县、平武县	川东北	秦巴生物多样性生态功能区	清洁能源（天然气）、红色旅游
川南	泸州市叙永县、古蔺县；宜宾市兴文县、珙县、筠连县、屏山县	川南		水能

资料来源：根据本报告作者《四川省主体功能区规划及实施政策研究》整理。

　　根据四川省主体功能区的划分，重点开发区域包括成都平原、川南、攀西、川东北地区 19 个市的主体部分，限制开发区域包括农产品主产区和重点生态功能区两部分，其中的农产品主产区包括盆地中部平原浅丘、盆地东部丘陵低山、川南低中山、安宁河流域和盆地西缘山地，共 35 个县（市），重点生态功能区域涉及 57 个县（市），包括 4 个国家层面的重点生态功能和 1 个省级层面的重点生态功能区（大小凉山水土保持和生物多样性生态功能区）。其中与民族地区相关的各类主体功能区如表 8.2 所示。

表 8.2　　　　　　　　四川民族地区的主体功能区划分

区域	重点开发区		限制开发区域	
	国家层面	省级层面	农产品主产区	重点生态功能区
川东北			宣汉县	
川南			兴文县、珙县、筠连县	屏山县
攀西	荥经县	仁和区、盐边县、西昌市、会理县、冕宁县	汉源县、德昌县、会东县	宝兴县、石棉县、木里藏族自治县、盐源县、普格县、布拖县、金阳县、昭觉县、喜德县、宁南县、越西县、甘洛县、美姑县、雷波县
川西北				汶川县、理县、茂县、松潘县、九寨沟县、金川县、小金县、黑水县、马尔康县、壤塘县、阿坝县、若尔盖县、红原县、康定县、泸定县、丹巴县、九龙县、雅江县、道孚县、炉霍县、甘孜县、新龙县、德格县、白玉县、石渠县、色达县、理塘县、巴塘县、乡城县、稻城县、得荣县

资料来源：根据本报告作者《四川省主体功能区规划及实施政策研究》整理。

本报告第5部分清楚地指出，四川民族地区是四川省贫困地区集中分布的地区。《中国农村扶贫开发纲要（2011～2020年）》第十条明确指出：国家将六盘山区、秦巴山区、武陵山区、乌蒙山区、滇桂黔石漠化区、滇西边境山区、大兴安岭南麓山区、燕山—太行山区、吕梁山区、大别山区、罗霄山区等区域的连片特困地区和已明确实施特殊政策的西藏、四省藏区、新疆南疆三地州，作为扶贫攻坚主战场。四川民族地区作为我国贫困人口集中分布地的地区，是我国最偏僻、最贫困、最落后的"三最"地区，涉及秦巴山片区、乌蒙山片区、四川藏区等集中连片特困地区67个片区县。由此可以看出四川民族地区的扶贫开发在四川省和全国扶贫开发中的重要性和特殊性。

四川民族地区是以藏族和彝族为主的多民族聚居区，这里的部分地区（主要是康区）受达赖集团的影响，民族分裂事件时有发生。"稳藏必先安康"，安康必先富康。藏区是祖国大家庭中不可分离的一部分。藏区的稳定将直接关系到全国的稳定。藏区不发展，社会主义现代化的宏伟目标就难以实现。藏区不长治久安，全国就难以保持社会稳定。由于历史和现实的原因，康区在整个藏区中具有重要的、显著的、不可替代的作用。

四川民族地区在四川和中国区域发展格局中的地位，决定了这个地区的发展、稳定和安全在全国的战略地位，要求一方面必须处理好经济发展、扶贫攻坚与生态环境保护间的关系，加快生态文明建设，走可持续发展之路。同时，四川民族地区也必须"发展转型"，因为四川要实现"与全国同步全面建成小康社会"目标，难点在连片特困地区，而连片特困地区的难点又在四川民族地区。没有四川民族地区的全面小康，就没有四川省区的全面小康，就没有全国的全面小康。目前，四川民族地区城镇化推进比较滞后，城乡发展一体化水平偏低，在未来一个相当长时期内，四川民族地区将处于城镇化的快速发展阶段，城乡发展一体化进程也将快速推进。城镇化和城乡发展一体化的实现方式转变，是经济发展方式的转变的重要内容。在四川民族地区城镇化和城乡发展一体化的实现过程中，应该加注重以人为本，使城乡一体化的结构基础更加广泛、更加包容、更加平衡、更加可持续、更加安全，更加注重城镇化效率的提升，更加注重基本公共服务的均等供给，使全体人民共享发展成果，更加注重城镇化的可持续性，实现包容性的、平衡性的、可持续的和安全的城镇化和城乡发展一体化，走包容性绿色城镇化和城乡一体化发展之路。

8.2　包容性绿色发展与城乡发展一体化：一个理论框架

8.2.1　包容性发展与绿色发展

所谓包容性发展是机会平等的发展，大体上包括了四个方面的属性，它们是机会（Opportunity）、能力（capability）、增长或获得（access）和安全（security）。机会意味着为人民创造越来越多的机会，增加他们的收入。能力指的是为人民提供创造或提升其能力的方式，以利于可得的机会。所谓获得（增长）实际上是提供把机会和能力结合的方式。安全即为人民提供免遭暂时或持久的生计损失的方法①。

可以看出，"包容性发展"没有特别关注增长对环境的影响及环境对增长的作用。包容性绿色增长理念是对包容性增长理念的发展，涵盖的内容除了包容性增长外，更加关注环境保护和自然资源的有效利用。绿色增长是可持续发展的基本组成要素。绿色增长目的在于，获得坚实的增长，而不陷入不可持续的模式。绿色增长是使得增长过程中资源高效、清洁和更有弹性（复原）而不必降低增长。绿色增长要求经济增长必须考虑生态环境容量和资源承载力。绿色增长有3个要素：效率（efficient）、清洁（clean）和能复原（弹性）（resilient）增长。这里，效率要求自然资源的利用要有效率；清洁要求污染和环境影响最小化；能复原说明自然灾害及环境管理和自然资本在防止自然灾害中的作用。

绿色增长并非必然是包容性的。绿色增长的结果可能对穷人有利，也可能对穷人不利，这取决于政府制定的以确保穷人不被排斥在绿色增长的利益之外的特殊政策。如果制定并实施包容性的政策，绿色增长的福利效应就更大。包容性绿色增长是可持续的和包容性的增长（sustainable and inclusive growth），强调经济发展轨迹在"改进人类福利和社会公平同时降低环境风险和生态不足"（UNEP）的必要性和机会，旨在实现经济、社会和环境可持续间的相辅相成的"三赢"。包容性绿色发展理念要求，增长必须是包容性的，是可持续的，必须是环境无害的。为实现可持续发展，需要设计良好的包容性绿色增长政策，改进所有人的社会福利，促进自然资源的良好管理，尊重地球的脆弱的平衡。

---

① 　郑长德著：《中国少数民族地区的后发赶超与发展转型》，经济科学出版社2014年版。

8.2.2 包容性绿色城镇化与城乡一体化

根据包容性绿色发展理念，包容性绿色城镇化与城乡一体化要求：要能实现区域经济的持续快速增长；要为人们提供分享城镇化成果的均等机会；要能持续地降低发展的风险，增加发展的安全度；要使城镇化可持续，与区域环境和自然资源条件相适应，确保城镇环境质量的稳定和提高。

1. 包容性绿色城镇化与城乡一体化是高效的

将最优地使用生产资源（人口、土地和资本），优化资源配置。在同样的劳动投入、土地利用和资本积累条件下，高效率或高生产率可以实现更快的增长，增加人民的福利。

2. 包容性绿色城镇化与城乡一体化是包容的

为人们提供分享城镇化成果的均等机会（即在生产力最高的地方获得就业机会），积累财富和储蓄，以及实现城乡基本公共服务的均等化供给。包容性绿色城镇化是益贫式城镇化，有利于减贫，缩小城乡间、阶层间的发展差距。

3. 包容性绿色城镇化与城乡一体化是可持续的

与区域的环境（土地、空气和水资源）和自然资源条件相适应的城镇化，能够提供和城市居民愿望相称的城市生活质量。通过城镇化，能够实现减排和清洁发展，改善城市环境，提高环境质量。

8.3 四川民族地区包容性绿色城镇化与城乡一体化发展的路径选择

要达成包容性绿色城镇化与城乡发展一体化，需要持续扩大经济机会、使经济机会均等分布、提供最低经济福利和确保环境质量的提升。

8.3.1 城镇化、城乡一体化与经济机会最大化

经济机会最大化就是要通过高速、有效以及可持续的经济增长最大限度地创造就业与发展机会。城镇化、城乡发展一体化蕴含着巨大的发展潜力，从需求方面看，城镇化同时也是需求的集聚，不同民族、不同收入水平、不同偏好的居民的集聚带来多样化的需求，从而带来规模报酬递增的本地市场效应；从供给方面看，城镇化意味着多种互补的生产要素的集聚，各种要素获得的成本低，且能彼此产生溢出和学习效应。城镇化从供求两方面产生集聚效应，从而产生传统农村经济难以比拟的高生产率。四川民族地区目前城镇的集聚效应弱，生产率不高，城镇化质量低。因此，下一步四川民族地区城镇化的推动应以提高城镇的聚集效应和生产率为核心，首先要加快土地、户籍、财税等制度

改革，让人和地两个基本要素更好地流动起来，促进资源优化配置，使城镇的集聚效应充分发挥出来；在城镇化推进过程中，要注意城镇化的内生演进，充分发挥市场机制的作用，与政府的引导相结合，谨防政府的强力推进与被城镇化；在产业支撑方面，应注意发挥劳动力吸纳能力强的产业的发展，通过产业园（区），实现工业的集聚；加强四川民族地区城镇间，特别是镇与镇间的基础设施建设，推动金沙江下游具有雏形的城市群的建设，充分发挥"群"的溢出效应；把旧城改造放在最优先位置，根据《国家新型城镇化规划（2014～2020年)》，按照统一规划、协调推进、集约紧凑、疏密有致、环境优先的原则，统筹中心城区改造和新城新区建设，提高城市空间利用效率，改善城市人居环境。按照改造更新与保护修复并重的要求，健全旧城改造机制，优化提升旧城功能。严格新城新区设立条件，防止城市边界无序蔓延。应该注意的是，四川民族地区内部差异显著，推进城镇化的路径多种多样，川南长江沿岸、安宁河流域、大小凉山彝区及高原藏区等各不相同，切忌机械地按一个模式推进。

8.3.2　城镇化、城乡一体化与经济机会的平等获得

确保平等获得经济机会就是要通过高强度的人力投资，提升四川民族地区贫困人群获得经济机会的能力。城镇化和城乡一体化应能够给各族人民提供分享城镇化红利的制度安排。要确保城镇和农村中低收入阶层和穷人获得基本公共服务；把城镇化的推进与新农村、美丽乡村建设相结合，努力实现城乡福利水平的均等化；在四川民族地区城镇化过程中，特别注重民族文化的保护传承，对于有文化价值的老街区，应予以保护，特别注重城镇中少数民族相对集中的集聚区的建设，处理好城镇各民族间的关系，构建和谐民族关系。

8.3.3　城镇化、城乡一体化与最低经济福利

获得最低经济福利是一项基本人权。确保最低经济福利就是要为极端贫困群体提供稳定的社会安全网。在城镇化和城乡一体化过程中，应避免贫困的城镇化（穷人的集聚）。这就要求四川民族地区大力加强社会保障制度建设，提高各类社会保障措施的覆盖面，尤其是要覆盖持久贫困人口和脆弱人群。同时，社会保障制度的设计应激励相容，避免懒人的集聚。要特别把促进就业放在经济社会发展优先位置。

8.3.4　城镇化、城乡一体化与确保环境质量的稳定和提升

包容性绿色城镇化和城乡一体化还意味着促进经济增长和发展时要确保自然资产继续提供人类赖以所依的资源和环境服务。绿色发展要求：一是要将环

境资源作为社会经济发展的内在要素；二是要把实现经济、社会和环境的可持续发展作为绿色发展的目标；三是要把经济活动过程和结果的"绿色化"、"生态化"作为绿色发展的主要内容和途径。

8.4 实现四川民族地区包容性绿色城镇化和城乡一体化的政策建议

8.4.1 加快完善城乡发展一体化体制机制

要促进城乡发展一体化的实现，必须要着力在城乡规划、基础设施、公共服务等方面推进一体化。为了促进城乡发展一体化，必须促进城乡要素的平等交换和公共资源均衡配置。只有在城乡规划、基础设施、公共服务等方面推进一体化，推进城乡要素的平等交换和公共资源的均衡配置，才能够逐步地形成以工促农、以城带乡，工农互惠，城乡一体的新型工农关系和城乡关系，以此来促进城乡的和谐、功能的和谐，构建社会主义和谐社会。

第一，树立全域规划理念，统筹城乡规划，深化行政区划改革，制定城镇化和城乡发展一体化的总体规划。

四川民族地区既有革命老区，又有民族地区。这些地区有的人口密度比较大，有的地广人稀。在过去的 10 年中，这些地区城镇化进程在加快，有的县城规模已比较大了，可受市的设置的限制和设市标准的限制，四川民族地区城市数量少，规模也不大，建议深化行政区划改革，按照"全域"的理念，构建区域中心城市—县城—镇—中心村和聚居点的城镇体系，符合条件的县城设置市。在大小凉山彝区和高原藏区，符合条件的地区探索设立自治市。同时，在总结省直管县的基础上，扩大省直管县的试点。

第二，深化户籍制度改革。

2014 年 7 月 30 日国务院印发了《国务院关于进一步推进户籍制度改革的意见》，对于进一步推进户籍制度改革和新型城镇化确立了原则和相关的政策。四川民族地区应以此为契机，出台相关具体配套政策措施，加快户籍制度改革，并加快取消与过去城乡隔离户籍制度相关的各种社会排斥安排。

第三，深化农村产权制度改革，完善农村产权制度。

农村土地集体所有制是双向城乡一体化的体制障碍，应该尽快消除这种体制障碍，赋予农村居民财产权，发放房屋产权证，将承包土地和宅基地的所有权与使用权分离。"土地承包经营权和宅基地使用权是法律赋予农户的用益物权，集体收益分配权是农民作为集体经济组织成员应当享有的合法财产权利"。

加快推进农村在四川民族地区加快推进农（牧）区土地确权、登记、颁证，依法保障农牧民的土地承包经营权、宅基地使用权。加快建立农村产权资产评估机构，建立农村产权流转交易市场，推动农村产权流转交易公开、公正、规范运行。坚持依法、自愿、有偿的原则，引导农业转移人口有序流转土地承包经营权。

第四，强化农村基层组织建设。

城乡发展一体化在现阶段的难点问题依然是"三农"问题。调研表明，农村基层组织对于农村的发展有重要的影响。因此，必须进一步加强农村基层组织的建设，大力加强农村服务型党组织建设。建议在"真真实实把情况摸清楚"的前提下，调整完善农村基层党组织设置，采取村村联建、产村联建、村居联建、村企联建等方式，在符合条件的中心村、农民专合组织或产业园建立党总支或联合党支部。同时加大和完善"大学生村官"制度。继续充分利用在川高校的干部培训职能，丰富培训内容，改革培训模式，扩大培训范围，使对四川民族地区各级干部的培训更接地气。

8.4.2　按照"集中均衡开发模式"，优化空间结构，推进城乡空间一体化

"经济增长在空间上是不平衡的，在空间上均衡分配经济活动的意图只会阻碍经济的增长"。"而不平衡的经济增长和和谐性发展可以并行不悖，相辅相成的"①。这就要求"一方面促进生产活动的集中化，另一方面通过实行各种政策来使各地区人民生活水平（包括营养、教育、健康、卫生）平等化"。"要获得经济集中化和社会平等化这两个方面的效益，就需要采取有利于实现经济一体化的政策行动"。从区域发展角度看，此种发展模式可称为"集中均衡开发模式"。按照集中均衡开发模式优化四川民族地区的空间结构，就是要引导人口和经济活动向重点开发区域及区域性中心城镇集聚，而基本公共服务产品的供给大幅度向边远地区和贫困地区倾斜，显著增强这些地区基本公共服务产品供给能力，让各族人民享有基本均等的基本公共服务，共享经济社会发展成果。

第一，大力推进农村人口向城镇转移，通过生态移民和扶贫开发移民逐步实现人口的相对集中，引导人口和经济活动向重点开发区域集聚。

经济活动空间演进的最核心特征是集聚，在原来处于低水平均衡状态的均

---

① 世界银行，《2009年世界发展报告》，清华大学出版社2009年版，第Ⅷ页。

质空间中出现增长极点，增长极点将发挥其强大的吸纳和辐射功能，由此形成城市和集镇，区域增长极的形成是产业聚集的结果。四川民族地区既有国家层面的重点开发区，又有省级层面的重点开发区。在未来的发展中，一方面，应以实现农民工定居为重点，以户籍制度改革为契机，把加快城镇化与促进农村人口向城镇有序转移、限制开发地区人口向重点开发地区有序转移结合起来，稳步推进农民工市民化，不断提升城镇化的质量与水平。另一方面，以人口集中的原则指导生态移民和扶贫开发移民实践，引导移民向靠近市场、城镇的地区聚集，推动四川民族地区城镇化步伐。

第二，融入四川城市群发展战略部署，发挥城市群带动作用，实施城镇群战略下的城镇化和城乡发展一体化。

四川民族地区要跳出行政区划、民族区划的限制，与周边地区联合发展城镇群，主动适应四川省城市群和城镇体系的发展，充分享受城市群区域发展带来的 GDP 溢出效应。四川省规划建设的四大城市群中，与四川民族地区密切相关的有：成都平原城市群的率先发展，成德绵乐的同城化发展，将推动北川、平武、汶川等地区的发展；川南城市群的加快发展和自泸内宜的一体化发展，将促进川南乌蒙山区的发展，并对凉山彝族自治州的发展产生溢出；攀西城市群的发展，将推进攀西民族地区的扶贫开发和发展。城镇群发展战略下的四川民族地区城镇化和城乡发展一体化有三个重点：一是四川民族地区与核心城市群的协调发展，以及发挥城市群核心城市对四川民族地区的辐射效应。二是在四川民族地区培育攀西城镇群。三是城镇布局重点放在城市群核心区向腹地辐射的交通轴线上。

根据总人口的增长及结构变化、产业发展及空间布局、城镇功能及资源环境承载能力，四川民族地区将形成三级城镇结构。在四川省的城镇体系中，四川民族地区拥有省级三级区域中心城市西昌、马尔康和康定，一些四级县域中心城镇和五级县域片区中心镇，以及六级县域一般建制镇。[①] 如表 8.3 所示的四川民族区域自治地方城镇人口规模结构综合考虑了经济因素和生态因素，四川民族地区宜实施大中小城镇并举发展的方针，逐步形成大中小城镇层次完整、比例适当、运作有序的等级规模体系。应充分发挥各类城镇的辐射带动作用，合理确定各级各类城镇的数量和规模，并保持各级城镇之间的合理比例及

---

① 参见《四川省城镇体系规划（2002～2020）》。

相互协调，形成结构合理、层次分明、持续协调发展的结构体系。

表 8.3　　　　　2020 年四川民族区域自治地方城镇人口规模结构

规模级（万人）	建制	城镇
20~50	中等城市	西昌
10~20	小城市	马尔康、康定、德昌
5~10	小城市（县城）	九寨沟（小城市）、北川（新县城）、茂县、峨边、马边、泸定、盐源、会理、会东、宁南、喜德、冕宁、越西、甘洛、雷波
<5	小城市（县城）	汶川、松潘、理县、小金、黑水、金川、壤塘、阿坝、若尔盖、红原、丹巴、九龙、雅江、道孚、炉霍、甘孜、新龙、德格、白玉、石渠、色达、理塘、巴塘、乡城、稻城、得荣、木里、普格、布拖、金阳、昭觉、美姑

第三，以宜居宜工宜商为目标，推进区域中心城市建设。

利用现有发展基础，将行政或经济中心建成产业特色鲜明、经济实力强劲、基础设施完善、生态环境优良、社会和谐发展的中心城市，带动区域内经济和社会发展。区域中心城市发展的关键是要有产业支撑。通过交通网络建设，降低产品和要素的交易成本，提高区域中心城市的集聚力；通过工业园区（工业集中区）发展工业，特别是与区域比较优势相关联的资源型加工工业；强化对中小微企业的支持，提高对减贫的产业支撑能力，扩大本地市场范围。将四川民族地区有条件的地级城市培育为 50 万~100 万人口的大城市。将一批发展条件较好的县城培育为 20 万~50 万人口的中等城市。

第四，重点发挥城关镇和重点镇自上而下的辐射作用，以特色小镇推进城乡发展一体化。

经济发展从来不可能均匀地分布在一个区域内的每一个点上，在不同地区、部门或产业，经济发展是按不同速度不平衡增长的。一定区域内经济发展之所以会出现不平衡现象，主要在于一些地区，特别是中心城市，能优先聚集经济快速发展的主导产业或有创新能力的企业和企业家群体，从而形成发展极。这种经济活动中心对该区域的经济发展会产生两种效应：一是吸引经济发展的各要素由周围落后地区流向发达的经济活动中心地区，形成极化效应，使其获得规模经济效益和集聚经济效应，产生城市化趋向。第二种效应是当经济活动中心发展到一定程度后，因人口多、交通拥挤、污染严重、资源不足等导致生产成本上升，经济效益下降，从而使资金等要素出现反向流动，形成扩散效应，表现为发挥辐射带动作用，推动周围其他地区的经济发展。按照现代城市发展要求，把一批经济基础较好、人口规模较大、环境承载力较强的县城培育成产业支撑强、地域文化特色鲜明、人居环境良好的中小城市，支持有条件的中心镇加快发展，因地制宜发展一批特色鲜明的旅游镇、工业镇和商贸镇。

第五，大力调整产业结构，培育空间集中的产业支撑。

空间集中的实质是经济活动的集中，是产业在空间上的聚集发展，因此，空间集中需要强有力的产业支撑。而非农产业，特别是制造业和服务业的集聚力最强的。所以，针对四川民族地区产业发展的实际，一是要延伸农牧业产业链，大力发展以农业资源为基础的加工工业；二是在资源型工业的发展中，特别注意资源型工业的深加工，加强与高校和科研单位的合作，建立工业园区（和飞地工业园区），加快制造业的发展；三是要特别重视旅游资源开发和旅游业的发展，充分发挥旅游业的产业关联效应和乘数效应，提升产业集聚力。

第六，加强县域基础设施建设，以基础设施建设一体化推动城乡空间一体化。

前面的研究表明，制约四川民族地区城镇化和城乡发展一体化的主要因素是农村基本公共服务供给落后。截至2012年，四川民族地区52.23%的行政村不通（水泥/沥青）公路；8.70%的行政村不通电；9.23%的行政村不通广播电视；65.90%的行政村不通宽带网络；61.34%的行政村不通客运班车；36.42%的行政村不通饮用入户管道水。从自然村看，不通（水泥/沥青）公路的自然村占64.19%；15.05%的自然村不通电；26.35%的自然村不通广播电视；51.33%的自然村不通饮用入户管道水；74.94%的自然村不通宽带网络；78.09%的自然村不通客运班车。李克强总理在2014年3月27日调研内蒙古赤峰市翁牛特旗桥头镇太平庄村总结的制约中国农村发展的6个共性问题：缺路、缺水、缺电、缺医，生态环境保护和提高劳动力素质，在四川民族地区普遍存在，这些问题"事事关系到国家大政"[①]。传统的城乡基础设施分散建设，缺乏统一规划，根源在于缺乏公共资金来源，乡村基础设施一直以来处于被遗忘的角落，放任自流式发展，结果规模效率低下，生态成本和供给成

---

① 《李克强给翁牛特旗太平庄村村民回信》，中央政府门户网站 www.gov.cn 2014 – 09 – 21 13：33。

本高，发展不可持续。因此，四川民族地区的城乡基础设施建设必须在城乡规划一体化基础上，进一步加强基础设施建设。

　　加快区际、县际骨干交通线建设，主动融入两大经济带。打开中国版图，如果用笔分别沿通往欧洲的"丝绸之路经济带"和贯通东西的"长江经济带"进行连线，可以看出，在地缘经济上，四川民族地区刚好是两条经济带的交汇区域，如果再加上南方丝绸之路（茶马古道），那么四川民族地区就是三个经济带的交汇区域。目前，丝绸之路经济带和长江经济带的发展已升级为国家战略。党的十八届三中全会明确提出"将推进丝绸之路经济带、海上丝绸之路建设"。丝绸之路经济带和长江经济带的建设，是四川民族地区面临的一个重大发展机遇，应主动融入两大经济带联动发展，深化与有关省区的区域合作，加强与东盟、南亚、中亚和我国港澳台的经贸交流合作。"十二五"和"十三五"时期，在四川民族地区要构建和完善形成连接成都经济区、滇中经济区、攀西战略资源创新开发试验区及藏、青、甘、滇的交通运输大通道，形成交通大走廊。建设完成川藏铁路、西宁至成都铁路、成都至兰州铁路，形成四川民族地区由东至西的三条铁路走廊。这几条铁路的建成，和国、省干线公路的升级改造及相关核心区的机场建设，将根本改变四川民族地区的交通状况和区位条件。

　　优先加强农村基础设施建设，改善农村基础设施的供给数量和质量，努力实现基础设施的城乡一体化。

　　• 优先加强农村道路网建设，实现乡域、村域经济一体化。把县际、乡镇间、行政村及自然村的道路建设放在优先地位，完善路网、改善路况，着力解决"毛细血管"不完善和"最后一公里"的"断头路"问题，提高农村公路覆盖广度和通达深度，努力实现"城乡路网一体化、公路等级标准化、管理养护规范化"，在部分地区（主要是享受少数民族政策待遇县和安宁河流域的部分县市区），实现"城乡客运公交化"。

　　• 加强水利基础设施建设，确保四川民族地区生产、生活用水供给稳定和水质安全。解决农村饮水安全问题，支持重点村镇实现集中供水和配套排水，鼓励城镇区域供水向农村延伸。全面加强水利工程建设和水资源管理，有效缓解工程性和资源性缺水问题。因地制宜发展小水窖、小水池、小塘坝、小泵站、小水渠等小微型水利工程。加强病险水库除险加固、重要河流河段防洪、重点城镇堤防和中小河流治理工程建设。加快金沙江、雅砻江、岷江、大渡河等流域水资源综合利用规划的编制和实施。

● 推进农村电网和油气管道等能源基础设施建设，确保四川民族地区的能源供给安全稳定。优化发展水电厂，建设环保型骨干电厂；加强城乡一体化电网建设和农（牧）区电网改造升级，全面提高电网输送能力和供电质量；加快变电站和输电线路的升级改造，推进电网智能化建设。加强农村综合能源建设，积极开发太阳能、风能、沼气、小水电等新型农村能源建设项目。到2015年基本解决无电行政村用电问题。

● 加强信息网络系统建设，加快填补四川民族地区的"信息鸿沟"。积极建设光纤通信、移动通信、微波通信、卫星通信相结合的现代通信体系。实施通信村村通工程、移动网广覆盖工程和宽带普及提速工程。积极推进"三网融合"，提升电子政务、电子商务、地理信息、远程教育、远程医疗等服务能力，大力发展移动电子商务，加快推进发展物联网应用，建立基本完善的信息服务体系。

8.4.3 夯实底部基础，发展壮大县域经济，推动城乡经济一体化

县域经济是国民经济最基本的区域经济单元，是区域经济架构中承上启下、沟通条块、连接城乡的重要结合部，县域经济的发展壮大，为城镇化和城乡一体化提供可持续的产业支撑，同时城镇化和城乡一体化也是县域经济发展的重要动力。促进四川民族地区县域经济实力全面提升，为四川民族地区的发展转型和后发赶超提供坚强支撑，也能为经济可持续发展形成重要基础。

第一，农业产业化是城乡发展一体化的必然路径。

城乡发展一体化是把城市和农村、工业与农业、城镇居民和农村居民当作一个有机整体对待，促进各类资源在城镇与农村间的优化配置和转换利用，在产业发展上的互补。城乡发展一体化背景下，农业经济发展要坚持因地制宜、突出特色原则。立足地方实际，充分发挥资源、传统、产业的优势，特别是民资和工商企业投资于农业积极性的优势，借势发展，发展设施农业、利用农业信息化技术改造传统农业，提升农牧产品的竞争力，从而有序推进产业结构调整，推进农业产业化转型升级。

第二，大力发展具有比较优势的产业，促进四川民族地区产业转型升级，为城镇化和城乡一体化提供可持续的强有力的产业支撑。

工业化是实现城乡发展一体化的主要推动力。结合国家和四川省主体功能区规划，因地制宜地推进四川民族地区的工业化。在产业选择上，要根据四川

民族地区的要素比较优势，以优势资源和特色产业为突破，培育壮大工业主导产业，打造富有民族特色的支柱产业和优势产业；在工业布局上，要充分发挥工业园区和工业集中区产业集群、要素集聚、资源集约的"洼地"效应，推进四川民族地区工业园区和工业集中区的建设；加强与成德绵核心区的产业合作，建设飞地工业园；加大政策、资金、人才的扶持力度，着力培育扶持一批有实力、有潜力、有带动力的企业，提高企业市场竞争力和发展后劲。

（1）产业导向之一：生态产业。四川民族地区是青藏高原生态安全屏障的重要组成部分，从地缘生态区位看，在全国生态安全格局中具有十分重要的战略地位，而且区域内为典型的生态脆弱区，生态环境保护是其主体功能。加强四川民族地区生态建设与环境保护，对于维护国家生态安全，促进边疆稳定和民族团结，全面建设小康社会，具有重要意义。因此，发展生态经济，走绿色发展之路，是该地区合理利用当地自然资源，实现生态保护与经济建设和谐发展的一条重要途径。2011年5月国务院印发了《关于印发青藏高原区域生态建设与环境保护规划（2011~2030年）的通知》。规划将青藏高原区域划分为生态安全保育区、城镇环境安全维护区、农牧业环境安全保障区和其他地区等四类环境功能区，并提出了四项主要任务：一要加强生态保护与建设，确保生态环境良好。提出以三江源、祁连山等10个重点生态功能区为重点，强化草地、湿地、森林和生物多样性保护，推进沙化土地和水土流失治理，加强土地整治和地质灾害防治，提高自然保护区管护水平；二要加强环境污染防治，解决损害人民群众健康的突出环境问题，切实维护群众环境权益。提出优先实施饮用水水源地保护与治理，全力保障城乡饮水安全，推进重点流域水污染和城镇大气污染防治，强化固体废物安全处置，严格辐射安全和土壤环境管理，完善农牧民聚居区环境基础设施，加强农村环境污染防治；三要提高生态环境监管和科研能力。提出建设气候变化和生态环境监测评估预警体系，加强生态环境管理执法能力建设，严格执法监督，大力开展生态环境保护科学研究和宣传教育；四要发展环境友好型产业，引导自然资源科学合理有序开发，促进经济发展方式转变。提出加快传统农牧业生态转型，科学合理有序地开发矿产资源和水能资源，促进生态旅游健康发展，积极稳妥地推进游牧民定居工程，实施传统能源替代。

（2）产业导向之二：旅游经济。四川民族地区具有世界上独一无二的、丰富的旅游资源，这里有美丽神奇的自然风光、欧亚大陆最集中的生物多样性地带、奇特瑰丽的民族文化风俗以及高品位的地质旅游资源。依托这些旅游资源，发展壮大旅游产业，增强旅游业的益贫性。利用 BOT、共建等多种模式，推动社会资本参与旅游资源的开发。鼓励片区农牧民以土地、林地、住宅等折价入股旅游开发企业，共享旅游资源开发红利。旅游开发企业优先解决本地因开发旅游导致失地等贫困人口的就业。

（3）产业导向之三：民族文化产业。四川民族地区是我国的多民族聚居区，文化多样性特征十分显著，拥有悠久的历史文化、多样性的宗教文化和灿烂的民族文化。因此，民族文化产业在四川民族地区发展潜力大。2014 年 3月 5 日，文化部、财政部联合印发了《藏羌彝文化产业走廊总体规划》。四川民族地区属于规划的核心区。《总体规划》的实施，将在尊重当地各民族的风俗习惯和宗教信仰的基础上，以优秀地方和民族特色文化资源保护传承和合理开发利用为核心，进一步促进西部地区、民族地区特色文化产业发展，建设具备引领示范效应的特色文化产业带，推动藏羌彝文化产业走廊成为具有世界影响力的文化旅游目的地。

（4）产业导向之四：特色产业。四川民族地区水能、矿产、旅游和特色农业资源丰富，比较优势突出，开发程度很低，开发潜力巨大，是全国重要的生态能源、优势矿产基地和旅游业发展后劲所在，对其资源富集区域应在保护生态环境的前提下，实行点状开发，发展特色产业。坚持因地制宜、生态优先、适度发展的原则，科学确定产业空间布局，积极推动四川民族地区特色资源开发和特色产业发展。依托"六江一河"流域水能资源开发，积极发展以水电为主的清洁能源产业。适度布局建设锂、磁材、人工晶体和黄金等产业，延长产业链，提高附加值。培育壮大龙头企业，推进农牧产品产业化，大力发展牦牛、藏羊、乳制品、青稞、葡萄、核桃、花椒、俄色茶、野生菌等为主的绿色食品加工业。积极建设出口食品和农产品质量安全示范区。大力扶持和促进中医药（含民族医药）发展，完善藏药标准体系和检验监测体系，依托优势药材资源，支持中藏药规范化、标准化生产，积极推进藏药产业化。大力扶持以唐卡、羌绣、藏饰为代表的民族民间手工业。加快建设汶川地震对口支援省（市）合作产业园区，鼓励和支持四川民族地区与内地合作共建产业园区，进一步创新发展成都—阿坝工业园、甘孜—眉山、木里—盐源（西昌）等"飞地"经济。培育面向当地特色产业的信息技术服务业，积极利用信息技术改造提升传统产业，加快推进信息化与工业化融合。适度开发矿产资源，加强矿山环境治理。建立四川民族地区中小企业发展创业扶持基金。

第三，发展壮大四川民族地区县域经济，必须大力支持民营经济的发展。

民营经济，是绝大多数民族地区县域经济发展的动力所在，对于激发民间投资活力、推进城镇化和实现城乡发展一体化至关重要。要毫不动摇支持非公有制经济发展，全面落实支持民营经济发展的政策措施，着力破除阻碍民间投资的"玻璃门"、"弹簧门"等体制障碍，帮助民营企业解决融资难、用地难、用能难等问题，依法保护民营企业的合法权益，优化民营经济发展环境，充分发挥民营经济在县域经济发展中的重要作用。

第四，加大改善地方创新环境的力度。

传统产业的改造，尤其是高技术产业的发展，地方创新环境很重要。创造一个有利于企业创新的制度环境，包括知识产权的有效实施和给创新企业实施创新补贴，建立创业园区，形成四川民族地区的技术孵卵器，等等。

第五，加强劳动力资源开发，提高四川民族地区群众就业和致富能力。

继续实施"千万农民工培训工程"，大力开展职业技能培训，尤其是重视对贫困地区青壮年劳动力就业能力培训。实施四川民族地区"农民专业合作社理事长"专项培训提升计划，提高专业管理水平。实施"村委会主任、党支部书记、妇联主任"专项培训计划，提升农村基层组织治理能力。加大劳动力就地转移与异地转移就业，在劳动力重点输出地设置就业服务办事处，隶属人社局。建立健全就业援助制度，帮助就业困难人员和零就业贫困家庭人员实现就业。引导和鼓励返乡农民工回乡创业，支持大学生村官当地创业，带动全村农民增收致富。实施专项人才支持计划。制订实施优秀师资对口支援四川民族地区教育方案，加大农村教师"特岗计划"支持力度，增设农村医生"特岗计划"，在招聘条件、职称评审、生活待遇等实行单列。实施生源地贫困大学生返乡就业计划。把扶贫开发作为培养锻炼干部的重要平台，加大向片区选派干部的力度，同时扩大片区到省直机关、省内相对发达地区培养锻炼的规模。积极探索片区科技人才柔性引进方式，吸引科技人才到片区工作。在四川民族地区实施硕士项目和博士项目，创造条件为提升四川民族地区工作的青年干部、科技人才和教师的学历和学位。

8.4.4　统筹城乡公共服务，推进城乡社会一体化

公共服务供给一体化是城乡发展一体化的最重要内容。每个公民都有相同的机会享受政府提供的基本公共服务，不因性别、年龄、户籍、民族的不同而

受到不同的待遇。因此，公共服务供给的城乡一体化要求确保城乡居民在教育、医疗卫生等方面享受同样待遇，最大限度地缩小城乡差别。

第一，要进一步强化基础教育的战略地位，优先发展各类教育。

人口受教育程度的提高是城镇化和城乡发展一体化的重要动力源。首先进一步强化基础教育的战略地位的认识。把党政一把手作为推进基础教育优先发展的第一责任人，把基础教育发展作为政府考核的重要的不可替代和具有否决权的指标，这样优先发展基础教育，才能做到规划优先、投入优先和资源配置优先。优先发展各类教育，巩固提高"两基"成果，发挥教育事业对城镇化和城乡发展一体化的基础性和战略性作用。进一步加大对贫困家庭学生的资助力度，不让一个孩子因为家庭贫困而失学，通过教育改变贫困家庭的命运，阻断贫困的代际传递。提高农牧区家庭经济困难寄宿生生活费补助标准和高海拔地区学生取暖费，全面落实农村义务教育学生营养改善计划，将学前教育阶段纳入农村学生营养改善计划覆盖范围。国家、省属高校招生中增加四川民族地区定向招生指标，每年高校新增招生计划60%的指标用于四川民族地区。大力发展职业教育，全面推行"9+3"免费职业教育计划，让四川民族地区未升入普通高中的学生全部接受免费中等职业教育，提高就业能力。加强教师队伍建设，促进教师资源的合理优化配置。四川民族地区师资队伍数量不足，队伍不稳定，究其主要原因是地方财政投入不足，教师工资待遇偏低，工作环境、工作条件差。政府应加大对这些地区师资队伍建设的财政投入力度，设立相关专项补助基金，提高教师的工资和福利待遇，设定农村教师工资稳定增长机制，健全农村教师成长的成效激励机制，解决教师自身的生存问题，让教师能够安心工作，甘愿扎根于贫困地区。加大对教师素质培养的投入，提高教师学历层次，优化教师队伍结构。

第二，建立流动医院，缩小城乡医疗卫生水平的差距。

四川民族地区地域辽阔，居民就医半径大，实现城乡医疗卫生服务的均等化供给，成本高，难度大。目前，基本上是有病到医院，"病人找医院"，这对城市和城镇居民而言，是没问题的，对四川民族地区山区农村，若是小病，这也是没问题的，但若是大病，特别是卧床不起的病人，要到医院，难度是很大的，有的几乎是不可能的。流动医院制度能很好地解决这些问题。建议省（区）、地市州及县医院或中心医院，设立流动医院，配备基本医疗设备，定期到乡村巡诊，做到"医生找病人"。另外，农村医疗保险制度要深化，扩大覆盖面和覆盖深度，提高报销比例，并做到病前或病中报销，减轻病人预付医疗费的负担。

第三，坚持广覆盖、保基本、多层次、可持续的方针，完善城乡社会保障体系。

以社会保险、社会救助、社会福利为基础，以基本养老、基本医疗、最低生活保障制度为重点，以慈善事业、商业保险为补充，建立覆盖城乡居民的社会保障体系。

建立健全农村养老保险、医疗保险、最低生活保障等社会保障制度，推进城乡社会保障接轨并行，促进城乡公共服务普惠共享。

实施积极的就业政策，把劳动者自主择业、市场调节就业与政府促进就业结合起来，多渠道推进城乡各类群体就业。大力发展劳动密集型产业、服务业、中小企业和个体私营经济，积极开发就业岗位，扩大就业规模，改善就业结构。完善就业扶持政策，建立健全面向所有困难群众的就业援助制度，营造有利于自主创业的社会环境。

创新扶贫开发机制，加快四川民族地区发展。进一步转变思想观念，创新体制机制，最大限度地激发贫困地区和贫困群众的内生发展动力，着力搞好精准扶贫，明确时间进度，确保如期完成扶贫开发任务；改革贫困县考核方式，建立贫困县的退出机制；完善贫困识别机制，实施精准扶贫，进一步提高扶贫开发工作的针对性和有效性；注重发挥市场机制作用，健全引导企业、社会组织和个人参与扶贫的激励机制，引导各类资源要素向贫困地区集聚。

8.4.5　加大生态建设与保护力度，推进城乡环境一体化

四川民族地区的城镇化和城乡一发展体化必须要有生态文明视角。

首先要加大生态建设和保护的力度。根据国家和相关省（区）的《主体功能区规划》，设立以国家级自然保护区、国家级风景名胜区及国家森林公园为核心的生态安全保护区，实行严格的保护政策。建立以珍稀动植物物种为重点的生物多样性保护区，建立和完善自然保护区网络。以中小河流域、大中型人工湖泊及山地为重点，设立水源涵养保护区，从源头加强饮用水水源保护，强化重要水源涵养区的强制性保护和整治，加强水生态系统保护与恢复，实施严格的流域水污染综合防治。推进生态功能区规范化建设与管理，加强生态林、自然保护区和生物物种资源的保护，维护生物多样性和植物原生态，恢复和增强生态服务功能。

进一步协调生态资源承载力和人类活动的关系，统筹推进四川民族地区生态林建设、水土流失综合治理以及各类生态系统保护与建设，对大小凉山彝区大面积水土流失进行综合治理并对需要异地搬迁的移民进行安置，加强高原藏区水土流失治理和草地生态功能建设，防治草原鼠虫害、沙化、退化等，保护生物多样性。开展碳汇交易与扶贫开发相结合试点，建立森林生态服务市场，构建碳汇交易市场体系。

其次，大力发展绿色生态经济，实现增长—减贫—生态的"三赢"。既要金山银山，更要绿水青山。根据四川民族地区的生态优势和在全国的生态地位，以稀缺的生态资源为基础，以市场需求为导向、以现代商业模式为载体、以社会资本为驱动力，大力发展绿色生态产业（生态农业、生态旅游、生态工业），使生态经济成为贫困人口增收的重要来源。制定"绿色发展规划"，明确绿色发展的目标、步骤；根据"绿色发展规划"，制定、完善和修订相关政策，这些政策既要能够促进经济的快速持续增长，又要能够改善收入分配，增加穷人和低收入阶层的收入，同时抑制和抛弃资源和排放密集型的发展模式。实施绿色工业化战略。四川民族地区的包容性绿色发展，涉及结构变迁、生产能力提升、高附加值的经济活动、传统农业的改造、经济多样化发展等，这就要求走绿色工业化之路。一方面，是对传统产业进行绿色升级改造。加强资源节约、环境保护技术的研发和引进消化，对重点行业、重点企业、重点项目以及重点工艺流程进行技术改造，提高资源生产效率，控制污染物和温室气体排放。另一方面是发展新兴的绿色工业。比如，节能产业、资源综合利用产业、新能源产业、环保产业。在扶贫项目选择上，重点扶持资源高效利用型共生生态农业、资源微观聚集型家庭生态农业、生态强制修复型以工代赈农业等扶贫项目。

再其次，实施综合治理，保护生态环境。加大重点污染行业治理整顿力度，严格实施污染物达标排放，关闭限期排污不达标企业。积极推进企业间排污权有偿使用和市场交易试点。加快推进城镇和工业园区污水集中排放处理，强化污染物排放动态监控及污水处理厂的运营管理。加强矿山生态恢复治理，规范危险废物管理。加强重金属、大气污染防治。加大产业结构调整力度，强化传统产业升级改造，大力发展循环经济。统筹城镇生活垃圾处理及收集运输设施建设，开发推广适用的综合整治模式与技术，推进垃圾无害化、资源化处理。实施农村清洁工程，减少农村面源污染，推进城乡环境综合整治。加大环境监督执法力度，提高环境监测、监察水平。

最后，建立和完善生态与资源补偿政策，推动资源共享。在四川民族地区积极开展流域、矿产资源、森林和自然保护区四大生态补偿。综合采用政府补偿和市场补偿的途径和方式。政府补偿机制以财政转移支付、差异性的区域政策、生态保护项目（如沼气项目、清洁能源项目）实施和环境税费制度等为主要手段。市场补偿方式要积极探索实施清洁发展机制（CDM）项目、排污权交易、清洁认证产品加价销售等。提高探矿权、采矿权使用费征收标准和矿产资源补偿费率。建立矿业企业矿区环境治理和生态恢复的责任机制，将四川民族地区上缴的探矿权、采矿权使用费和价款全额返还地方，统筹用于矿产资源开发地区的生态治理恢复和发展。提高黑色金属、有色金属和其他非金属矿原矿资源税税额幅度上限。提高资源税税率，改从量计征为从价计征，向资源开发型企业收取一定的资源税用于贫困地区的经济发展和生态恢复及重建。

参考文献

［1］四川省统计局、国家统计局四川调查总队编：《四川统计年鉴（2013）》，中国统计出版社2013年版。

［2］国家统计局农村社会经济调查司编：《中国建制镇统计年鉴（2012）》，中国统计出版社2013年版。

［3］国家新型城镇化规划（2014～2020年）。

［4］国家统计局国民经济综合统计司、农村社会经济调查司编：《中国区域经济统计年鉴（2013）》，中国统计出版社2013年版。

［5］《四川省人民政府关于2013年加快推进新型城镇化的意见》，川府发〔2013〕2号。

［6］《阿坝州人民政府办公室关于印发〈阿坝州2014年统筹城乡发展工作实施方案〉的通知》，阿府办发〔2014〕16号。

［7］甘孜州政府：《甘孜州以全域旅游统筹城乡发展》，调研报告，2013年。

［8］凉山州政府：《四川凉山彝族自治州实现全域凉山城乡一体大发展》，2014年。

［9］凉山州统计局编：《凉山州统计年鉴（2013）》。

［10］甘孜州统计局编：《甘孜州统计年鉴（2013）》。

［11］阿坝州统计局编：《阿坝州统计年鉴（2013）》。